사상의학의 원리와 철학

사상의학의 원리와 철학

사상의학의 원리와 철학

송인행 지음

도서출판 **문화의힘**

한의학은 마음의 치유를 통한 몸의 치료를 지향한다. 한의원 중에서 마음을 치유하는 의원이 심의心醫인데, 전국시대 뛰어난 명의인 편작의 이야기가 『사기』「편작」 편에 나온다.

편작에게는 두 형이 있었는데, 어느 날 황제가 편작에게 그의 두 형과 편작의 의술을 비교하면 어떠하냐고 묻자, 그는 맏형이 으뜸이고 작은형이 그 다음이며 자신이 가장 못하다고 대답했다. 황제가 다시 "그대 형들의 의술이 그렇게 뛰어나다면 어째서 그대의 이름이 가장 널리 알려졌느냐?"라고 묻자, 편작이 대답했다.

"제 맏형은 환자가 고통을 느끼기 전에 표정과 음색으로 이미 그 환자에게 닥쳐올 큰 병을 알고 미리 치료하기 때문에 환자는 의사가 자신의 큰 병을 치료해 주었다는 사실조차 모릅니다. 또한 둘째 형은 병이 나타나는 초기에 치료하므로 그대로 두었으면 목숨을 앗아갈 큰 병이 되었을지도 모른다는 사실을 다들 눈치 채지 못합니다. 이 탓에 제 형님들은 가벼운 병이나 고치는 시시한 의술로 평가받아 그 이름이 고을 하나를 넘지 못하지만, 저는 이미 병이 크게 될 때까지 알지 못해 중병을 앓는 환자들을 법석을 떨며 치료하니 제 명성만 널리 퍼질 수밖에 없습니다."

여기서 편작의 큰형이나 작은형은 병이 나기 전이나 병의 초기에 환자의 얼굴 표정이나 언행 그리고 몇 가지 질문과 대답만으로도 병의 원인과 정도를 아는 능력이 있음을 짐작할 수 있다. 그렇다고 의원은 항상 마음의 치유만 할 수는 없는데, 병이 이미 깊으면 할 수 없이 몸을 치료하여야 한다. 그러나 몸이 치료되었다고 해서 마음까지 완치된 것은 아니므로 이 때에도 마음의 치유는 필요하다.

동무東武 이제마가 발견한 사상의학은 한의학 중에서도 몸과 마음의 병을 네 체질로 나누어 보기 때문에 진단과 치유가 용이한 의학이다. 사상의학은 전통적인 한의학에 비하여 획기적인 의술의 개념 때문에 많은 사람들에 의해 연구되고 치료에 활용되고 있으나 정작 사상의학의 본질이 무엇인지는 잘 밝혀지지 않았다.

데이비드 호킨스 의사는 그의 저서 『의식혁명』에서 진실을 말하면 근력의 힘이 강해지고 거짓을 말하면 근력의 힘이 약해지며, 선한 말을 하면 근력의 힘이 강해지고 악한 말을 하면 근력의 힘이 약해진다고 하였다. 사상의학은 이처럼 진실과 선을 멀리하고 거짓과 악을 가까이하면 병고를 겪게 되고, 이와 반대로 거짓과 악을 멀리하고 진실과 선을 가까이하여 건강해지는 자연의 원리에 속한다. 그러므로 사상의학은 병고를 겪는 사람들이 마음을 돌이켜 마음과 몸의 조화를 회복하고 행복한 삶으로 나아가도록 안내하는 의학이다.

사상의학은 어떻게 몸과 마음을 하나로 통하는 것으로 보는가? 사상의학은 인체와 자연은 각각 몸에 속하는 기운 및 마음에 속하는 감정과 본성인 성정으로 이루어져 있어서 이들이 서로 상호작용하는 것에 대한 이해에 속한다. 이 상호작용의 문제는 인체의 기운과 성정이 크고 작게 타고난다는 사상체질의 개념을 도입하면 쉽게 풀린다. 사상의학으로부터 얻는 결론은 결국 사상인에게 크고 충분한 자연의 기운과 성정을 확충하면 인체에 해로우나, 사상인에게 작고 부족한 자연의 기운과 성정을 보충하면 인체에 이롭다는 것이다.

사상의학을 재해석하는 과정에서 새롭게 발견한 몇 가지를 적어본다. 본서는 기존 사상의학의 연구가 발견하지 못한 장부의 기 회로를 발견하였는데, 이것이 가지는 의미가 크다. 장부의 기 회로는 '신장 → 폐 → 간 → 비장'인데, 이들 장부의 성질을 한열습조로 나누고 음양으로 분류하면 차례로 '음 → 양 → 음 → 양'이 된다. 사상인의 섭생법은 상위 장부의 기운을 보충하는 것이고, 사상인의 치유법은 하위 장부의 기운을 보충하는 것이다. 이러한 섭생법이나 치유법은 모두 자신의 체질과 반대되는 기운을 보충함으로써 음과 양이 조화를 이루어 인체가 기운의 균형을 유지하게 한다. 그러나 기존 오행론의 보사법으로는 이와 같은 음양의 조화를 얻을 수 없다.

본서는 치유론 외에도 수양론과 심성론을 심도 있게 다루었다. 사상의학에서의 수양은 일상생활에서 학문사변하여 이치를 추구하고 깊이 생각하는 것을 중시한다. 사람들이 알고 행하는 데에는 반드시 이원성이라는 장애를

만난다. 사람은 이원성을 극복하여야 앎이 확장되고 심성이 진화한다. 이원
성은 하나는 옳고 다른 하나는 그르며, 따라서 옳은 것은 지켜야 하나 그른
것은 없애야 한다는 생각이다. 현재 인류는 심각한 이원성의 문제에 부딪쳐
있으며 이러한 이원성이 사람들로 하여금 병고를 겪게 하는 것이다. 이러한
심각한 이원성이 생기게 된 원인은 좌뇌와 우뇌를 치우치게 사용하고, 암묵
지를 무시하고 명시지를 존중하며, 지행知行을 강하게 하는 풍토를 들 수 있
으며, 본서는 이러한 이원성에서 벗어나는 방안에 대해서도 살펴본다.

　사상의학은 과거 한의학과 동양학의 지식을 기반으로 성립된 것이나 마음
으로 교감하고 소통하는 자연의 원리에 관한 것이다. 그래서 사상의학은 좌
뇌를 중심으로 하는 과학기술의 잣대로는 접근하기 어렵다. 서양학은 좌뇌
를 사용하여 계산과 분석, 추론과 검증을 하는 데 뛰어나서 눈에 보이는 대
상 사물들을 분석하고 재구성하는 능력은 탁월하나, 눈에 보이지 않는 본성
과 감정을 다루는 데에는 익숙하지 않다. 동양학은 우뇌를 사용하여 전체 자
연계와 통하는 감성으로 직관하여 세상을 본다.

　세상에는 과학기술의 잣대로 설명할 수 없는 현상들이 너무 많다. 예를 들
어, '100마리 원숭이'에 대한 일화를 살펴보자. 1950년 일본의 미야자키현 고
지마라는 무인도에서 일어난 일이다. 그 섬의 원숭이들은 당시 고구마에 묻
은 흙을 손으로 털어내고 먹었는데, 이 중에서 한 원숭이가 바닷물에 씻어

먹는 일이 생겼다. 다른 원숭이들이 하나 둘 이를 흉내내다가 얼마 지나지 않아 이 섬의 모든 원숭이들과 다른 섬의 원숭이들도 고구마를 바닷물에 씻어 먹었다. 곧 사람들은 이를 '100마리 원숭이'라고 불렀는데, 이는 전체 원숭이들이 어떤 일을 새롭게 하게 되는 임계수치라는 뜻이다. 이러한 현상은 과학적으로 분석하여 원인을 밝히기는 어려우나, 풍부한 감성으로 직관하면 보면 원숭이들도 그들 공통의 잠재의식과 교감하면서 구체적인 행위를 통해 전체의 잠재의식과 소통하는 것이다.

본서는 기존의 사상의학 해설서와는 다른 접근방식으로 인체에서 일어나는 기이한 현상들을 설명하는 책이다. 인간의 본성과 감정은 과학기술의 잣대로는 정의하기 어렵다. 그리고 이들을 거느리는 마음이 치우쳐 병이 되고 이를 바로잡아 치유하는 현상 역시 기존 과학적인 분석만으로는 설명하기 어렵다.

동무가 생전에 100년 후에는 사상의학이 널리 펼쳐질 것을 확신하고 '이 책은 천 년 의학사의 희귀서다. 의학의 난제를 가지고 미래의학의 새 기준이 될 것이다.'라고 하였듯이, 그의 사상의학은 한의학의 역사뿐만 아니라 동양학의 역사에서도 빛나는 이론임이 분명하다. 그러나 그의 사상의학은 좌뇌의 분석보다는 우뇌의 직관을 사용하여야 이해되는 학술이다. 이 때문에 본서는 자연학과 동양학 그리고 뇌 과학 등 여러 지식을 동원하여 사상의학에 숨어 있는 의미와 원리를 이해하고자 하였다.

　필자는 사상의학의 원리와 철학에 눈떴으나 기존의 이론이나 구체적인 임상과 연결할 수 있는 입장에 있지 않기 때문에 여러 한의원 그리고 동양학 전문가들의 의견을 구해야 했다. 그 중에서 사상의학의 처방을 채택하면서 질병의 치유는 결국 본성의 회복에 두어야 한다는 허숭해 원장님, 본서의 논리와 체계를 바로잡아 주시고 격려해 주신 조기호 교수님, 그리고 졸고의 편집과 윤문을 맡아준 동양학자이자 철학자이신 석동신 님의 조언과 수고가 큰 도움이 되었다. 이 분들의 도움에 머리 숙여 깊이 감사드린다. 그리고 표지 그림을 그려 주신 오랜 도반인 유숙원 님과 편집을 맡아주신 문화의힘 출판사 이순옥 대표께도 깊은 감사를 드린다. 본서는 동무의 사상의학을 이해하려는 책이므로 앞으로도 사상의학이 본격적으로 탐구되고 활발히 논의되어 구체적인 임상에까지 넓혀지기를 바란다. 그리고 필자가 혹 잘못 이해한 바에 대해서는 엄중한 질책과 정정을 바란다.

2019년 1월 15일
보문산 기슭의 근심 없는 마을에서 송인행 識

환자를 치료하는 의학은 당대의 사회상, 철학사상, 종교, 환경 등의 수많은 영향을 받으면서 발전하고 있습니다. 오늘날 과학만능이라 하는 서양의학도 고대 그리스철학의 토대 위에서 출발하였으며, 중세기 종교의 영향으로 침체기에 있다가 13세기부터 자연주의와 이탈리아의 르네상스에 힘입어 해부학이 발전하기 시작하였고, 17세기 초부터 사유를 중요시한 데카르트를 비롯한 근대철학의 태동으로 뇌 과학의 출발점이 되기도 하였습니다. 한의학도 지금까지 걸어온 길을 보면 고대 중국의학에서 그 기원을 찾습니다. 현존하는 문헌상으로는 기원전 6세기에서 3세기인 전국시대 때 81편의 논문으로 편찬된 『황제내경』에서 인간을 우주의 한 속성으로 본 초기 의학의 사고방식을 볼 수 있으며, 3세기 초에 최초의 실용 임상의학이라 할 수 있는 장중경의 『상한론』은 체표에 드러나는 외형과 불편한 증상에 대한 치료가 결집되어 있는데, 오늘날에도 유효한 교과서가 되고 있습니다. 그러다가 물질문명과 더불어 철학이 비약적으로 발전하는 당·송 대에 국가적 차원에서 치료의학서를 발간하게 되며, 금·원 대에 와서는 이른바 4대가에 의하여 치료방법에 이론이 결합된 의학서가 나오게 되면서 근대의학의 기반이 마련됩니다. 이들의 사고와 방법론은 후대의 의가들에 의하여 많은 비판을 받으면서 수정·보완되며, 청대에 들어와서는 서양의학의 영향으로 전통의학이 일변하게 됩니다.

우리나라로 돌아오면 조선시대 초기에 본토에 자생하는 약물을 정리함과 더불어 국가적인 표준의학서를 내며, 17세기 초에 발간된 『동의보감』이 그 업적의 정점을 찍습니다. 이 책은 그 이전까지의 수많은 의학서를 근거로 하여 에센스만을 뽑아 가장 짜임새 있게 편찬한 것으로 평가받으면서 중국은 물론이고 일본, 베트남까지 그 영향을 미칩니다. 그러나 그 내용이 정밀하지만, 방대한 양으로 쉽게 다가가지 못하는 면도 있었습니다. 조선시대 말기까지 『동의보감』을 간추린 간략본이나 운명론과 결부된 독창적인 의학서가 나오기도 하였지만, 의학사에서 점을 찍을 만한 발전은 없었다고 할 수 있습니다. 그러다가 19세기가 저물어가는 때에 이제마라는 걸출한 한 의학자가 나와 조선시대 의학의 체면을 세우게 됩니다.

오늘날 한국의 자생적 의학이라 할 때 이제마의 『동의수세보원』을 독보적이면서 대명사격으로 평가하는 데 이의를 다는 사람은 없습니다. 그는 철학적인 이론과 임상실용을 겸비했기 때문에 뭇사람들의 주목을 끌게 되고, 그의 의학사상에 대한 해석과 치료처방을 정리한 의학서가 후배들에 의하여 줄을 잇고 있습니다. 그는 인간의 질병원인을 가지고 끈질기게 궁구하였으며, 왜 같은 질병의 증상에 동일한 약물이 효과가 있을 때도 없을 때도 있는가 하는 문제에 천착하였습니다. 심성이라는 요인을 건강을 유지하고 질병을 일으키는 한 요체로 보았으며, 이는 태어나면서 네 타입으로 정해지지 않는가 하는 가설을 세우게 됩니다. 물론 이 네 가지 유형 설정은 실증적이기보다는 철학적 배경에서 탄생하였지만, 그의 의학이론은 오늘날 유행하는 심리학까지 포함하고 있다는 면에서 더없이 주목받고 있습니다. 이제마의 약물의 치료 효능에 대해서는 미생물학의 장내 세균의 총 차이로 해석하는 일군의 과학자들에 의하여 입증되고 있으며, 뇌-장축 이론에서는 뇌에서 장까지 연결고리가 형성되어 있다는 최근의 연구들이 이를 뒷받침하고 있습니다.

이러한 사상의학의 체계는 전대미문의 독창성과 더불어 동양의 철학사상을 그 밑바닥으로 깔고 있기 때문에 의학자뿐만 아니라 국외자들에 의해서도 회자되고 있는데, 이 중심에 송인행 박사가 있습니다. 송 박사는 태어나면서 가지고 있는 인간의 본성과 심성을 어떻게 조절하면서 살 것인가 하는 건강학을 사상의학에서 찾고 있습니다. 원서의 내용은 이제마 본인이 정의를 달지 않은 특유의 고유한 단어들도 많이 있어 전문가들도 이해하거나 해석하기 쉽지 않습니다. 저서가 아무리 훌륭하더라도 현대인들이 접하기에 매우 힘들다는 평을 뒤로하고, 난관을 극복하여 한 권의 저서로 마무리하여 빛을 보게 되었습니다. 오로지 저자 본인의 노력이 지대하였으며, 치열한 삶 속에서 일구어 낸 결실이라고 하지 않을 수 없습니다. 이와 관련한 책이 수없이 나와 있지만, 본서는 군계일학임에 틀림없습니다. 다소 익숙하지 않는 단어들이 눈에 띄기도 하고, 내용 또한 어렵지만, 살아가면서 한번은 이러한 책을 가지고 머리를 싸매고 가슴으로 느껴도 괜찮지 않을까요? 강호제현들에게 책상 위에 두고 틈틈이 음미하여도 좋을 양서라고 생각하여 일독을 권합니다.

2019년 1월
경희대학교 한의과대학
심계(순환·신경학)내과학 교실 교수 조기호

사상의학의 원리와 철학

제1장 사상의학의 원리와 철학에 대하여

조선 후기 의원이자 유학자인 동무東武 이제마李濟馬(1837~1900, 이하 동무로 표기)는 조선 후기 한의사이자 유학자로서 책 두 권을 발간했는데, 『격치고格致藁』는 마음과 성정性情 그리고 수양에 대한 사상론을 실었고, 『동의수세보원東醫壽世保元』은 사상의학의 장부론과 지행론 그리고 수양론과 병증약리를 실었다. 이 두 권의 책이 나오기까지 14년의 세월이 걸렸지만, 그가 발견한 것은 크게 두 가지로, 만병은 마음을 바르게 쓰지 못하여 생기고, 만병은 사상四象으로 나뉘어 나온다는 것이다. 즉, 그의 학술은 몸의 병을 마음으로 치유하는 심신의학이자 체질에 따라 다르게 치유하는 사상체질의학이다. 동무가 발견한 의학을 사상의학이라 부르는데, 여기에는 많은 내용을 함축하고 있어서 많은 면에서 한의학과 동양학을 새로 이해할 수 있도록 해준다.

사상의학은 병의 분류와 처방에 대하여 특이하게도 기존 한의학의 오행론이나 장부론에 바탕을 두지 않았다. 한의학에서 병은 기혈氣血이 흐르지 않고 막히는 데서 생기며, 기혈이 막히는 이유는 기운이 실하고 허한[1] 장부

---

1) 본서는 장부가 실하고 허하다는 것은 후천적인 결과로 그렇게 된 것을 말하고, 크고 작다는 것은 선천적으로 그러한 것을 말한다.

가 있기 때문이다. 오행론에서 병은 모두 다섯 장부에 부속된 것으로 보고, 허한 곳은 상생법을 따라 보법을 쓰고 실한 곳은 상극법을 따라 사법을 쓰도록 한다.

그러나 사상의학에서는 병을 나누는 것이 아니라, 환자를 나누는데 이른바 사상체질이다. 사상체질은 네 장부의 특성과 같으며, 사람의 외모적 특징, 지병, 기운, 인의예지의 본성, 희로애락의 감정 등이 모두 장부의 성질로부터 비롯되어 다르게 나타난다. 사상의학에서 병증은 근원적으로 선천적으로 큰 장부 때문에 생기는 데, 큰 장부는 사하고 작은 장부는 보하는 것이 사상의학에서의 치유법이다.

한의학에서 마음의 병을 이해하고 치유하는 것은 과학의 문제가 아닌 자연의 순리에 속하는 문제이다. 과거 오행론은 마음과 몸을 가진 인체가 자연의 순리에 따르면 건강해진다고 보았는데, 여기서 자연의 순리는 자연의 기운의 관점에서 본다. 이에 비하여 사상의학은 자연의 순리는 자연의 기운에서뿐 아니라 자연의 성정의 관점에서 본다.

최근 사상의학과 관련한 책들이 많이 나오고 있으나, 장부론과 성정론, 지행론과 수양론이 어떠한 관련이 있으며, 어떻게 하여 마음의 병이 넷으로 나뉘어 나오는지에 대해서는 아직까지 명백하게 이해하지 못하였다.

사상의학에서 체질을 사상四象으로 분류하는 것은 대단히 창의적인 발상이다. 동무는 신장, 폐, 간, 비장(이하 신폐간비로 표기) 중에서 한 장부가 크면 다른 장부는 작다는 것을 발견하였는데, 체질의학에서 인체는 선천적으로 치우치는 장부를 지니기 때문에 진단과 처방이 체질별로 다르다. 체질의학에서는, 예를 들어, 태양인이 어떤 원인으로 기력이 허약해진 병증을 나타낸다 해도 그의 체질이 태양인인 이상 그의 기氣는 원래 강하기 때문에 기를 더욱 실하게 하는 보기약補氣藥인 인삼이나 황기 같은 약은 쓰지 않는다.

동무가 사상의학을 발견하기 이전에도 체질론이 없지 않았다. 동무는 『동의수세보원』「의원론」에는 "의약 경험이 쌓인 지 5~6천년이 지난 후에 사상인의 병증약리病症藥理를 발견하여 『동의수세보원』을 저술하게 되었다."고 하였으며, "소음인의 병증약리는 장중경張仲景에 의해 거의 상세하게 밝혀졌고, 소양인의 병증약리는 송·원·명의 의학자들에 의해 거의 상세하게 밝혀졌으며, 태음인의 병증약리는 절반쯤 상세하게 밝혀졌고, 태양인의 병증약리는 주진형朱震亨에 의해 실마리가 찾아졌다."고 하였다. 여기에서 알 수 있듯이 사상체질을 특징으로 하는 한의학은 동무에 의하여 비로소 체계가 세워진 것이다.

한의학은 인체가 사회적 의무와 책임을 다하는지를 보는 것이 아니라, 인체가 어떻게 자연의 조화로운 상태에서 벗어났는지를 본다. 사람은 사회법에 충실하게 따라 산다고 해서 반드시 행복하고 조화로운 것은 아니다. 사람이 살면서 얻는 가치와 행복은 사회법과는 사실상 무관한 마음의 문제이고, 마음은 자연의 원리law of nature를 따른다. 사람의 마음이 자연의 조화로운 상태에서 멀어지기 때문에 우리 몸에 치우침이 생기고 긴장이 생기며 병고를 겪는다.

따라서 사상의학에서 병을 치유하는 것도 과학적으로 분석하여 처방하는 과학의 문제가 아니라, 자연의 조화로운 상태에서 치우친 성정을 다스리고 치우친 마음을 바로잡는 자연의 원리에 속한다. 사상체질은 자연과의 교감과 소통에서 어떠한 의미를 가지는가? 과학자들이 하루 동안 인체에서 생체리듬이 네 번 바뀌는 것을 발견했는데, 이를 분석하여 보면 사상체질의 네 성정과 같은 자연의 네 성정이다. 이 때문에 본서는 인체가 성정을 지녀서 시공간에 존재하는 자연의 성정과 교감하고 소통하는 것으로 본다.

사상의학에서 장부가 크거나 작은 것은 곧 장부의 기운이 크거나 작고 또한 기운의 성정이 풍부하거나 미약한 것과 같다. 사상체질을 가정하면 자연과의 교감과 소통이라는 문제가 쉽게 풀리는데, 자신의 작은 장부를 보하는 자연의 기운과 교감할 때 건강해지고, 자신의 작은 장부의 성정을 보하는 자연의 성정과 소통할 때 건강해지는 것이다.

사상의학을 이해하기 어렵게 만드는 것이 있는데, 『격치고』나 『동의수세보원』에 섞여있는 많은 착오이다. 사상의학에 나오는 대부분의 착오는 인체를 사심신물事心身物로 나누는 사상四象에 관한 것이다. 사상체질의 개념을 도입한 것은 인체와 자연과의 교감 및 소통의 문제를 이해하는 데 큰 기여를 했지만, 사상인의 특성을 사상의 개념에 맞게 분류하였는지는 검토해 보아야 한다.

본서는 한의학과 동양학의 여러 지식을 종합하여 사상인을 분류하는 데 있어서 신기혈정神氣血精을 사용했다. 한의학 용어인 신기혈정을 사용하면 신기혈정의 여러 성질로부터 인체의 몸과 마음의 특성을 파악할 수 있다. 그리고 이러한 사상인의 특성으로부터 장부들의 기운은 각각 관련된 감정과 통하고 각 감정은 본성과 통하므로 결국 마음의 치우침이 곧 몸의 치우침이고 마음의 치우침으로부터 벗어나는 것이 곧 몸의 치유가 된다.

신기혈정은 무엇인가? 신기혈정은 인체를 비롯한 생명체를 이루는 네 장부의 성리性理인데, 이중에서 신神은 생명활동의 본질이다. 기氣는 생명체가 나타나기 이전의 기운이며, 혈血은 생명체 내에서 정보 및 영양 수급의 기능이고 정精은 인체를 이루는 질료이다. 인체는 물론 모든 생명체는 신기혈정으로 이루어져 있다. 신기혈정은 차례로 생명체가 발생하는 순서가 되기 때문에 신기혈정에 해당하는 장부를 알면 장부의 기 회로를 알 수 있다.

본서는 한의학 자료 및 신기혈정의 개념을 종합하여 신기혈정과 장부와의 관계를 새롭게 정립하였는데, 신, 기, 혈, 정은 차례로 신장, 폐, 간, 비장을 주재한다. 결국 네 장부를 지나는 기의 회로는 '신장 → 폐 → 간 → 비장'의 순서를 따르며, 이 장부의 기 회로는 지행론과 수양론 및 장부론과 치유론을 이해하는 데 중요한 역할을 한다. 그리고 새로운 장부의 기 회로로부터 사상인의 작은 장부의 특성도 알 수 있다. 한편 기존 한의학의 대표적인 두 저서인 『내경內經』과 『동의보감東醫寶鑑』에 나오는 네 장부와 신기혈정의 관계는 바른 것이 아니다.

결론적으로 사상인에 대한 정의는 아래와 같다. 여기에 나오는 사상인의 정의는 사상의학의 원전에 나오는 정의와 태양인과 소양인의 작은 장부에서 다른데, 이에 대해서는 본문에서 상세하게 살펴보겠다.

- 소음인은 신腎대 비소하다.
- 태양인은 폐肺대 신소하다.
- 태음인은 간肝대 폐소하다.
- 소양인은 비脾대 간소하다.

사상의학은 사상인에 대한 병증약리를 다루지만 이러한 병증약리에 대한 치유의 원리에 대해서는 말하지 않았다. 그러나 기존 한의학도 한 장부가 항진되면 기 회로에서 볼 때 그 장부의 하위 장부는 허약해진다고 하고 사상의학의 수양론도 결국 하위 장부의 기운을 활성화하는 방법이 된다. 따라서 사상의학에서 항진되는 장부는 선천적으로 큰 장부이며, 허약해지는 장부는 큰 장부의 하위 장부(이하 하위 장부로 기재)가 된다.

　본서의 치유법은 장부의 치유법을 포함하여 모두 셋으로 나뉘는데, 장부 치유법, 감정 치유법 및 마음 치유법이다. 장부의 치유법과 감정 치유법은 모두 허약해진 하위 장부의 기운과 감정을 보하고, 허약해진 하위 장부의 감정을 보하는 것이다. 마음 치유법은 본성이 치우쳐서 생기는 상처 받은 마음을 치유하는 것인데, 상처 받은 마음은 외부 대상과의 소통에서 싫어하는 마음이 크게 생긴 것이어서 기혈의 활성화 또는 감정의 치유만으로는 듣지 않는다. 본서는 마음에 맺힌 상처를 마음으로 껴안는 마음 치유법을 논했다.

　동무의 사상의학은 사상인이 지행의 대상에 널리 통달하는 지행과 널리 통달하지 못하는 지행의 결과 위주로 기술되어 있어서 이를 분석하기가 쉽지 않다. 지행은 알고 행하는 것이어서 우리들 삶의 대부분을 차지하지만 사람들은 지행에 대하여 깊이 생각하지 않는다. 사상의학은 우리가 하는 행위를 크게 외부 환경의 일과의 소통으로 보고 이를 사상으로 나누어 관찰하였다. 지행이라는 행위는 외부 환경의 일과의 교감 속에서 사람이 주체가 되어서 소통하는 것이다.

　사람들은 지행知行을 통하여 앎을 얻지만, 지행으로 인하여 성정이 또한 치우칠 수 있다. 지행론에서 올바른 지행은 자신의 미약한 성정으로 하는 지행이나, 자신의 풍부한 성정으로 하는 지행은 자신의 건강을 상하게 할 수 있다. 사상의학에서 수양론은 지행으로 인해 치우친 성정을 바로잡는 것이다.

본서는 사상의학을 사상론을 기반으로 재해석하고 주제별로 성정론과 지행론, 수양론과 장부론으로 나누었다. 이들 세부 이론들은 서로 복잡하게 얽혀있는데, 사상론은 인체가 지니는 신기혈정의 특성을 논하며, 성정론은 사상인이 지니는 인의예지와 희로애락에 대한 특성을 논한다. 지행론은 사상인이 주체가 되어 자연의 성정과의 소통을 다루며, 수양론은 지행을 통하여 치우친 성정을 바로잡는 수양을 다룬다. 장부론은 사상인이 주체가 되어 자연의 기운과의 교감을 다루며, 치우친 기운을 바로잡는 치유도 함께 다룬다.

세상은 경험적으로 볼 때 매우 불공평하다고 할 수 있다. 대부분의 환자들도 세상이 불공평할 뿐 아니라 세상은 자신의 심정을 몰라준다고 믿기 때문에 마음의 병이 생겼을 것이다. 이러한 생각이 맞는 것은 아니지만 병을 고치는 것이 먼저이므로 다른 사람은 몰라도 의원醫員들은 환자의 치우친 감정을 이해해야 하는 위치에 있다. 의원의 따뜻한 마음씨로 말로 환자의 가슴에 맺힌 마음이 풀어지며 몸과 마음이 치유되는 경우도 많다. 이러한 의원이 심의心醫이다. 사상의학은 여기서 더 나아가서 의원은 환자들에게 마음의 소중함을 일깨워주고 병은 운명에서 생기는 것이 아니라 마음이 본심에서 떠났기 때문에 생긴다는 사실을 알려주도록 기대하는 것 같다.

동무의 제자 한교연韓敎淵은 의원은 환자들에게 마음을 다스리는 도가 질병을 다스리는 약임을 알아야 한다고 말한다[2].

---

2) 『동의수세보원』 1914년 판 서문序文

성인이 인간의 푯대로 세운 도덕은 마음을 다스리는 훌륭한 의원이다.

환자는 병을 다스리는 요체가 '마음을 다스리는 도가 바로 병을 다스리는 의원'임을 알지 못하여 결국 병이 사상四象의 치우침에서 근원하는 것임을 알지 못한다. 그리하여 고금천하의 참화를 키우고 속수무책으로 자신의 운명으로 책임을 돌리게 된다. 이에 동무 이제마 선생이 이를 깊이 두려워하여 이 책을 지으셨다.

여기에서 보듯이 사상의학의 목적은 사람이 지니는 선천적인 체질 특성으로 인해 생기는 성정의 치우침을 중화中和시키고 사람들로 하여금 도덕성을 갖추어 심성이 성장하게 하는 것이다.

본서는 사상의학의 철학이라 할 수 있는 심성론에 대하여 많은 지면을 할애한다. 사상의학에는 인체는 신기혈정으로 이루어지고, 신기혈정을 운용하는 것은 심이라는 사실이 들어있다. 사람들이 살아가면서 병으로부터 벗어나고 건강하게 살기 위해서는 신기혈정을 잘 알고 바르게 운용하여야 하고 이것이 도덕성을 회복하는 것이다. 알고 행하는 지행을 통하여 도덕성을 회복하는 것이 심성이 성장하는 길이고, 이를 위해서 인체의 발생과 운용의 개념에 해당하는 '사상·심'의 철학의 의미를 잘 이해하여야 한다.

뇌 과학적으로 사상·심의 개념을 살펴보면, 심이 뇌의 활동을 주재하며, 뇌는 신기혈정의 개념에 대응하는 세부 기능을 지닌다. 그리고 오랜 전통을 가지는 동양학을 신기혈정과 심의 개념으로 다시 요약할 수 있다. 신기혈정에 대응하는 동양학의 개념은 차례로 도道에서 시작하여 의義와 예禮를 거쳐서 덕德에 이른다. 사상의학은 도가를 중심으로 이어온 자연철학과 유가를 중심으로 전개된 인본주의 철학을 조화롭게 수용한 것과 같다.

인체에서의 사상·심의 개념을 자연계에 적용하면, 자연은 이기수토理氣

水土로 이루어지며, 태극의 심이 자연을 주재한다.

　사람들은 알고 행하는 지행을 통하여 삶을 영위하는데, 앎을 얻는 목적은 무엇인가? 사람들은 겉으로 보기에는 경험을 통하여 세속에서의 원하는 목적을 이루는 것 같지만, 실제로는 그 뒤에서 자신의 앎을 확장하여 심성이 성장한다. 사람들이 흔히 겪는 괴로움이나 질병 그리고 악惡의 시험도 심성의 성장을 위해서 필요하며, 이러한 시험을 극복하면서 심성心性이 진화하는 것이다.

　사람은 누구나 자신의 고유한 심성을 지니고 있으며, 이 심성의 수준은 사람마다 다르다. 심성의 수준은 인류 문화의 관점에서도 관찰할 수 있는데, 자신과 인류의 심성의 수준을 아는 것이 향후 자신의 성장과 진화에 도움이 될 것이다.

　질병과 치유는 개인적인 차원에 국한되지 않는다. 동무도 사람들이 살아가는 외부 환경의 일에 인간적인 관계와 사회적인 관계를 중요하게 다루고 있지만, 지금은 개인적인 문제를 사회적인 문제와 분리하여 볼 수 있는 세상이 아니다. 대부분의 사람들은 자신의 입장을 실현하기 위하여 상대방의 입장을 무시하고 심지어 물리적으로 진압하려는 생각을 가지고 있는데, 이러한 생각은 사회적인 자신의 정신 건강에 치명적으로 해가 된다는 것을 모른다.

　많은 책자는 현재 인류는 심각한 이원성二元性의 문제에 부딪쳐 있다고 한다. 현재까지 인류사가 심각한 이원성을 맞게 된 원인을 여러 가지 면에서 찾을 수 있지만, 본서는 근원적인 원인으로 암묵지와 명시지의 심각한 격차, 좌뇌와 우뇌의 분리, 그리고 풍부한 성정으로 지행을 강하게 거느리려 하는 풍토를 들었다. 그리고 이를 극복할 수 있는 방안도 함께 살펴본다.

제2장 사상의학의 사상론과 성정론

한의학에서 마음을 다스리는 것은 과학기술의 문제가 아니라 자연의 원리를 이해하는 문제에 속한다. 과거에는 인체가 자연의 순리에 따르면 건강해진다고 보았는데, 사상의학은 인체를 몸의 기운과 마음의 성정으로 나누며, 여기에서 작은 장부의 기운을 보하는 자연의 기운과 교감할 때 건강해지고, 인체의 작은 장부의 성정을 보하는 자연의 성정과 소통할 때 건강해지는 것으로 본다.

본서는 사상의학을 인체와 자연의 기운 및 자연의 성정과의 교감에 대한 관찰과 철학으로 해석하였다. 그러므로 사상의학을 이해하기 위해선 사상인의 기운과 성정性情에 대한 특성을 알아야 한다. 사상인의 특성을 가장 잘 설명할 수 있는 개념은 신기혈정神氣血精이다. 신기혈정으로 장부의 기능을 연결하고 사상인의 인의예지仁義禮智와 희로애락喜怒哀樂의 특성을 이와 함께 설명할 수 있다면, 사상인의 자연의 기운 및 성정과의 교감을 알 수 있다.

사람은 본래 자연과 교감하고 소통하는 존재이다. 사람은 자연에서 나오는 식품을 섭취하면서 자연과 교감하고, 알고 행하는 지행知行을 통하여 자연과 소통한다. 그리고 이를 통해 자연의 기운과 성정을 얻는다. 사상의학의 원전에는 사상인이 지니는 본성과 감정에 대하여 두 경우만 나오며,

이로 인해 사상인이 지니는 성정적 특성을 알 수 없기 때문에 사상인이 지행하는 과정에서 성정이 작용하는 원리도 알기 어려웠다.

사상인의 성정은 사상의학에 나오는 지행론과 수양론을 해석하는 데 필요하다. 신기혈정의 성정론에 따르면 사상인의 기운과 성정에 관한 이해도 기존 오행론과 다르게 된다. 오랫동안 동양에서는 인의예지를 본성으로 알고 귀하게 여겼지만, 이들의 방위에 대한 이해에는 문제가 있다. 지智는 인의예지의 근본이기 때문에 북방에 두고 의義는 서방에 두는 것에는 이의가 없으나, 인仁이 동방에 있고 예禮가 남방에 있으며 신信이 중앙에 있는 것은 생각해 보아야 한다.

2.1 사상의학의 사상론

한의학은 본래 몸과 마음을 하나로 보는 전통이 있다. 장부를 말할 때에도 이와 관련된 인체 부위 및 그것이 주관하는 감정을 포함한다. 예를 들어, 간은 간과 관련된 근육과 눈 및 노함을 포함하고, 폐는 폐와 관련된 기관지와 피모 및 기쁨을 포함한다. 이에 따라 근육은 간에 속하므로 근육이 피로하면 신맛을 먹고, 피모는 폐에 속하므로 피모가 생기를 잃으면 매운맛으로 땀을 흘린다. 또한 봄에는 간의 기운이 성해져서 허약해진 간의 병이 잘 낫고, 가을에는 폐의 기운이 성해져서 허약해진 폐의 병이 잘 낫는다. 이는 인체의 장부는 자연의 기운을 그대로 지니고 있어서 방위와 계절 및 색깔과 맛에 민감하게 반응한다는 뜻이다.

사상체질은 무엇인가? 사상론은 몸의 기운과 마음의 성정을 나누어 논하는데, 이것이 오행론과 다른 점이다. 사상론에서 사상체질은 장부의 기운이 크고 작음이며, 인의예지와 희로애락이 풍부하고 부족함이다. 사상의학은 사상체질에 따라서 성정이 어떻게 다르고 이에 따라 지행과 수양이 어떻게 다른지를 논한다.

본서는 사상의학의 기반이 되는 사상론을 신기혈정에서 찾았으며, 이들 세부 이론을 치유론에 적용하여 사상의학이 적합함을 확인하였다. 이는 그동안 한의학의 기반이 되는 오행론은 더 이상 자연의 원리를 반영하는 이론이 아니며, 이를 대신하는 것이 신기혈정으로 보는 사상론 또는 신기혈정과 심으로 보는 사상·심론이라는 뜻이다.

2.1.1 자연의 기운과 성정

일 년에 걸쳐서 자연의 기운은 변화하는데, 사계절은 생장수장生長收藏의 기운과 함께 희로애락의 감정과 밀접한 관련이 있다. 그리고 자연의 기운은 하루에도 네 번 변화하는데, 이에 따라 생체리듬이 변하고 자연의 성정이 변화한다. 사상인은 신기혈정을 근원으로 하는 네 성정을 지니는데, 자연의 기운도 사상인의 성정과 같은 성정을 지니는 것이다. 따라서 인체와 자연은 모두 생장수장의 기운을 지니고 인의예지와 희로애락의 성정을 지닌다고 할 수 있다.

사상의학을 기운에서 보면 인체가 동일한 자연의 기운과 교감하는 현상에 대한 통찰이고, 사상의학을 성정에서 보면 인체가 동일한 자연의 성정과 소통하는 현상에 대한 통찰이다.

□ 음양

현상을 둘로 나누어 보는 음양은 사람들의 철학이나 예술, 종교 등과는 달리 자연으로부터 나온 개념이다. 사람은 가정생활이나 사회생활 속에서 살아가지만, 그보다 우선적으로 정신적으로나 물리적으로 이미 하늘과 땅이라는 자연 속에서 살고 있는 존재이다.

한의학은 체내를 돌아다니는 기氣가 한쪽으로 치우치면 기혈이 막혀 질병의 원인이 되므로 기가 골고루 흐를 수 있도록 하면 긴장이 풀리고 면역력이 증가하여 장수할 수 있다고 본다. 『내경』은 기氣를 음기와 양기로 나누어 보며, 음기와 양기가 균등하게 서로 조화를 이루면 몸과 마음이 건강하다고 본다.

사람들은 대표적인 양기로 낮과 해와 남성을, 대표적인 음기로 밤과 달과 여성을 든다. 『내경』도 봄, 여름, 가을, 겨울에 걸쳐 양기와 음기에 대해 설명하는데, 봄은 발진하고 가을은 수렴하는 계절로 본다.

봄은 양기가 상승하여 만물이 새롭게 태어나는 계절이므로 발진이라고 하며, 모든 것이 발생하고 이어지는 계절이다.

여름은 하늘과 땅의 음양의 기가 활발하게 교류하여 모든 생물이 꽃피고, 결실하는 왕성한 계절이다. 여름은 하늘의 기운은 땅으로 내려오고, 땅의 기운은 하늘로 올라가는 시기이다. 여름에는 하늘과 땅의 기가 서로 영향을 주고받으면서, 나무, 동물, 꽃, 과일 등이 번창하고 열매를 맺게 된다.

가을은 천지의 기가 긴장되어 맑아지는 것처럼 모든 것이 수렴된다. 가을철은 날씨가 서늘하고 신선한 바람이 불기 시작하는데, 이때는 활동적인 양기가 수동적인 음기로 바뀌는 시기이다.

겨울은 봄부터 가을까지의 활동적인 생기가 숨어들고 양기가 수그러드는 시기이다.

여기서 양기는 하늘과 땅의 기운이 활발하게 교류하여 동적이며 따뜻한 것으로, 음기는 양기가 수그러들어 정적이며 차가운 것으로 보았다. 이것은 음양은 하늘과 땅의 기운이 합하여 나타난 것으로, 그 기운이 왕성하면 양이고 그 기운이 수축되면 음이라는 말이다.

여름 낮의 태양은 밝은 양기를 상징하고, 밤에 뜨는 달은 어두운 음기를 상징한다. 사람은 이를 따라 양기가 많은 밝은 낮에는 활동하기가 좋으나, 음기가 많은 어두운 밤에는 쉬고 고요히 생각에 잠겨서 사유하기에 좋다. 다만 오행론은 봄을 발진하는 기운으로 가을을 수렴하는 기운으로 보나, 사상론은 봄과 가을의 기운을 바꾸어 봄을 수렴하는 기운으로 가을을 발진하는 기운으로 본다.

한편 음양의 개념은 선악과는 다르다. 많은 사람들은 음과 양을 말할 때 선과 악을 개입하여 양을 밝고 선한 것으로, 음을 어둡고 악한 것으로 본다. 그러나 음양은 선악의 차원이 아니라 '나고 성장하고 결실을 이루어 거두고 저장하는' 자연의 생체리듬에 속한다. 이에 비하여 선악은 마음의 리듬에 속하는 것이 아니라 마음의 맑고 흐림에 관한 문제이며, 이를 밝게 분별할 수 있는지 그렇지 않은지에 관한 문제이다.

□ 자연의 기운과 감정

일 년에 걸쳐서 감정의 기운은 변화하는데, 사계와 희로애락은 밀접한 관련이 있다. 즉 봄의 감정은 어린 생명이 잘 자랄 수 있도록 감각을 깨워서 안정된 마음을 유지하며, 원하지 않는 사기邪氣를 막는 절제와 노함이다. 여름의 감정은 생명이 만개한 세상에서 몸과 마음이 하나가 되어 즐거워하는 것이다. 가을의 감정은 생명이 성숙하고 열매를 맺어서 기뻐함이

다. 그리고 겨울의 감정은 생명의 모습이 사라지는 것을 슬퍼하고 정화淨化하는 것이다.[3]

한 무제 때의 유명한 유학자인 동중서董仲舒가 쓴 『춘추번로春秋繁露』는 자연의 사계절의 기운을 희로애락 네 감정으로 표현하고 있다. 생장수장生長收藏은 사계절의 대표적인 기운이며, 희로애락은 사상인의 대표적인 감정이다.

> 봄은 노하는[怒] 기이므로 생生한다.
> 여름은 즐거운[樂] 기이므로 장長한다.[4]
> 가을은 기쁜[喜] 기이므로 수收한다.
> 겨울은 슬픈[哀] 기이므로 장藏한다.

원문에는 오행론을 따라 봄은 기쁘고 가을은 노하는 감정으로 나온다. 그러나 실제로는 하루의 생체리듬과 성정에서 살펴보듯이, 아침의 감정은 기분이 안정되어 차분하여 감정을 억제하여 노하는 것이고, 저녁의 감정은 다소 흥분하여 감정에 휩쓸려서 기뻐하는 것이다.

여기서 봄과 가을의 감정이 뒤바뀐 것은 전통적으로 봄은 생명의 기운이 상승하는 계절로 보고 가을은 생명의 기운이 쇠하는 계절로 보기 때문이다. 그러나 한의학에서는 봄을 수렴하는 기운으로 보아야 비로소 봄에 해당하는 장부와 오미인 간과 신맛과 통한다. 간과 신맛은 수렴하는 기운

---

3) 슬픔은 정화의 감정이기도 하다. 백 번 웃는 것보다 한 번 우는 것이 마음속의 상처를 씻어내는 데 더 도움이 된다고 한다.
4) 원문에는 양養으로 나오나 뜻이 같은 장長으로 수정하였다.

이기 때문이다. 그리고 가을을 발산하는 기운으로 보아야 비로소 가을에 해당하는 장부인 폐와 매운맛과 통한다. 폐와 매운맛은 발산하는 기운이기 때문이다.

그러나 신기혈정의 사상론은 봄은 혈血에 해당하여 수렴하는 기운이고, 가을은 기에 해당하여 발산하는 기운이다. 그동안 한의학과 동양학에서 봄의 기운과 가을의 기운을 바꾸어 보는 착오는 사상의학의 원전에도 많이 나타나는데, 본서는 이러한 착오를 바로잡아서 사상의학을 자연의 기운에 맞게 해석하게 되었다.

□ 자연의 성정

한의학에서 인체는 자연과 유기적으로 교감하고 있어 자연계와 분리되어있는 개별적인 존재가 아니다. 일례로, 하루 사시 동안 인체에서 생체 호르몬이 네 번 바뀌는데, 인체의 호르몬은 사람의 의지에 의해서 변화하는 것이 아니라 시간이 지나면서 자연스럽게 변화한다. 그리고 때에 맞춰 나오는 인체의 뇌 호르몬을 분석해보니 자연의 네 성정과 같다.

미국 메인대의 제프리 C 홀Hall, 브랜다이스 대의 마이클 로스배시Rosbash, 록펠러 대의 마이클 영Young 교수 등 미국 과학자 3명은 2017년 노벨 생리의학상 공동 수상자로 선정되었는데, 이들은 사람이 태양 주기에 따라 어떤 식으로 잠들고, 언제 각성覺性이 최고에 이르고, 생체리듬이 어떻게 변화하는지 등을 구체적으로 연구하였다.[5]

---

5) 여기서 생체리듬이 인체 내의 호르몬이 시간대에 따라 변화하며, 전 세계적으로 널리 활용되고 있는 신체, 감성sensitity, 지성intellectual의 3 가지 규칙적인

위의 연구결과를 참조하여 하루를 네 시간대로 나누고 생체리듬을 보충하여 네 성정을 아래와 같이 재구성하였다.

- 밤(21시~06시)에는 신체의 온도와 혈류량이 최소한도로 유지되고 혈압이 가장 낮으나, 세포재생력과 면역력은 최고수준이다. 밤은 하루 동안 활성화되었던 몸과 마음이 휴식과 숙면으로 텅 비는 시간이다. 낮에 야외에서 햇볕을 많이 받으면 멜라토닌이 축적되어 밤에 숙면을 취할 수 있다. 멜라토닌은 가장 우수한 항산화물질로 몸을 유지하는 기본 기능을 회복시키고 면역력도 증가시킨다.
- 아침(06시~11시)에는 생체 호르몬인 코르티솔이 분비되기 시작하여 혈압이 가장 빠르게 상승하나 불안정한 상태이므로 심혈관 질환이 악화될 수 있다. 몸이 깨어나고 곧 이어 감각이 깨어나면서 마음이 차분하게 가라앉기 때문에 원하지 않는 외부 환경에 휩쓸리는 감정은 거의 없다. 이것이 각성인데 지난밤의 낭만적인 감성은 사라진다. 아침에는 중요 안건에 대하여 회의를 하거나 결정을 내리는 데 유리하다.
- 점심(11시~16시)에는 몸과 마음이 완전히 활성화되는 수준에 이르며, 신체 반응도 가장 빠른 상태에 도달한다. 그리고 감정과 정신활동의 협력 능력이 최적이나 인내력은 저하된다. 이때는 하루 중에서 햇빛이 가장 많으므로 감정이 가장 활발하여 마음과 몸이 함께 즐겁게 활

리듬으로 설명하였다. 다만 신체적인 의미에서의 리듬은 감정 리듬에 해당하기 때문에, 본서에서는 지성, 감성, 감정의 단어를 쓰기로 한다. -『밤에 졸리고 아침에 깨고… '24시간 생체시계' 비밀 풀다』, 김철중, chosun.com, 2017

동하는 때이다.

- 저녁(16시~21시)에는 혈압이 최고에 이르고 감정의 기복이 심해지며 마음이 불안정해지고 혈관이 확장되어 조그만 자극에도 예민하게 반응한다. 외부 대상을 호기심으로 보니 관심을 사로잡는 것들이 많아져 창의력도 활성화된다. 대부분의 신체 기능이 저하되지만 감성은 충만하여 청각이 예민하고 세포 재생력과 심폐기능이 최고 수준에 오른다.

하루 사시四時에 걸쳐 생체리듬이 변하는데, 중요한 것은 이에 따라 인체의 성정도 함께 변한다는 사실이다. 이와 같은 성정의 변화는 뇌 호르몬의 변화로 알 수 있는데, 인체의 뇌에서 분비되는 호르몬은 대체로 하루 동안에 생체리듬이 네 번 변화함에 맞춰서 네 번 분비된다.

하루 사시에 걸쳐 나타나는 생체리듬은 뇌에서 분비되는 호르몬[6]과 깊은 관련이 있다. 이에 따른 성정의 특성도 함께 살펴본다.

- 멜라토닌은 빛이 적으면 분비되어 몸의 활동을 저하시키는데 밤과 겨울에 분비가 활발하다. 몸과 마음의 활동이 저하되고 고요해지는 밤에 오히려 아이디어가 생겨나고 궁금해하는 것들이 문득 떠오르는 것

---

6) 내분비계endocrine system에서 분비되어 혈류를 타고 다니면서 우리 몸의 여러 기관에 영향을 미치면 호르몬이라고 하고, 신경계에서 뉴런과 뉴런 사이를 이동하면서 정보 전달에 관여하면 신경전달물질이라고 한다. 어떤 이들은 신경전달물질이라는 용어보다 '뇌 호르몬'이라는 표현을 사용하는데, 본서도 이를 따른다.

로 미루어 볼 때 멜라토닌은 고요한 상태에서 활성화되는 지성과 관련이 있다.

낮에 바쁘게 시간을 보낼 때 의문을 품고 궁금해 한 것은 밤에 답이 떠오르는 경우가 많다. 예를 들어, 멘델레예프는 꿈속에서 주기율표 작성에 필요한 아이디어를 얻었고, 모차르트는 꿈속에서 작품의 아이디어를 얻었으며, 괴테는 과학적인 문제의 해결과 시의 영감을 꿈속에서 얻었다고 한다.

- 가바는 아침에 분비가 활발하다. 공부를 잘하기 위해서는 맑은 의식이 필요한데, 뇌 과학적으로 맑은 의식은 감각을 통해 정보를 전달받아서 의식을 명료하게 유지한다. 이 맑은 의식이 각성 상태이다. 감성의 기운이 높으면 흥분성이 높으며, 감성의 기운이 낮으면 흥분 억제성이 높다. 가바는 흥분 억제성을 높여서 마음을 안정시킨다. 따라서 가바는 원하지 않는 감정을 절제하고 신경을 안정시키는 호르몬이라 할 수 있다.

- 세로토닌은 한낮에 활발하게 분비되어 기분을 좋게 하고 안정감과 활력, 행복감을 느끼게 해준다. 세로토닌은 집중력과 기억력을 향상시켜 업무 능률을 올리는데, 오히려 적절한 휴식과 명상이 세로토닌을 활성화시킨다. 세로토닌은 감정 조절, 식욕 조절 등을 활성화해주는 호르몬이다. 우울증이나 불안을 겪는 사람들 중 대부분은 세로토닌의 기능이 현저히 저하된다. 세로토닌이 활성화되는 낮에는 감정과 몸이 활발하기 때문에 지성은 잠복한다.

- 도파민은 가바와 달리 자기절제 기능을 축소시켜 마음이 불안정해지나 사람을 흥분시키고 의욕과 흥미를 자극하여 외부 사물에 집중하도

록 한다. 도파민은 도덕성을 주관하는 전두엽이 활성화될 때 분비되는 뇌 호르몬이다. 가바는 감각을 깨우고 마음을 안정시키지만, 도파민은 호기심을 불러일으켜 마음을 흥분시킨다.

아침에는 가바 호르몬이 분비되어 신경을 안정시켜 감각을 깨어나게 하는 각성 효과가 있으며, 저녁에는 도파민이 분비되어 새로운 것과 교감하는 감성 능력을 항진시켜 집중과 창의력이 향상된다. 가바가 신경을 안정시키는 억제성 호르몬이라면 도파민은 신경을 흥분시키는 흥분성 호르몬이다. 그리고 낮에 분비되는 세로토닌은 몸과 마음을 활동하게 하는 호르몬인 반면에, 밤에 분비되는 멜라토닌은 활동을 멈추고 휴식을 취하여 몸을 회복시키는 호르몬이다. 이처럼 낮에 분비되는 세로토닌과 밤에 분비되는 멜라토닌은 서로 반대의 성질이 있으며, 아침에 분비되는 가바와 저녁에 분비되는 도파민도 서로 반대의 성질이 있다.

표 2.1 하루의 뇌 호르몬과 성정

구분	감정	생체리듬	뇌 호르몬	자연	사상인	신기혈정
겨울/밤	슬픔	휴식	멜라토닌	지성	지성	신
봄/아침	노함	절제와 각성	가바	각성	이성	혈
여름/점심	즐거움	활동과 행복감	세로토닌	감정	감정	정
가을/저녁	기쁨	호기심과 흥분	도파민	감성	감성	기

표 2.1에 뇌의 네 호르몬을 정리하고 이들의 성질을 요약한 것이 자연의 성정이다. 인체가 하루에 네 번 성정이 정확하게 변화하는 것은 하루 사시의 기운에 그러한 자연의 성정이 들어있기 때문이다.

자연의 성정인 지성, 각성, 감성, 감정은 제2.2.1절 '사상인의 인의예지'와 제5.1.4절 '신기혈정의 성정'에서 살펴보듯이 차례로 신, 혈, 정, 기에 해당하는 성정이다. 신은 지성, 기는 감성, 혈은 각성, 정은 감정의 성정을 지닌다. 다만 자연의 성정에서 각성覺性은 인체에서는 이성理性이다. 사상의학에서 기본이 되는 사상인의 성정은 자연에 존재하는 자연의 성정과 같은 것이다.

2.1.2 사상의학의 개요

사상의학에서 근본이 되는 것은 신, 기, 혈, 정이라는 사상이자 성리이다. 이들은 생명체의 본질인 신神에서 기氣와 혈血 그리고 형질[精]에 이르기까지 생명체를 이루는 네 차원의 요소이다. 본서는 신기혈정의 특성을 가지고 사상의학의 원리를 이해하였다.

본서는 체질을 넷으로 나누기 위하여 신기혈정을 사용했다. 신기혈정과 장부와의 관계는 사상의학의 원리를 이해하는 데 매우 중요하다. 장부는 몸의 기운을 대표하고, 신기혈정은 마음의 성정을 대표하기 때문이다. 장부의 기운과 마음의 성정을 서로 연결할 수 있다면 만병은 마음의 치우침으로부터 나온다는 것을 설명할 수 있다. 한편 신기혈정은 자연 발생의 의미를 지니므로 인의예지와 희로애락으로 표현할 수 있다.

신기혈정을 장부와 연결하면 장부를 지나는 기의 회로를 알 수 있다. 기는 '신장 → 폐 → 간 → 비장'의 순서를 따라 흐르는데, 장부의 방위를 고려하면 8자 회로 형상을 한다. 장부의 치유는 장부의 기 회로를 따라서 기혈을 바로잡는 것인데, 사상의학에서의 8자 기 회로는 오행론에서의 기 회로와 다르다.

본서는 신기혈정을 기반으로 하여 사상의학의 주요 이론인 성정론과 지행론 및 수양론과 장부론을 재해석하였다. 먼저 신기혈정으로 사상체질의 특성을 표현하고, 신기혈정과 장부와의 관계를 파악하여 사상인의 정의를 밝혔으며, 사상인의 본성과 감정도 함께 분별할 수 있었다.

□ 사상의학의 세부 이론

사상의학의 원전이 되는 『동의수세보원』은 사상인의 성정과 지행을 논하고, 사상인의 장부와 신기혈정을 논하며, 수양과 심성을 논하였는데, 다만 이들의 주요 개념이 서로 어떠한 원리로 어떠한 관련이 이루어지는지에 대해서는 언급하지 않았다.

『동의수세보원』을 간략하게 살펴본다. 먼저 「장부론臟腑論」은 네 장부 '폐, 비장, 간, 신장'에서 음식물이 소화되는 과정을 통하여 차례로 '온, 열, 양, 한'이라는 자연의 기운의 특성을 관찰한다. 그리고 온열양한은 네 장부인 폐간비신의 성리인 신기혈정과 관련이 있으며, 또한 차례로 '태양인 소양인 태음인 소음인'에 대한 기운의 특성으로 본다.

「사단론四端論」은 사상인에 따라 희로애락을 순하게 발하는 감정과 촉급하게 발하는 감정으로 나누는데, 이들은 각각 장부를 성하게 하고 상하게 하는 것과 관련이 있음을 관찰한다. 「성명론性命論」은 선악과 지행을 다룬다. 여기선 사람들은 선천적으로 선을 좋아하고 악을 싫어하는데, 다만 사람들의 마음은 몸을 지니기 때문에 생기는 심욕으로부터 벗어나기 어렵다. 본서는 선을 행하는 지행이 쌓여 성 즉 잠재의식을 함양하고, 악을 행하지 않는 지행이 쌓여 명 즉 현재의식을 함양하는 것으로 이해한다. 그래서 선악을 분별하여 아는 도덕도 지행에 달렸고 성명 곧 심성의 함양도 지행에 달렸다고 본다.

「확충론擴充論」은 사상인에 따라 성정의 크고 작음이 있고 이에 따라 지행에 잘 통달하는 것이 있고 잘 통달하지 못하는 것이 있음을 관찰한다. 그리고 지행에 따라 사상인이 지니는 성정에 허실이 생기고 이러한 허실에 따라서 바르게 중화시켜야할 수양법이 다르다고 통찰하였다.

「광제설廣濟說」은 유학적인 차원에서 사람들이 인식하고 있어야 할 도덕적 사항들을 설명하며, 「변증론辨證論」은 사상인이 지니는 체형의 특징과 지병에 대해서 기술하였다. 그리고 사상의학의 다른 원전인『격치고』는 체질별로 자신의 본성을 찾는 수양론으로 가득하다.

본서는『동의수세보원』과『격치고』의 내용을 이해하기 위하여 과거의 성리학적 지식과 한의학적 지식을 이해하고 최근 자연학적 지식과 뇌 과학적 지식을 도입하여 수많은 분석과 추론을 거치면서 동무의 사상의학을 재해석하고 재구성하였다.

그림 2.1 사상의학에서의 세부 이론들의 연관도

그림 2.1은 사상의학에 나오는 이들 여러 이론이 얽혀있는 구조를 보여주며, 각각의 이론은 아래에 요약한다. 장부론과 치유론은 인체와 자연의 기운과의 교감을 다루고, 성정론과 지행론 및 수양론은 인체와 자연의 성정과의 소통을 다루며, 이들의 배후에 자연의 원리에 관한 사상론과 사람의 마음이 따라야 하는 심성론이 있다.

- 사상의학: 사상론을 기반으로 사람의 성정과 지행 및 수양과 치유에 이르는 마음 치유와, 장부론을 기반으로 치유에 이르는 몸 치유로 나눈다. 몸의 병은 몸의 기운이 자연의 기운과 교감할 때 치우쳐 생기고, 마음의 병은 마음의 성정이 자연의 성정과 소통할 때 치우쳐 생긴다.
- 사상론: 사람은 누구나 신기혈정의 성리를 다르게 받고 태어나기 때문에 한 장부가 크고 다른 장부가 작은 체질을 지닌다. 신기혈정은 자연 발생의 과정을 따르므로 이를 이해하면 신기혈정은 귀코눈입 네 감각기관 그리고 신폐간비 네 장부와 연결되어 있음도 알 수 있다.
- 성정론: 사상인은 신기혈정의 성리가 다르므로 인의예지의 본성과 희로애락의 감정에서 각각 하나가 풍부하면 다른 하나는 미약하다.
- 지행론: 지知와 행行은 각각 인의예지와 희로애락으로 행한다. 사상인에 따라 풍부한 성정으로 하는 지행이 있고, 미약한 성정으로 하는 지행이 있다. 미약한 성정을 보충하는 지행을 하면 일의 성과도 좋고 건강에도 좋으나, 풍부한 성정을 보충하는 지행을 하면 일의 성과도 나쁘고 건강에도 좋지 않다.
- 수양론: 사람들은 풍부한 성정으로 강하게 지행을 하기 때문에 치우

친 성정이 생긴다. 치우친 성정은 치우친 감정과 치우친 마음으로 나뉘는데, 이를 스스로 회복하는 것이 수양론이다. 수양론에는 대학 8조문 수양법으로 대표되는 호연지기 수양법과 비박탐라 심욕을 버리는 호연지리 수양법이 있다.

- 장부론: 신기혈정은 장부를 주재하는 성리이다. 신기혈정이 지니는 자연 발생의 순서로부터 장부의 기 회로를 알 수 있으며, 사상인의 정의도 알 수 있다. 장부의 기운은 자연의 기운을 담은 식품을 통하여 얻는데, 풍부한 기운을 확충하면 장부가 상하고 미약한 기운을 보충하면 장부가 성해진다.

- 치유론: 장부론에서 치우친 기운을 바로잡는 것이 몸 치유법이다. 몸 치유법은 선천적으로 작은 장부를 보하고, 후천적으로 허약해진 하위 장부를 보한다. 지행론에서 치우친 성정을 바로잡는 것이 마음 치유법이다. 수양은 예방 차원이고 마음의 차원이어서 스스로의 일이라면, 치유는 이미 질병으로 발전한 것이어서 의원의 일이다.

- 심성론: 심성은 앎이고 앎은 지행을 통하여 확장된다. 대부분의 사람들은 마음이 치우치고 옳고 그름의 이분법에 빠져 있어 진실과 바름에 눈뜨지 못한다. 수양론이 치우친 마음을 바로잡아 심성이 성장하도록 하는 길잡이라면, 심성론은 이원성을 극복하여 심성이 진화하도록 하는 길잡이다.

□ 인체와 자연의 교감

사상의학은 인체가 자연과 교감하고 소통하는 것을 관찰하고 그 원리를 이해하는 곳이다. 인체와 자연과의 교감 및 소통에는 둘이 있는데, 하나는 기운에 대한 것이고 다른 하나는 성정에 대한 것이다. 기운이 차고 따뜻하고 서늘하고 더운 것은 자연의 기운에 속하지만, 인의예지로 알고 슬프고 기쁘며 노하고 즐거워하는 감정을 발하는 것은 자연의 성정에 속한다.

사상인이 자연의 기운 및 성정과 교감하는 문제는 오링 테스트에서 인체에 부족한 것을 보충하면 몸과 마음에 이로우나, 인체에 충분한 것을 확충하면 인체에 해로운 문제와 같다.

인체의 성정이 자연의 성정과 소통하는 경우에 대하여 경우의 수와 그 결과를 살펴본다. 성정은 본성과 감정을 별도로 보아서 각각 지知를 하는 힘이고 행行을 하는 힘이다. 예를 들면, 인체와 자연의 성정이 각각 넷이기 때문에 이들이 소통하는 데에는 모두 $(4\times4)+(4\times4)=32$의 경우에 이른다.

인체가 자연의 성정과 소통하는 복잡한 현상은 한 장부의 성정은 크고 다른 장부의 성정은 작다고 하는 사상체질의 특성 때문에 쉽게 풀린다. 사상체질의 특성을 지니는 사상인을 자연과의 소통에 있어서 주체로 보면, 유의미성이 있는 경우는 본성에 대하여 둘 그리고 감정에 대하여 둘로 압축된다. 예를 들어, 소음인은 지智가 풍부하고 인仁이 부족한데, 지智의 본성을 확충하는 지知의 행위는 몸을 상하게 하고, 인仁의 본성을 보충하는 지知의 행위는 몸을 성하게 한다.

그리고 인체의 기운이 자연의 기운과 교감하는 경우에 대하여 경우의 수와 그 결과를 살펴본다. 인체와 기운을 예로 들면, 인체와 자연의 기운이 각각 넷이기 때문에 이들이 소통하는 경우는 $4\times4=16$이다.

이 경우도 성정의 경우에서와 같이 사상인을 자연과의 교감에 있어서 주체로 보면, 유의미성이 있는 경우는 기운에 대하여 둘로 압축된다. 예를 들어, 소음인은 차가운 신장의 기운이 풍부하고 더운 비장의 기운이 부족한데, 차가운 신장의 성질을 지니는 식품은 몸을 상하게 하고, 더운 비장의 성질을 지니는 식품은 몸을 성하게 한다.

□ 심과 성정

기존 한의학은 질병의 원인을 주로 기운의 관점에서 보는 데에 그치기 때문에 질병의 원인을 외부 환경의 탓으로 본다. 사상의학은 사상인이 지니는 기운과 성정을 연결하여 살펴보기 때문에 질병의 원인을 근본적으로 성정의 치우침에서 찾는다. 『동의수세보원』「의원론醫源論」에 말한다.

　　예전의 의사들은 풍한서습風寒暑濕 즉 환경의 영향과 비위수곡脾胃水穀 즉 음식물의 소화와 흡수가 질병의 원인이 되는 것만 알았지, 애오소욕愛惡所欲 즉 마음이 좋아하고 싫어하는 바와 희로애락편착喜怒愛樂偏着 즉 희로애락의 타고난 감정이 치우치는 바가 질병의 원인이 되는 것은 몰랐다.

여기서 마음의 치우침과 감정의 치우침이 성정性情의 치우침인데, 동무의 성정의 치우침에 대한 이러한 현상은 그 자체가 사람의 마음과 자연의 성정性情과의 소통에 관한 매우 흥미 있는 관찰이다. 사람의 마음에는 본성과 감정이 있어 자연의 성정과 소통하는데, 사상인은 자신의 부족한 자연의 성정과 잘 통하고, 자신의 풍부한 자연의 성정과는 잘 통하지 않는다. 한편 감정이 풍부한 체질이 양인陽人이고 본성이 풍부한 체질이 음인陰人이다.

마음의 치우침은 무엇인가? 『동의수세보원』에도 "호연지기浩然之氣는 신폐간비 네 장부에서 나오며, 호연지리浩然之理는 심心에서 나온다."라고 하였듯이 마음은 장부에서 나오는 감정 및 심에서 나오는 본성으로 나뉜다. 마음의 치우침에는 감정의 치우침과 싫어하고 좋아하는 바의 치우침이 있다. 사람의 감정을 바로잡는 것은 허약해진 감정을 활성화하고 항진된 감정을 사瀉하는 것과 같다.

마음이 싫어하고 좋아함의 치우침을 바로잡으려면 마음의 잘못을 돌이키고 본성을 회복해야 한다. 마음의 '싫어하고 좋아하는 바의 치우침'이 곧 본성의 치우침이며, 본성을 회복하는 것이 곧 마음 치유이다. 오링 테스트에서는 부정적인 말을 하면 힘이 약해지고 긍정적인 말을 하면 힘이 강해지며, 거짓말을 하면 힘이 약해지고 진실한 말을 하면 힘이 강해진다는 보고가 있다. 이것은 인체가 자연의 기운이나 감정뿐 아니라 본성에도 영향을 받는다는 사실을 알려준다. 그래서 마음이 바르면 본성과 감성을 잘 거느리나, 마음이 바르지 못하면 지나간 감정에 이끌리며 사는 것이다.

본성의 치우침은 심욕心慾을 낳고, 심욕은 만병에 이르는 길이다. 심욕은 다른 말로 하면 '어진 이를 시기하고 능한 이를 미워하는 것'이다. 『동의수세보원』에 말한다.

병이 생기는 것은 모두 어진 이를 시기하고 능한 이를 미워하는 데서 생기며, 병이 낫는 것은 모두 어진 이를 좋아하고 선한 것을 즐겨하는 데서 나온다. 그러므로 어진 이를 시기하고 능한 이를 미워하는 것이 곧 병이며, 어진 이를 좋아하고 선한 것을 즐겨하는 것이 곧 약이라고 한다.

사상의학은 치우친 감정을 바로잡는 치유법 외에도 치우친 본성을 바로잡는 치유법을 다룬다. 이에 비하여 기존 한의학은 사람이 자연의 기운과만 교감하는 것으로 보기 때문에 기氣 중심의 진단과 처방을 할 수밖에 없으며, 사람의 본성을 살펴보는 개념은 없는 이론이다.

사상의학은 가장 바람직한 인간상으로 성인聖人을 드는데, 성인은 희로 애락의 감정이 없는 것이 아니라 세상을 밝게 알므로 희로애락의 감정이 때와 장소에 맞추어 절도 있게 나온다. 성인은 이처럼 본성과 감정이 바르게 중화中和되어 알고 행하는 성정이 절도에 맞게 나온다.

□ 신기혈정의 사상론

사상체질의 개념은 인체와 자연과의 교감 및 소통의 복잡한 문제를 간단하게 볼 수 있는 장점이 있다. 그리고 인체가 자연의 기운과 교감하고 성정과 소통하는 문제를 다루기 위해서는 인체의 성정과 기운을 사상인별로 인의예지와 희로애락 그리고 온열양한溫熱凉寒으로 나누어 볼 수 있어야 한다.

사상의학은 신기혈정으로 인체의 장부를 표현하여 온열양한이라는 장부의 기운뿐 아니라 인의예지와 희로애락이라는 성정을 표현한다. 『동의수세보원』에는 장부의 성리에 대한 언급이 나오는데, 이것이 신기혈정이다.

나는 의약경험이 5, 6천 년 쌓인 후에 태어나, 앞 사람들의 저술 덕분에 우연히 사상인 장부의 성리性理를 알게 되어 한 권의 책을 쓰고 '수세보원壽世補元'이라 이름을 붙였다.

신기혈정神氣血精은 사람의 장부를 이루는 성리이며, 인체를 이루는 성리性理이다. 『동의보감』은 인체가 네 단계, 즉, 기전氣前, 기시氣始, 형시形始, 질시質始를 거쳐 온전한 인체를 이루게 된다고 설명한다. 여기에서 기전, 기시, 형시, 질시는 인체의 발생적인 의미를 지니는 신기혈정에 차례로 해당한다. 즉, 신기혈정의 신神은 기가 형성되기 이전의 기전 즉 무無에 해당하고, 기氣는 기가 형성된 기시에 해당하며, 혈血은 기로부터 형상이 만들어진 형시에 해당하고, 정精은 형상으로부터 형질이 나타나는 질시에 해당한다.

한의학 자료를 종합하면 신기혈정은 아래와 같이 인체의 감각기관 및 장부와 관련이 있다.

- 신은 기전에 해당하기 때문에 눈에 보이지 않는다. 그러나 귀로 들을 수는 있어서 귀와 통하는 신장과 관련이 있다.
- 기는 기시에 해당하기 때문에 눈에 보이지 않는다. 그러나 코로 냄새를 맡을 수는 있어서 코와 통하는 폐와 관련이 있다.
- 혈은 형시에 해당하기 때문에 눈에 보인다. 따라서 눈과 통하는 간과 관련이 있다.
- 정은 질시에 해당하기 때문에 눈에 보이고 혀로 맛볼 수 있다. 따라서 입과 통하는 비장과 관련이 있다.

여기서 눈에 보이지 않고 코로 냄새를 맡을 수 없는 것이 신神이고, 눈에 보이지 않으나 코로 냄새를 맡을 수 있는 것이 기氣이며, 눈에 보이나 혀로 맛볼 수 없는 것이 혈血이고, 눈에 보일 뿐 아니라 혀로 맛볼 수 있는 것이 정精임을 알 수 있다. 특히 신기혈정은 각각 하나의 장부와 연결되어 있는데, 신장은 신과 관련이 있고, 폐는 기와 관련이 있으며, 간은 혈과 관련이 있고, 비장은 정과 관련이 있다. 그리고 여기에는 나타나지 않으나 심장은 심心과 관련이 있다.

신기혈정을 성리의 측면에서 보면, 신은 생명체가 이루어지기 이전부터 존재하는 형이상의 본질이고, 기는 생명체가 나타나기 이전의 기운이며, 혈은 생명체 내에서 정보 및 영양 수급의 기능이고, 정은 인체를 이루는 질료이다.

신기혈정의 특성으로 사상인을 나누면, 신, 기, 혈, 정이 풍부한 체질은 차례로 소음인, 태양인, 태음인, 소양인인데, 이는 이들의 큰 장부는 차례로 신장, 폐, 간, 비장이기 때문이다.

아래는 사상인이 지니는 큰 장부 및 풍부한 신기혈정을 적었다. 사상인이 '소음인 → 태양인 → 태음인 → 소양인'의 순서로 신폐간비와 신기혈정이 차례로 순환한다.

소음인은 신腎이 크고 신神이 크다.
태양인은 폐肺가 크고 기氣가 크다.
태음인은 간肝이 크고 혈血이 크다.
소양인은 비脾가 크고 정精이 크다.

사상의학은 사상인이 주체가 되어 자연의 기운과 교감하고 성정과 소통하는 문제를 다룬다. 사상인이 자연의 기운과 교감하는 문제를 오링 테스트를 예로 이해하여 본다. 사상인을 감별하는 수단으로 식품이 아니라 방위를 이용하는 방법이 있다. 여기서, 태양인은 찬 북방을 향하거나 겨울이 되면 힘이 강해지고, 건조하고 따뜻한 서방을 향하거나 가을이 되면 힘이 약해진다. 이것은 찬 북방은 태양인에게 부족한 기운이며, 건조하고 따뜻한 서방은 태양인에게 충분한 기운이기 때문이다.

2.1.3 사상론으로 보는 장부의 기 회로

신기혈정은 자연 발생의 의미가 있으므로 신폐간비腎肺肝脾 네 장부와의 관련을 알면 이들 장부를 지나는 기 회로를 알 수 있다.

본서는 신기혈정과 네 장부와의 관계를 한의학의 관점에서 찾았는데, 앞 절에 나오는 '신기혈정의 사상론'에서의 결과와 같다. 그리고 이 장부의 기 회로로부터 사상인의 정의를 유도하였는데, 기존 사상의학의 정의와는 달리 양인의 경우에 작은 장부가 서로 바뀐 것으로 나타난다.

기존 사상인에서의 장부의 기 회로도는 움직이지 않는 형상을 한다. 태양인과 태음인의 장부의 크고 작음이 서로 반대이고, 소양인과 소음인의 장부의 크고 작음이 서로 반대이기 때문에 장부의 기 회로는 순환하지 못하는 형상이다. 이와 같은 사상인의 기 회로는 인체의 기혈의 측면에서는 의미가 없다. 이러한 문제는 사상인의 장부적 정의가 잘못되었기 때문에 나타난 것이다.

□ 장부의 8자 기 회로

한의학 자료를 통하여 장부를 지나는 기 회로를 찾아보았다. 그러자 앞 소절에서 살펴본 신기혈정과 감각기관 그리고 장부에서의 관계에서 찾은 장부의 기 회로와 동일한 결과를 얻었다.

사상인은 신폐간비 네 장부의 크고 작은 조합으로 성립하기 때문에 신 폐간비를 지나는 기의 회로는 중요한 정보가 된다. 『내경』에는 오행론을 따라 기가 '간 → 심장 → 비장 → 폐 → 신장'으로 흐르는 회로 외에도, '신장 → 폐 → 간 → 비장'을 지나는 회로도 소개되어 있다.

여기서는 신폐간비를 지나는 회로를 살펴본다. 『내경』은 아래와 같이 다섯 장부 간의 선후 관계를 말한다. 아래에서 주主는 상위 장부라는 뜻이다.

> 심장은 맥脈과 상합하고, 그 형은 안색이며, 그 주는 신장이다.
> 폐는 피부와 상합하고, 그 형은 피모皮毛이며, 그 주는 심장이다.
> 간은 근筋과 상합하고, 그 형은 손톱이며, 그 주는 폐이다.
> 비장은 육肉과 상합하고, 그 형은 젖이며, 그 주는 간이다.
> 신장은 골수骨髓[7]와 상합하고, 그 형은 모발이며, 그 주는 비장이다.

여기서 주主를 따라가면 상위 장부로부터 맨 하위 장부에 이르기까지 '신장 → 심장 → 폐 → 간 → 비장 → 신장'임을 알 수 있다. 다만 심장은 사상인에서 빠져 있는데, 심장은 나머지 네 장부를 간접적으로 지원하는 것으로 본다. 따라서 장부의 기 회로에서 심장은 제외한다.[8]

신장 → 폐 → 간 → 비장 → 신장

---

7) 원문에는 골骨로 나오나 골수骨髓가 맞다. 이렇게 보는 이유로 태음인은 근육이 발달되어 있으며 골격도 크기 때문이다.

8) 이와 같은 기 회로에 처음 주목한 것은 박용규의 『입체음양오행』(태광출판사 2005)이다. 다만 이 책에는 인체에는 이외에 다른 여러 기 회로도 함께 존재하는 것으로 나오지만, 본서는 자연에는 신기혈정의 기 회로가 유일한 것으로 본다.

그리고 『내경』에 아래와 같이 장부와 오미로 쓰는 처방이 나온다. 원문에 나오는 장부의 순서는 편의상 바꾸었다.

폐의 색은 백색이다. 병적인 백색을 발한 자에게는 쓴맛의 식품을 먹인다.
심장의 색은 적색이다. 병적인 적색을 발한 자에게는 신맛의 식품을 먹인다.
간의 색은 청색이다. 병적인 청색을 발한 자에게는 단맛의 식품을 먹인다.
비장의 색은 황색이다. 병적인 황색을 발한 자에게는 짠맛의 식품을 먹인다.
신장의 색은 흑색이다. 병적인 흑색을 발한 자에게는 매운맛의 식품을 먹인다.

위에서 사람이 병적인 색을 발하는 원인은 오장 각각의 기운이 지나치게 항진亢進되어 아래로 잘 내려가지 않기 때문이다. 따라서 병적인 색을 발하게 하는 장부의 하위 장부를 보補하는 것이 오미의 처방이다. 이를 감안하면 장부의 기운은 아래와 같은 방향으로 순환하는 것으로 나타난다.

폐 → 심장 → 간 → 비장 → 신장 → 폐

여기서 심장을 제외하면 장부의 기 회로는 '폐 → 간 → 비장 → 신장'이며, 신기혈정의 순서를 따르도록 장부의 기 회로를 다시 쓰면 '신장 → 폐 → 간 → 비장'이 된다.

앞에서 살펴본 두 경우에 대한 장부의 기 회로는 동일하다. 그리고 신폐간비 네 장부는 각각 고유의 방위를 가진다. 신장은 북, 폐는 서, 간은 동에 위치하는 것으로 보는 데 이견이 없다. 다만 비장에 대해서는 양론이 있는데, 오행론은 심장을 남으로 보고 비장을 중앙으로 본다.

그러나 사상론을 기반으로 하는 『동의수세보원』에는 "오장 가운데 심心은 가운데 태극太極이다. 오장의 폐간비신은 네 방향의 네 형상이다."라고 하였으며, "심은 한 몸의 주재主宰이다."라고 하였으므로 심장은 중앙에 두고 나머지 네 장부를 주재하는 것으로 본다.

사상론을 따라 네 장부 간의 기운의 순환에 방위를 고려하면 다음과 같은 장부의 8자 기 회로가 나온다.

(신장 : 북) → (폐 : 서) → (간 : 동) → (비장 : 남)

신폐간비 네 장부의 8자 기 회로는 장부의 성리로 보면 신기혈정의 8자 기 회로이며, 그림 2.2와 같다. 중앙에는 심장이 있어서 신폐간비의 작용을 지원하고 주재하는데, 심장은 신폐간비의 작용에 간접적으로 작용한다는 뜻으로 점선으로 표시하였다.[9]

그림 2.2에 있는 장부의 기 회로도는 사상의학의 원전을 원리적으로 이해하는 과정에서 발견한 것으로, 그동안 한의학에서 사용하는 오행론에서의 기 회로도와 많은 부분에서 다르다. 이 장부의 기 회로도는 사상의학의 장부론과 치유론 그리고 수양론을 이해하는 데 있어 중요한 정보가 될 뿐 아니라, 우주론을 이해하는 데에도 매우 중요하다.

---

9) 동양학에서는 괘나 상을 그릴 때 아래를 북쪽으로 보나, 여기서는 일반 지도에서와 같이 위를 북쪽으로 잡는다.

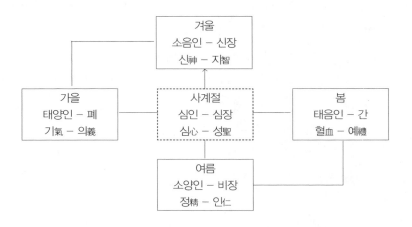

그림 2.2 신폐간비 네 장부의 8자 기 회로

이 신폐간비의 기 회로에서 중앙의 심장은 어떠한 역할을 하는가? 중앙의 심장은 폐로부터 기운을 받아 간에 생기生氣를 불어넣고, 비장으로부터 생기를 회수하여 신장에 저장함으로써 신폐간비 모두를 주재한다. 그리고 이는『동의수세보원』에서 심心을 한 몸의 주재로 보는 것과 잘 일치한다.

□ 사상인의 정의

인체를 신기혈정으로 보면, 신에서 시작하여 기와 혈을 거쳐서 정에 이르고 다시 신으로 순환한다. 그리고 신기혈정의 순환에 해당하는 장부의 기 회로는 '신장 → 폐 → 간 → 비장'의 순서이고, 방위로 보면 '북 → 서 → 동 → 남'의 순서이다.

장부의 기운은 장부의 회로를 따라 변화하는데, 특정 장부의 기운이 특정 방위에서 크면[大] 다음 방위에 가서는 그 장부의 기운은 작아진다[小].

이것은 그 장부가 앞의 방위에서 자기 고유의 일을 하여 기운이 소모되기 때문이다.

신장을 예로 들어 본다. 북방은 본래 신장의 기운이 크고 신神이 머무는 곳인데, 장부의 회로를 따라 다음 장부인 폐로 가면 신의 기운은 어떻게 되는가? 논리적으로 보면 신의 기운은 신장에서 크지만, 그 다음 장부인 폐로 가서는 신의 기운은 소임을 다한 후이기 때문에 작아지고 대신에 기氣가 커진다. 이를 방위와 연결하면, 예컨대, 태양인은 서방에 위치하므로 폐가 크나 신장이 작은 체질이다.

이와 같은 방법으로 작은 장부의 방위를 모두 알 수 있는데, 폐가 작은 방위는 동방이고, 간이 작은 방위는 남방이며, 비장이 작은 방위는 북방이고, 신장이 작은 방위는 서방이다.

이제 작은 장부의 위치를 알았기 때문에 이를 큰 장부의 위치와 더하면 사상인의 장부의 크고 작음은 다음과 같다.

- 소음인은 북방 기운의 신장이 크나 이전 방위인 남방의 기운의 비장이 작다.
- 태양인은 서방 기운의 폐가 크나 이전 방위인 북방의 기운의 신장이 작다.
- 태음인은 동방 기운의 간이 크나 이전 방위인 서방의 기운의 폐가 작다.
- 소양인은 남방 기운의 비장이 크나 이전 방위인 동방의 기운의 간이 작다.

여기서 중요한 것은 과거에는 태양인의 작은 장부를 간으로 알고 있었는데 여기서는 신장으로 나오며, 소양인의 작은 장부를 신장으로 알고 있었는데 여기서는 간으로 나온다는 점이다. 이와 같은 사상인의 장부적 특성은 다른 문헌에서는 전혀 발표된 바가 없다.

과거에 태양인의 작은 장부를 간으로 본 이유는 아마도 동무가 평소 앓고 있던 해역증이라는 간 관련 지병에 기인하는 것 같다. 태양인은 후천적으로 촉급하게 발하는 분노의 감정으로 간이 허약해지는 간허증肝虛症을 앓는 경우가 많기 때문에 간을 선천적으로 작은 장부로 본 것 같다. 그리고 마찬가지 이유로 소양인은 촉급하게 발하는 슬픔의 감정으로 신장이 허약해지는 신허증腎虛症을 앓는 경향이 있어서 신장을 선천적으로 작은 장부로 본 것 같다.

한편 본서에 따른 사상인의 정의는 제4.3.1의 오링 테스트의 결과와 일치함을 알 수 있다. 방위와 색깔을 이용하는 오링의 강해진 힘으로 사상인의 작은 장부를 알 수 있는데, 아래와 같다.

- 태양인은 북방과 흑색으로 오링의 힘이 증가하는데, 신장이 작기 때문이다.
- 태음인은 서방과 백색으로 오링의 힘이 증가하는데, 폐가 작기 때문이다.
- 소양인은 동방과 청색으로 오링의 힘이 증가하는데, 간이 작기 때문이다.
- 소음인은 남방과 황색으로 오링의 힘이 증가하는데, 비장이 작기 때문이다.

□ 사상체질의 고찰

신기혈정은 차례로 신폐간비를 주재하기 때문에 본서에서의 사상인의 장부적 정의를 신기혈정의 대소와 함께 쓰면 아래와 같다.

– 소음인은 신腎대 비소하고 신神대 정소하다.
– 태양인은 폐肺대 신소하고 기氣대 신소하다.
– 태음인은 간肝대 폐소하고 혈血대 기소하다.
– 소양인은 비脾대 간소하고 정精대 혈소하다.

여기서 신폐간비를 지나는 기 회로는 그림 2.3 가)에서 보듯이 '폐 → 간 → 비장 → 신장'이며, 사상인의 장부는 자신의 방위에서 기운이 크나, 기 회로를 따라 하위 장부에 이르면 그 장부의 기운이 작아지는 것을 볼 수 있다.

『동의수세보원』에 나오는 사상인의 정의는 아래에 보였는데, 여기서 이 탤릭체는 사상인의 정의에 대한 동무의 착오라는 뜻이다.

태양인太陽人은 폐肺대 *간소하다.*
소양인少陽人은 비脾대 *신소하다.*
태음인太陰人은 간肝대 폐소하다.
소음인少陰人은 신腎대 비소하다.

동무의 사상의학에서는 장부의 기 회로를 사계절의 순환과 마찬가지로 '폐 → 비장 → 간 → 신장'으로 본다. 그러나 태양인과 태음인의 장부의 크고 작음이 서로 반대이고, 소양인과 소음인의 장부의 크고 작음이 서로 반대이므로, 그림 2.3 나)에 보듯이 실제 장부의 기 회로는 순환하지 못하는 형상을 한다. 순환하지 못하는 기 회로는 사상인의 장부적 정의가 잘못되어서 나타난 것이다.

가) 사상인의 새 정의   나) 사상인의 본래 정의

그림 2.3 장부의 기 회로와 사상인의 정의

사상인의 정의에 대해 태양인의 지적 능력을 예를 들어 보자. 일반적으로 사상인을 논할 때 가장 대표적인 언명 중의 하나가 '태양인은 직관력이 뛰어나서 천시에 널리 통달한다.'는 것이다. 이와 같은 이유로 본서는 태양인의 가장 약한 장부가 신장이며, 천시天時라는 신神에 해당하는 기운이 태양인의 신장을 보補하기 때문에 태양인은 천시에 널리 통달한다고 설명한다. 이는 제3.2.1절 '본성과 지의 소통'에 나오는 내용이다.

그러나 만일 『동의수세보원』에 나오는 사상인의 정의를 받아들이면, 소양인의 가장 약한 장부가 신장이므로 소양인이 신神에 해당하는 천시에 널리 통달하여야 한다. 그러나 소양인은 주지하듯이 가장 감정에 충실하게 생각하고 가장 직감적으로 행동하는 체질이기 때문에 천시에 널리 통달한다는 것은 이해하기 어렵다.

그림 2.3 가)는 본서가 발견한 사상인의 정의와 신폐간비 네 장부의 8자기 회로를 보여준다. 이와 같은 사상인의 정의와 장부의 기 회로는 사상의학을 새롭게 해석하는 데에서 중요한 역할을 한다.

한편 많은 사람들이 사상체질에 대하여 의구심을 가지고 있다. 그들은 사상체질이 수많은 진료와 치유 자료에 대한 통계 처리로부터 만들어졌다고 생각한다. 그리고 그들은 사상인 외에 다른 체질도 존재할 수 있을 것이라고 주장한다.

예를 들어, 현재의 사상체질 외에도 폐와 비장, 간과 신장, 그리고 하위 장부가 작은 체질 넷의 체질이 확률적으로 존재하는 것으로 본다. 이들을 모두 합치면 12체질이 될 것이다. 그러나 그림 2.3 가)에서 보듯이 각 장부는 해당 방위가 하나뿐이기 때문에 하나의 장부가 정해지면 하나의 방위도 정해진다. 그리고 이들 장부를 지나는 회로는 하나이기 때문에, 그림 2.3 가)에 나타난 체질 외에 다른 체질이 존재하지 않음을 알 수 있다.

□ 성정의 8자 순환

동무의 사상의학이나 일반 사상의학 해설서는 사상인을 분류하는 사상을 사심신물事心身物로 본다. 여기서 사, 심, 신, 물에 해당하는 사상인은 차례로 태양인, 소양인, 태음인, 소음인인데, 이들이 지니는 인의예지의 특성은 무엇인가?

『격치고』「유략」편에는 지행의 자연 및 사회의 네 일과 인의예지의 관련이 나온다. 아래의 괄호는 문맥의 이해를 위해 필자가 넣은 것이다.[10]

하늘의 길은 항상 운전하는 것이니 의자義者(태양인)가 그 운전을 본다.
인간의 몸은 항상 신중한 것이니 예자禮者(태음인)가 그 신중함을 본다.
세상의 길은 항상 변화하는 것이니 인자仁者(소양인)가 그 변화를 본다.
땅의 터전은 항상 확고한 것이니 지자智者(소음인)가 그 확고함을 본다.

  원문에 나오는 동무의 사상인의 성정은 그림 2.4 가)에 보이는데, 폐가
큰 태양인은 지자智者로, 비장이 큰 소양인은 예자禮者로, 간이 큰 태음인
은 의자義者로, 그리고 신장이 큰 소음인은 인자仁者로 규정한다. 그러나
이것은 실제와 맞지 않다.

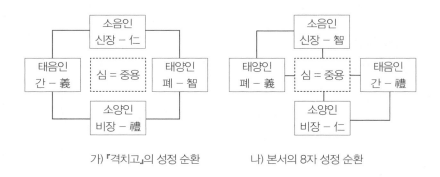

가) 『격치고』의 성정 순환   나) 본서의 8자 성정 순환

그림 2.4 『격치고』의 성정 순환과 본서의 8자 성정 순환

---

10) 원문은 사심신물에서 심과 신이 바뀌어 나오며, 사상인과 인의예지의 관계에
    착오가 있어서 이를 바로잡았다. 따라서 심과 신에 대한 순서를 맞추기 위하여
    원문에 나오는 두 번째 문장과 세 번째 문장의 순서를 바꿨다. 원문은 부록 A.1
    에 실었다.

사상인의 성정을 바로잡고 장부의 기 회로를 고려하면 그림 2.4 나)와 같다. 사상인의 본성을 신기혈정의 의미로부터 살펴본다. 즉 신神은 있는 그대로 아는 능력이어서 진실과 거짓을 판단하는 지智의 의미가 있다. 기氣는 감성 및 마음에 해당하여 잘못된 행동을 하면 부끄러워할 줄 알고 불의를 보면 미워하는 의義의 의미가 있다. 혈血은 생명체의 머리 부분에 해당하여 나만 생각하지 않고 남을 생각하는 예禮의 의미가 있다. 그리고 정精은 땅이 생명을 품고 베푸는 정情에 해당하여 불쌍한 것을 보고 측은히 여기는 인仁의 의미가 있다.

이렇게 하여 알게 된 사상인의 인의예지 특성이 그림 나)에 있는 8자 성정 순환이다. 이러한 사상인의 8자 성정 순환에 따라 '소음인 → 태양인 → 태음인 → 소양인'의 순서로 볼 때, 사상인의 본성은 '지 → 의 → 예 → 인'의 순서로 순환하는 특징이 있다.

사상인의 8자 성정 순환은 사상인의 성정을 나타내는 올바른 특성인데, 이러한 순환의 특성은 동무의 사상의학에도 몇 차례 나온다. 즉, 제2장에 나오는 사상인의 희로애락의 크고 작음과 사상인의 촉발하는 감정, 제3장에 나오는 사상인의 비박탐라, 그리고 수양법에서의 대학 8조문 수양법 등이다. 여기서는 소음인, 태양인, 태음인, 소양인을 따라서 지, 의, 예, 인이 차례로 순환하고, 또한 슬픔, 기쁨, 노함, 즐거움이 차례로 순환한다.

사상인의 8자 성정 순환은 동무의 사상인의 정의가 아니라, 본서의 사상인의 정의를 따를 때 나타나는 것이기 때문에, 동무의 사상의학에도 이러한 사상인의 8자 성정 순환이 나오는 것은 본서의 장부에 대한 정의가 맞다는 방증이기도 하다.

2.2 사상의학의 성정론

사상인의 성정론은 사상인이 지니는 인의예지仁義禮智의 본성과 희로애
락喜怒哀樂의 감정이 무엇인지를 다룬다. 성정은 본성과 감정을 합친 것이
며, 본성은 마음의 배후에 있어서 마음을 지원하고 감정은 몸의 배후에서
몸을 지원한다. 감정은 모두가 하나라는 원형의 감정[情]으로부터 희로애
락 등의 감정으로 분화되었기 때문에 감정의 중심에는 사랑이라는 원형의
감정이 있다.

송대宋代의 유학자들은 맹자의 인의예지 사단四端과 성선설性善說을 계
승하여 인의예지를 하늘로부터 부여받은 사람의 본성으로 보았다. 주자朱
子는 사단을 사람에게 주어진 선천적인 본성[性]으로 해석하여 다음과 같
이 말한다.[11]

> 인, 의, 예, 지는 성性이다. 성은 만질 수 있는 모습이나 그림자가 없고 오
> 직 그 리理가 있을 뿐이다. 오직 정情만 직접 발견할 수 있는데, 측은, 수오,
> 사양, 시비가 그 정이다.

인의예지의 본성은 잠재되어 있어서 겉으로 잘 드러나지 않지만, 측은,
수오, 사양, 시비의 정情으로 발현될 때 그 모습이 드러난다. 인의예지의
본성은 스스로 발하여 드러나는 것이 아니라, 마음이 외부 사물에 감촉하
여 정이 감응하는 가운데에서 드러나는 것이다. 주자는 외부로 발하는 측

---

11)『주자어류朱子語類』에서 - 『중국철학사』, 풍우란, 까치, 1999

은, 수오, 사양, 시비의 정을 중요하게 본 것이 아니라, 그러한 감정 속에 들어있는 인의예지라는 본성을 중요하게 보았다.

사상의학은 본성과 감정을 각각 알고 행하는 힘으로 본다. 『동의수세보원』에서 "귀는 널리 천시를 듣는 힘이며, 폐는 사무에 널리 통달하는 슬픈 힘"이라고 하였는데, 여기서 귀와 폐는 각각 본성과 감정이 작용하는 수단이다.

2.2.1 사상인의 인의예지

사상인이 지니는 인의예지의 본성과 희로애락의 감정은 『격치고』와 『동의수세보원』에 명확하게 나오지 않아서 특히 지행론과 수양론의 해석에 혼선이 많다.

사상의학의 장부론에서 장부와 성정은 밀접한 관련이 있으므로 장부가 크고 작은 성질은 본성과 감정이 풍부하고 부족한 특성에 해당한다. 사상인의 네 장부의 성질을 온열양한 또는 한열습조의 기운으로 표현하는 것은 어렵지 않으나 사상인의 성정을 표현하는 것은 쉽지 않다.

본성은 전체의 성정과 통하는 도덕성을 포함한다. 본성으로 도가는 하늘과 땅으로부터 받은 선험적인 도道와 덕德을 든다. 유가에서는 인간생활과 사회생활에서의 내적인 질서도 중시하여 인의예지를 드는데, 지智와 인仁은 도와 덕에 해당한다. 사상의학은 유가의 전통을 따라서 사람의 선한 본성을 인의예지로 보는데, 다만 인의예지를 신폐간비와 관련이 있는 것으로 보는 것이 다르다.

본서는 네 장부의 성리인 신기혈정의 성질로부터 인의예지의 의미를 추론한다. 먼저 신神은 '있는 그대로 아는' 지성知性이다. 거짓말을 할 때는 불안하고 땀이 나고 뇌파가 달라지는데, 거짓말 탐지기는 이를 정확하게 알아낸다. 그러나 거짓말 탐지기의 도움을 받지 않더라도 우리는 자신이 거짓말을 하는 동안에 마음속으로는 거짓말한다는 사실을 알 수 있는데, 이것은 우리 마음속에 신神이 있기 때문이다. 인의예지와 결부시키면, 신장에 머무는 신은 인지하고 분별하는 능력이기에 진실과 거짓을 분별하는 지智의 의미가 있다. 신의 깨달아 아는 능력은 거짓말하는 마음도 아는 존재이니 순수지성純粹知性이다. 사상인 중에서 소음인은 진실과 거짓을 분별하는 지성이 우월하다.

기氣는 외부 대상을 수용하는 감응력이므로 감성과 관련이 있다. 감성이 막히면 기도 흐르지 않는 것은 외부 사물과 교감이 없기 때문이다. 폐에 머무는 기는 감성 또는 마음에 해당하므로 자연과의 교감에서 벗어난 것에 예민하다. 기는 잘못된 행동을 하였을 때 부끄러워할 줄 알고 불의를 보고 미워하는 의義의 의미가 있다. 현실세계에서 특정한 분야에 지나치게 몰두하면 감성이 치우치게 된다. 사상인의 수양론에서 말하는 덕성을 갖추는 것이 감성을 찾는 길이며, 덕성이 있어야 지혜가 생기고 잠재의식에 통한다. 태양인은 옳고 그름을 아는 감성이 우월하다.

혈血은 생명을 주재하고 영양과 정보를 순환시키는 일을 한다. 영양과 정보가 있어야 생명활동을 유지할 수 있는데, 여기서 혈은 감각에 귀를 기울이며 생명활동을 절도에 맞게 처리하는 능력이다. 이것이 각성이고 이성理性이다. 각성이 작동하지 못하는 것은 과거의 기억과 과거의 감성에 매달려있기 때문이다. 간에 머무는 혈은 생명체의 머리 부분에 해당하여 나만 생각하지 않고 남들을 생각하여 양보하는 예禮의 의미가 있다. 태음인은 남들의 입장을 배려하고 양보할 줄 아는 마음인 이성이 우월하다.

정精은 생명을 꽃 피우는 생명력이다. 생명력이 왕성하다는 것은 감정이 풍부하며, 몸과 마음이 잘 조화되는 것이다. 생명력의 내면에는 즐거워하는 감정이 풍부하다. 비장에 머무는 정은 땅이 생명을 품고 베푸는 정情에 해당하여 불쌍한 것을 보고 측은히 여기는 인仁의 의미가 있다. 소양인은 불쌍한 것을 보고 측은함을 느끼는 마음인 감정이 우월하다.

사상인이 지니는 신기혈정의 특성을 인의예지의 특성으로 바꾸면 아래와 같다.

소음인은 지智가 풍부하나 인이 미약하다.
태양인은 의義가 풍부하나 지가 미약하다.
태음인은 예禮가 풍부하나 의가 미약하다.
소양인은 인仁이 풍부하나 예가 미약하다.

사상인의 성정은 그대로 신기혈정의 성정인데, 아래에는 이를 인의예지의 본성과도 연결하여 정리한다.

- 소음인은 지성이 우월하고, 본성은 진실과 거짓을 분별하는 지智이다.
- 태양인은 감성이 우월하고, 본성은 옳음과 그름을 느낌으로 느끼는 의義이다.
- 태음인은 이성이 우월하고, 본성은 남의 입장을 배려하여 양보하는 예禮이다.
- 소양인은 감성이 우월하고, 본성은 불쌍한 것을 보고 측은함을 느끼

는 인仁이다.

2.2.2 사상인의 희로애락

사람에게 본성과 똑같이 중요한 것이 감정이다. 감정은 본래 교류하는 것으로 원형의 감정인 정情에서 나온 것이며, 생명체는 이 정이 있음으로써 다른 생명체와 공감하고 소통한다. 사람은 동물들과 달리 다양한 감정이 있어서 자연과 사람들 사이에서 다양하게 상상하고 새로운 것을 추구하고 다른 사람들과 힘을 합쳐 다양한 문화생활을 할 수 있다.

사람이 지니는 자연스런 사랑의 감정은 대뇌신피질의 이성적 명령이나 합리적인 판단에 의해 일어나는 것이 아니라, 변연계의 직감적이고 본능적인 감정에 의해 일어난다. 사랑의 감정은 머리를 써서 조건을 따지면서 만들어낼 수 있는 것이 아니다. 그냥 자연에 몸과 마음을 맡겨두고 긴장에서 벗어나 생명력이 회복되었을 때 원형의 사랑의 감정은 자연적으로 나온다. 마음에서 조그만 감정이 생기면 이것은 몸속에 호르몬이라는 감정 물질로 변환되고, 이러한 감정 물질은 뇌 속의 호르몬을 통해 몸으로 전달되어 두려움이나 기쁨에 해당하는 몸의 반응이 생기게 된다.

최근 뇌 과학이 발달하면서 뇌에서 분비되는 호르몬인 세로토닌은 뇌에서도 분비되지만 전체 세로토닌 중의 80퍼센트가 오장에서 만들어진다는 주장이 있다. 오장에는 우리의 감정에 반응하는 교감신경 및 부교감신경과 같은 자율신경계가 주를 이루고 있으므로, 뇌는 오장에서 나온 감정을 재현하는 역할을 하는 것으로 생각된다[12].

□ 풍부한 감정과 미약한 감정

사상의학은 사상인이 지니는 대표적인 감정으로 희로애락을 들며 희로애락의 감정은 차례로 다음과 같이 표현하는데, 세상 사람들이 서로 도와줌을 기뻐하는[喜] 감정, 세상 사람들이 서로 업신여김에 노하는[怒] 감정, 세상 사람들이 서로 속임을 슬퍼하는[哀] 감정, 세상 사람들이 서로 보호함을 즐거워하는[樂] 감정이다.

인의예지의 본성은 희로애락의 감정과도 관련이 있다. 즉 의義는 외부와 감응하는 바른 마음이어서 세상 사람이 서로 도와줌을 기뻐하는 감정과 통하고, 예禮는 나만 생각하지 않고 남을 배려하고 함께하는 마음이어서 세상 사람이 서로 업신여김에 노하는 감정과 통하며, 지智는 옳고 그름을 분별하는 마음이어서 세상 사람이 서로 속임을 슬퍼하는 감정과 통하고, 인仁은 널리 하나로 보는 마음이어서 세상 사람이 서로 보호함을 즐거워하는 감정과 통한다.

이렇게 보면 신폐간비 네 장부에 해당하는 본성은 차례로 지, 의, 예, 인이고, 감정은 차례로 슬픔, 기쁨, 노함, 즐거움이다.

『동의수세보원』에는 사상인이 지니는 풍부한 감정과 부족한 감정이 무엇인지 나와 있지 않다. 본서는 신폐간비 네 장부의 기운을 사계절의 감정과 관련지어 사상인의 풍부한 감정을 아래와 같이 정리한다.

- 소음인은 신장의 기운이 강하므로 몸이 차고 습하여 겨울이나 밤 시간대와 같이 슬픔의 감정이 우월하다.

---

12) 『남자의 밥상』, 방기호 지음, 위즈덤하우스, 2013

- 태양인은 폐의 기운이 강하므로 따뜻하고 건조하여 발산하는 가을이나 저녁 시간대와 같이 기쁨의 감정이 우월하다.
- 태음인은 간의 기운이 강하므로 서늘하고 습하여 수렴하는 봄이나 아침 시간대와 같이 자제하고 노함의 감정이 우월하다.
- 소양인은 비장의 기운이 강하므로 덥고 건조하여 여름이나 점심 시간대와 같이 즐거움의 감정이 우월하다.

여기서 기쁨과 즐거움의 감정은 건조하고 더운 것과 관련이 있으며, 슬픔과 노함은 차갑고 습한 것과 관련이 있다. 그리고 기쁨과 즐거움의 감정은 따뜻한 양의 감정이고, 슬픔과 노함은 서늘한 음의 감정이다.

사상의학의 관점에서 볼 때 하나의 장부는 하나의 감정을 주관하기[13] 때문에 사상인은 하나의 풍부한 감정과 하나의 미약한 감정을 지닌다. 사상인이 지니는 크고 작은 장부를 사계절의 감정으로 다시 쓰면 아래와 같다. 사상인이 지니는 풍부한 감정을 '소음인 → 태양인 → 태음인 → 소양인'의 순으로 보면 차례로 '슬픔 기쁨 노함 즐거움'이 대응된다.

- 소음인의 미약한 감정은 즐거움이고, 풍부한 감정은 슬픔[哀]이다.
- 태양인의 미약한 감정은 슬픔이고, 풍부한 감정은 기쁨[喜]이다.
- 태음인의 미약한 감정은 기쁨이고, 풍부한 감정은 노함[怒]이다.

---

13) 주재는 중심이 되어 어떤 일을 맡아 처리하는 것이고, 주관은 어떤 일을 책임을 지고 맡아 관리한다는 뜻이다. 정신이 하는 일은 주재이고 장부가 하는 일은 주관이 되겠다.

– 소양인의 미약한 감정은 노함이고, 풍부한 감정은 즐거움[樂]이다.

신폐간비가 개별적인 희로애락의 감정을 주재한다면, 심장은 좋아하고 싫어함[好惡]을 통하여 희로애락의 감정을 전체적으로 주재한다. 『동의보감』에도 심장은 희로애락의 모든 감정을 주재하는 것으로 나온다. 이러한 이유로 유가에서 말하는 성인聖人은 특정한 감정이 많거나 없는 것이 아니라, 모든 감정을 바르게 지니기 때문에 절도에 맞게 발하는 것으로 본다.

□ 미약한 감정과 촉급한 감정

사상의학에서는 감정[情]을 둘로 나누는데, 성기性氣는 희로애락의 기운이 순하게 발하는[喜怒哀樂之氣 順動] 것이고, 정기情氣는 희로애락의 감정이 거스르며 발하는[喜怒哀樂之氣 逆動] 것이다. 이와 같은 분류에 따라, 기쁨을 희성喜性과 희정喜情으로 구별하면, 희성은 순하고 자연스럽게 발하는 기쁜 기운이고, 희정은 거스르며 촉급하게 발하는 기쁜 감정이다.

『동의수세보원』에는 사상인에 대하여 미약한 감정과 촉급한 감정이 나오는데, 여기서 '깊고 굳고, 멀리 흩어지고, 널리 퍼지고, 넓고 큰' 기운은 작은 장부에서 나오는 부드럽고 미약한 감정이다. 아래에 살펴본다[14].

---

14) 사상의학의 감정론에 따르면 '태양인 태음인 소양인 소음인'의 순으로 완벽하게 감정이 순환하는 것을 볼 수 있다. 이와 같은 감정의 순환은 동무의 사상인의 정의가 아니라, 본서의 사상인의 정의를 따를 때 나타난다.

태양인은 슬퍼하는 감정[哀性]이 멀리 흩어지고, 노하는 감정[怒情]이 촉급하다.

태음인은 기뻐하는 감정[喜性]이 널리 퍼지고, 즐거워하는 감정[樂情]이 촉급하다.

소양인은 노하는 감정[怒性]이 넓고 크고, 슬퍼하는 감정[哀情]이 촉급하다.

소음인은 즐거워하는 감정[樂性]이 깊고 굳고, 기뻐하는 감정[喜情]이 촉급하다.

여기서 사상인이 발하는 미약한 감정은 작은 장부에서 나오는데, 그렇다고 해서 촉급한 감정이 큰 장부에서 나오는 것은 아니다. 촉급한 감정은 사상인의 하위 장부에서 나온다.

감정을 발하는 것은 체질에 따라 다른데, 이에 대해서는 지행론을 살펴보아야 한다. 다만, 태양인은 성질이 활달하고 소양인은 용감하기 때문에 각각 올라가는 기운인 노함과 슬픔의 감정이 촉급하게 발한다고 할 수 있다. 그리고 태음인은 성질이 이성적이고 소음인은 지성적이기 때문에 각각 내려가는 기운인 즐거움과 기쁨의 감정이 촉급하게 발한다고 할 수 있다. 『동의수세보원』에는 사상인이 발하는 촉급한 감정이 나온다.

태양인이 노하면 한 사람이 노함으로써 천만인을 노하게 한다.

태음인이 즐거워하면 한 사람이 즐거워함[15]으로써 천만인을 즐겁게 한다.

소양인이 슬퍼하면 한 사람이 슬퍼함으로써 천만인을 슬퍼하게 한다.

소음인이 기뻐하면 한 사람이 기뻐함[16]으로써 천만인을 기뻐하게 한다.

---

15) 원문에는 '기뻐함'으로 나오나, 태음인의 하위 장부에 해당하는 '즐거워함'으로 수정하였다.

2.2.3 사상인의 성정 고찰

인체의 뇌는 온몸을 움직이는 사령탑에 해당한다. 뇌에서 어떤 결정을 내리기 위해서는 수많은 정보를 제공받아야 하는데, 이러한 정보를 바탕으로 뇌에서 어떤 결정을 내리면 수족은 그 결정을 이의 없이 수행한다.

사람의 뇌는 기능에 따라서 넷으로 나눌 수 있다. 먼저 대뇌신피질에서 우뇌와 좌뇌는 사람의 의도에 따라서 작동하는데, 우뇌는 감성의 영역을 담당하고 좌뇌는 이성의 영역을 담당한다. 좌뇌는 마음의 의도에 따르고 우뇌의 협조를 통하여 수많은 과거 경험의 자료를 분석하고 처리한다. 자율신경계의 교감신경은 사람의 의도를 행동으로 구현하는 기능을, 부교감신경은 외부 대상을 인지하고 몸과 마음을 원활하게 작동하도록 잠재력을 유지하는 기능을 담당한다.

시중에는 사상인에 대한 성정을 칼 융Karl Jung의 심리유형과 연관시키는 연구가 많이 있으므로, 칼 융의 여덟 가지 심리유형을 사상인의 성정의 입장에서 살펴본다.

기운의 차원에서 음양을 논하면 남성은 양이고, 여성은 음이다. 그러나 성정의 차원에서 남성과 여성을 논하면, 남성은 이성이고 음이며, 여성은 감성이고 양이다. 결국 남성과 여성은 기운의 차원과 성정의 차원에서 음과 양이 서로 바뀌어서 평등하다고 할 수 있다.

---

16) 원문에는 '즐거워함'으로 나오나, 소음인의 하위 장부에 해당하는 '기뻐함'으로 수정하였다.

□ 뇌 과학과 성정

최근 발전 중에 있는 뇌 과학에 나오는 뇌의 기능으로 사상인과의 성정을 살펴본다.

사상인의 성정을 뇌의 기능과 연관시켜서 살펴본다. 미국 UCLA 정신과 교수 대니얼 시겔Daniel J. Siegel은 좌뇌는 디지털 방식으로 작동하는 반면, 우뇌는 아날로그 방식으로 작동한다고 말한다. 이로부터 좌뇌가 발달한 사람은 디지털 방식으로 분석하는 이성형[17]으로, 그리고 우뇌가 발달한 사람은 아날로그 방식으로 직관하는 감성형으로 본다. 아래는 대니얼 시겔이 좌뇌와 우뇌에 대하여 한 말이다.

내가 우뇌 모드를 사용할 때는 상호 연결된 가능성들로 충만한 세상을 본다. 이것과 저것이 모두 진실일 수 있다고 생각한다. … 그러나 좌뇌 모드에 들어가면 세계가 분리되어 보인다. 이것이 진실일까, 저것이 진실일까? 좌뇌 모드에서는 한 견해만이 현실을 정확히 반영한다고 생각한다. 그리고 좌뇌의 모드로 세상을 볼 때는 자신의 견해가 자신이 세상을 그런 방식으로 보겠다고 선택한 것일 뿐이라는 사실을 이해하지 못한다. 그 방식이 유일하며, 다른 방식, 즉 우뇌 모드는 그저 틀린 것이라고 생각한다.

본서는 우뇌와 좌뇌는 각각 기氣와 혈血의 의미와 관련 있는 것으로 본다. 우뇌는 '이것과 저것이 모두 진실일 수 있는' 기氣의 의미가 있으며, 따라서 우뇌는 기가 강한 태양인의 성정을 닮아 있다. 그리고 좌뇌는 '한 견

---

17) 일반적으로 좌뇌를 지성형으로 보나, 본서에서는 지성은 순수한 지성으로 그리고 이성은 현실을 바탕으로 종합적으로 판단하는 지성으로 본다.

해만이 현실을 정확히 반영하는' 혈血의 의미가 있으며, 따라서 좌뇌는 이성적인 태음인의 성정을 닮아 있다.

이렇게 보면, 좌뇌는 시공간의 제약을 받아서 현재 지행知行을 처리하므로 현재의식이 작용하는 곳이며, 우뇌는 시공간의 제약을 받지 않아서 과거의 지행이 쌓여 있는 곳이므로 잠재의식이 작용하는 곳이다.

또한 『음양은 뭐지』에 기술된 바와 같이, 자율신경계의 교감신경은 감정이 작용하는 곳이며, 자율신경계의 부교감신경은 본성이 작용하는 곳이다. 자율신경계의 부교감신경은 인체의 기본적인 잠재력을 유지하는 기능을 주로 맡고 있다. 예컨대, 소음인은 다른 체질에 비하여 몸은 약하나 잠재력을 유지하는 능력 즉 면역력과 회복력이 뛰어나기 때문에 자율신경계의 부교감신경이 발달한 체질이며, 이에 따라 활동성 보다는 분별하고 사유하는 능력이 뛰어난 편이다.

자율신경계의 교감신경은 인체의 기본적인 활동성을 유지하는 기능을 주로 맡고 있으며, 낮의 활동을 통하여 경험하는 일을 한다. 예컨대, 소양인은 다른 체질에 비하여 몸이 강하고 행하는 능력이 뛰어나기 때문에 자율신경계의 교감신경이 발달한 체질이며, 이에 따라 직감과 감정이 풍부하고 순발력도 뛰어난 편이다.

□ 칼 융의 심리유형

사상인에 대한 성정을 칼 융의 심리유형과 연관시키는 연구가 많이 있다. 칼 융은 프로이트Sigmund Freud의 뒤를 이어 분석심리학을 창시한 것으로 유명한데, 칼 융은 '의식은 무의식에 둘러싸여' 있으며, 무의식은 의식으로 다시 올라올 수 있는 가능성을 지니고 있다고 보았다. 여기서 의식은 자의식이 포함되어 있는 현재의식이며, 무의식은 거의 무한에 가까운 경험에 바탕을 둔 잠재의식이다.

칼 융은 인간의 심리유형을 심리 태도와 심리 기능에 따라 여덟 유형으로 나누었는데 외향형 넷과 내향형 넷이 그것이다.

표 2.2 칼 융의 여덟 심리유형

외향적 감각형	외향적 직관형	외향적 사고형	외향적 감정형
내향적 감각형	내향적 직관형	내향적 사고형	내향적 감정형

여기서 칼 융의 심리유형과 사상인을 비교하면, 내향형과 외향형은 기운으로 볼 때 각각 음인과 양인에 해당한다. 내향형은 외부 대상을 인지한 후에 인지된 외부 대상을 분석하여 비슷한 유형으로 분류하고 해석하는 데 능하며, 이에는 감각형과 사고형이 있다. 외향형은 느낌으로 교감하여 받아들인 외부 대상을 직관으로 알고 직감으로 행하는 데 능하며, 이에는 직관형과 감정형이 있다.

내향형 사고형은 지성이 풍부한 소음인이고, 내향형 감각형은 이성이 풍부한 태음인이며, 외향형 직관형은 감성이 풍부한 태양인이고, 외향형 감정형은 감정이 풍부한 소양인이다. 다만 내향적 사고思考형은 내향적 사유思惟형으로 바꾸는 것이 바람직하다. 신기혈정의 의미에서 보듯이 신神은 분별하여 아는 의미가 있고, 분별하여 아는 것은 현재의 경험을 과거의 경험과 비교하는 사유에 해당한다. 사유는 정보를 인지하고 이를 분별하여 아는 지知에 속하는데 비해, 사고는 정보를 인지한 후에 여러 가능성 중에서 하나를 선택하는 행行에 속한다.

시중의 많은 사상의학자들은 태음인이 혈血의 기운이 있어 감각적으로 인지한 정보를 이성적으로 분석하는 경향이 있으므로 칼 융이 분류한 네 성격 중에서 태음인을 감각형으로 본다. 하지만 태음인은 인지에 해당하는 감각형보다는 행위에 해당하는 사고형에 더 가깝다.

이제 칼 융의 여덟 가지 유형은 사상인의 '소음인 태양인 태음인 소양인'으로 줄어든다.

표 2.3 사상인에 대응하는 칼 융의 심리유형

소음인	내향적 사유형
태양인	외향적 직관형
태음인	내향적 사고형
소양인	외향적 감정형

서양의 분석심리학에서는 심리유형에 모두 여덟 유형이 존재하는 것으로 보나, 사상의학의 지식을 빌면 실제로는 네 유형만 존재한다. 이에 대해서는 사상인에 네 체질 외에 다른 체질이 없다는 것과 맥을 같이한다.

□ 사상인의 성정

사상인의 감정론은 감정을 성기性氣와 정기精氣로 나누어 성기는 감정의 농도가 옅고 정기는 감정의 농도가 짙은 것으로 본다. 이는 다른 말로 하면 성기는 감정의 농도가 옅은 인의예지에 가깝고, 정기는 감정의 농도가 짙은 희로애락에 가깝다고 할 수 있다. 이렇게 보면 사상인의 성정에서 지성은 지智와 슬픔의 결합이고, 감성은 의義와 기쁨의 결합이며, 이성은 예禮와 노함의 결합이고, 감정은 인仁과 즐거움의 결합이다.

사상인의 성정은 제2.2.1절 '사상인의 인의예지'에서도 신기혈정의 의미로 살펴보았는데, 이들은 차례로 지성, 감성, 이성, 감정이다. 지성은 감성이라는 감응력을 매질로 하는 인지 능력이며, 이성은 감각으로 받아들인 현실이라는 제한된 조건에서 아는 능력이며, 감성은 사물과 생명체마다 가지고 있는 고유의 기운과 교감하는 능력이고, 감정은 감성에 의해 받아들인 감각인상에 대한 화학반응이다.

아래는 신기혈정의 성정과 뇌 과학의 성정 그리고 칼 융의 심리유형을 종합하여 사상인의 성정과 인지유형을 간단히 요약한 것이다.

- 소음인은 지성이 풍부하다. 지성은 안으로 사유하여 얻은 앎과 내적 경험을 연결함으로써 분별하고 추론하여 아는 능력이 우월하다.
- 태양인은 감성이 풍부하다. 감성은 외부에 교감하여 얻은 느낌과 내적 경험을 연결함으로써 통찰하고 직관하여 아는 능력이 우월하다.
- 태음인은 이성이 풍부하다. 이성은 현실과 경험을 연결함으로써 분석하고 추론하여 알고 합리적으로 행하는 능력이 우월하다.
- 소양인은 감정이 풍부하다. 감정은 외부와 교감함으로써 느낌을 얻고 직감으로 행하는 능력이 우월하다.

표 2.4는 신기혈정의 의미로 보는 인의예지와 희로애락, 제2.1절에서 살펴본 자연의 네 성정 그리고 칼 융의 심리유형과 인지방법을 함께 보였다.

표 2.4 사상인의 성정 요약 표

사상인	소음인	태양인	태음인	소양인	성인
본성(신기혈정)	지	의	예	인	성聖
감정(신기혈정)	슬픔	기쁨	노함	즐거움	모든 감정
신기혈정의 성정	지성	감성	이성	감정	모든 성정
융의 심리유형	사유형	직관형	사고형	감정형	모든 성정
인지방법	분별	직관	분석	직감	모든 인지

위 표에서 보듯이 양인의 성정에는 감성과 감정이 있고, 음인의 성정에는 지성과 이성이 있다. 양인의 기운은 '늘 나아가려 하고, 늘 일을 벌리려고 한다.'라고 하였는데, 이와 같은 양의 기운은 감성과 감정에서 나온다. 그리고 음인의 기운은 '늘 고요하려 하고, 늘 들어앉아 있으려 한다.'라고 하였는데, 이와 같은 음의 기운은 이성과 지성에서 나온다.

□ 음양으로 보는 성정

전통적인 한의학은 모든 사물의 속성을 음과 양 둘로 분류한다. 음양을 쉽게 구분하자면 활동적이고 동적인 특성을 가진 것을 '양', 반대로 조용하고 정적인 특성을 가진 것을 '음'이라고 하는데, 아래와 같이 두 그룹으로 나눈다.

표 2.5 음양으로 보는 사물

음	땅	여성	밤	어둠	차가움	무거움	물
양	하늘	남성	낮	밝음	뜨거움	가벼움	불

이처럼 하늘과 남자는 양으로, 땅과 여자는 음으로 분류하고 있다. 이것은 하늘과 남자는 만물과 인체를 생기게 하고, 땅과 여자는 만물과 인체를 기르는 것으로 이해하기 때문이다. 그러나 양과 음 어느 하나가 우월하다거나 낮다고 말할 수 없다. 자연계의 음과 양은 항상 서로 평등하게 조화를 이루기 때문이다.

위와 같이 음양을 나누는 것은 기운의 차원에서 보는 것이다. 일례로 여성은 몸이 작고 힘이 약하며 달의 주기에 의해 영향을 받으므로 달과 같이 음이다. 이에 비해 남성은 몸이 크고 힘이 세며 行行의 능력이 우수하므로 해와 같이 양이다. 이처럼 남성을 양으로 보고 여성을 음으로 보는 것은 기운의 측면에서 보는 것이다.

사상론은 인체를 몸과 마음으로 나누어서 각각 음양으로 본다. 제5.1.4절의 '새로운 사괘도'에서 보듯이 하늘은 마음을, 땅은 몸을 가리킨다. 몸의 차원 즉 기운의 차원으로 음양을 나누는 것은 이미 살펴보았으니, 지금부터는 마음의 차원 즉 성정의 차원으로 음양을 살펴본다.

성정의 차원에서 하늘을 논하면, 하늘은 지성이며 음이다. 왜냐하면 지성은 사람이 감성으로 외부의 사물과 교감하고 표현하는 가운데에서 그 의미 또는 이치를 수렴해 아는 것이기 때문이다. 그리고 성정의 차원에서 땅을 논한다면, 땅은 감정이며 양이다. 왜냐하면 감정은 외부 사물에 감응해 느낀 것을 외부로 발하는 것이기 때문이다. 이러한 이유로 남성과 여성의 성정을 보면 남성은 이성이고 음이고, 여성은 감성이고 양이다.

사상론에서 기운과 성정의 차원으로 보는 음양관을 정리하여 표 2.6에 보였다. 여기서 특이하게도 남성과 여성 및 하늘과 땅은 성정의 차원에서 보는 것과 기운의 차원에서 보는 것이 서로 반대가 된다. 그러나 해와 달

및 낮과 밤은 서로 동일하다.

표 2.6 사상론으로 보는 성정과 음양

	기운의 차원				성정의 차원					
	남녀	천지	일월	주야	남녀	천지	일월	주야	성정	인지
양	남성	하늘	해	낮	여성	땅	해	낮	감성	직관
음	여성	땅	달	밤	남성	하늘	달	밤	이성	분석

신기혈정의 성정에서 여성과 남성의 성정을 살펴본다. 여성은 기氣에 해당하고 여성의 성정은 태양인의 성정과 같아 감성이 풍부하고 직관의 기능이 발달하였으니, 양의 성정이다. 그리고 남성은 혈血에 해당하고 남성의 성정은 태음인의 성정과 같아 이성이 풍부하고 분석의 기능이 발달하였으니, 음의 성정이다.

태양인과 같이 직관이 발달한 사람이 우리 가족 중에 있는데, 우리 어머니이다. 어머니는 사랑의 마음으로 가족들을 감싸기 때문에 감성이 풍부하여 가족에게 무슨 일이 생기면 직관이 발동한다. 어머니는 밖에 나가 직접 일을 할 수도 있지만, 체력이 상대적으로 약하기 때문에 가족을 중심으로 가족들의 사령탑 역할을 한다.

태음인과 같이 현실적인 상황을 중시하고 과거의 관습에서 벗어나지 않으려는 사람이 우리 가족 중에 있는데, 우리 아버지이다. 어머니가 사랑의 마음으로 가족들을 돌보는 감성적인 직관이 우월하다면, 아버지는 체력이 우월하고 현실을 합리적으로 보기 때문에 외부 세계에 나가서 사회생활을 하는 역할을 한다.

본서는 감성을 양으로 보는데, 이는 전통적으로 감성을 가슴으로 품는 여성의 성정으로 보아서 음으로 보는 것과는 차이가 있다. 그리고 이렇게 보는 것은 과거에는 대체로 남성의 마음을 활동적인 양으로 보는 것과도 관련이 있는데, 그러나 이것은 성정의 차원이 아니라 몸의 차원, 즉, 기운의 차원으로 보았기 때문이다. 그리고 남성은 성정적으로 현실의 문제에 책임감이 많고 이로 인해 사회 참여 및 활동에 대한 경험이 많기 때문에 활동적인 성정으로 보인다. 그러나 실제로는 남성의 성정은 음이다.

최근 들어 여성의 사회참여가 활발해지고 있으나 아직은 현대 사회는 대부분 이성이 지배적이기 때문에 감성이 충만한 여성이 잘 적응하기는 쉽지 않다. 그러나 현대 사회는 지속적으로 인간 친화적이고 감성적으로 변화해나가는 추세에 있다. 그래서 이성과 감성이 서로 조화가 되는 사회가 되는 것이 곧 남성의 이성과 여성의 감성이 서로 조화가 되는 길이고, 남성과 여성이 서로 조화로움을 찾는 것이 곧 이성과 감성이 조화되는 사회가 되는 길이다.

제3장 사상의학의 지행론과 수양론

사상의학에서 지행론은 인체가 자연의 성정과 교감하고 알고 행하는[知行] 현상에 대한 해석이다. 여기선 사상인에 따라 알고 행하는 지행에서 잘 통달하는 지행이 있고 잘 통달하지 못하는 지행이 있음을 다루는데, 본서는 이러한 원리도 함께 밝혔다.

사상의학이 난해하게 보이는 것은 특히 지행론이 잘 이해되지 않기 때문이다. 사상의학은 마음과 몸으로 하는 지행이 사람의 본성과 감정에서 나온다고 본다. 마음은 외부 환경의 일을 인지하고[知] 몸을 움직여 행[行]을 한다. 외부 환경을 인지하는 것은 배후에 본성이 있기 때문이며, 몸이 움직여 행을 하는 것은 배후에 감정이 있기 때문이다.

지행은 알고 행하는 것이어서 우리들 삶의 대부분을 차지하지만 사람들은 지행에 대하여 깊이 생각하지 않는다. 동무는 우리가 하는 행위를 크게 외부 환경의 일과의 소통으로 보고 이를 사상으로 나누어 관찰하였다. 지행이라는 행위는 외부 환경과의 교감에서 나아가 사람이 주체가 되어서 적극적으로 외부 환경의 일과 소통하는 것이다.

지행의 대상은 외부 환경의 일이지만 구체적으로는 자연 및 사회 환경의 일이다. 여기서 사상인이 신기혈정의 특성을 지니듯이 지행의 대상도 신기혈정의 특성을 지닌다. 그러나 동무는 자연과 사회의 일도 신기혈정의 특성을 지니나 인체와 구별하여 사심신물事心身物로 표현한다.

지행을 통해 얻는 것은 무엇인가? 보통 사람들은 지행을 통하여 일의 성과를 대가로 받는 것으로만 아는데, 이보다 더 중요한 것은 자신의 아는 능력과 일을 하는 능력을 확충하는 것이다. 그래서 아는 능력이 충분하여 내공을 갖추면 널리 통달한다는 뜻으로 박통博通이라 하고, 일을 하는 능력이 충분하여 내공을 갖추면 홀로 행한다는 뜻으로 독행獨行이라 한다. 여기서 천기天機와 인사人事는 사람의 성정으로 하는 선험의 지와 행이고, 사람의 마음과 몸으로 하는 박통과 독행은 경험의 지와 행이다.

지행론에서는 주체와 대상을 모두 넷으로 나누기 때문에 이들이 소통하는 경우의 수는 모두 넷이 되나, 의미가 있는 소통은 미약한 성정을 보충하는 지행과 풍부한 성정을 보충하는 지행이다. 그리고 경험의 지행은 사심邪心 또는 태심怠心의 유혹을 극복하여 얻는 지행의 경지이며, 사상인에 따라 극복하는 유혹과 얻는 경지의 분야가 다르다.

사람이 알고 행하는 외부 환경의 일과의 소통에서 널리 통달하면 건강이 좋아지고 널리 통달하지 못하면 건강이 나빠진다. 대부분 사람들은 자신의 풍부한 성정으로 지행을 강하게 하려 하지만 이것은 자신의 건강을 상하게 하는 길이며, 자신의 미약한 성정으로 지행을 부드럽게 하여야 성과도 좋고 자신의 건강도 좋아진다.

사람들은 사회의 요구에 부응하고 세속적인 요구에 부응하기 위하여 부득이하게 자연의 순리를 거스르기 때문에 감정이 치우치고 마음에 좋아함과 싫어함이 치우친다. 이 때문에 마음에 심욕心慾이 들어서고 병고가 생기는데, 사상의학의 수양론은 이렇게 치우친 성정을 바로잡고 본연의 순수한 마음으로 돌아가게 하는 것이다. 치우친 성정을 바로잡는 것은 병고를 예방하는 차원에서도 필요하나, 더 진화된 앎을 얻기 위해서도 필요하다.

3.1 사상인의 지행론의 구조

지행론에는 성정에서 나오는 선험의 지행과, 마음에서 나오는 경험의 지행이 있다. 선험의 지행은 선험적으로 주어진 성정으로 행하나, 경험의 지행은 경험을 통하여 얻어진 마음으로 행한다. 선험의 지행은 바르고 지혜로 가득한 반면에, 경험의 지행은 사사로운 욕심에서 벗어난 마음으로 하지만, 순수한 가슴에서 하는 것과는 다르다.

선험의 지행과 경험의 지행의 차이를 백성을 다스리는 정치에서 본다면, 규범으로 다스리는 치인治人은 경험의 지행에 속하나 백성들의 마음까지 헤아려 교화教化를 목적으로 다스리는 안인安人은 선험의 지행에 속한다. 안인은 백성들의 성정을 편안하도록 자율로 다스리는 정치인 데 비하여, 치인은 규범이나 법을 따라 인성과 상황을 고려하지 않고 무차별적으로 다스리는 정치이다.

도가계열의『문자文子』에는 덕德으로 하는 행行과 힘으로 하는 행行이 나온다. 여기에는 "사람들은 일반적으로 덕에는 진심으로 복종하나 힘에는 복종하지 않는다."라고 하며, 따라서 "남에게 귀한 존재가 되고자 하면 먼저 남을 귀하게 대해주고 남에게 존중받고자 하면 먼저 남을 존중하며, 남을 이기고자 하면 먼저 스스로를 이기고, 남을 낮추고자 하면 먼저 자신을 춰야 한다."라고 말한다. 여기서 덕으로 하는 행이 선험의 지행이고, 힘으로 하는 행이 경험의 지행이다.

경험의 지행은 사심과 태심을 극복한 것이긴 하지만 규범이나 힘으로 복종시키는 세태를 벗어나지 못한다. 대부분의 사람들은 다른 사람들을 규범이나 힘으로 복종시키려 하는 데 익숙해져 있다. 경험의 지행만을 전부로 알기 때문이다. 하지만 사람들이 열심히 살아도 행복하지 않다면, 이는 대개 순수한 성정으로 하는 지행에 눈뜨지 못했기 때문이다.

지행론은 사상의학에서 중요한 위치를 차지하기 때문에 방대한 부피와 난해한 용어에도 불구하고 상세하게 살펴본다. 그러나『동의수세보원』만으로는 지행론의 진정한 의미를 이해하기 어려우므로 앞장에서 살펴본 사상인의 성정론과 뇌 과학 그리고 오링 테스트의 원리를 참조하여 재해석하였는데, 일반 사상의학 해설서와는 다른 부분이 많다. 본서는 사상의학의 성정론과 지행론에 대한 연구로 허훈의『동무 이제마의 철학사상』와 배영순의『이제마의 성명론과 사상의 구조』를 참조하였다.

3.1.1 지행론의 개념

사람들의 삶은 알고 행하는 지행이 대부분을 차지한다. 대부분의 사람들은 자신의 풍부한 성정으로 강하게 지행을 하려는 유혹을 받는다. 그러나 이것은 자신의 건강을 상하게 하는 길이다. 사람들은 자신의 미약한 성정으로 부드럽게 지행을 하여야 성과도 좋고 자신의 건강도 좋아지는 줄은 잘 모른다.

일반 사람들이 하는 지행은 대부분 경험의 지행이다. 경험의 지행은 삶을 영위하기 위해 필요하며, 인류 전체의 잠재의식의 관점에서도 필요하다.

□ 덕성지와 문견지로 보는 지각

송대宋代의 장횡거張橫渠(張載: 1020~1077)[18]는 외부 사물에 대한 지각을 관찰하고는 사람들이 아는 앎에는 둘이 있다고 말했는데, 하나는 본성으로부터 나오는 덕성지德性知이고 다른 하나는 보고 들은 경험으로부터 나오는 문견지聞見知이다. 그는 외부 사물을 지각하는 데에는 이 둘의 지식이 작용하는 것으로 보았다.

장횡거는 세상의 모든 존재뿐 아니라 사람의 의식 활동은 무無가 아니라 유有인 기氣에 의거한다고 본다. 장횡거는 그의 저서 『장자전서張子全書』에서 다음과 같이 말한다.

태허는 하늘에 가득 찬 것이다.
만물은 태허로부터 취해진 것이다.
사람 역시 태허에서 나온 것이며, 태허는 마음에 가득 찬 것이다.

장횡거는 천지간의 근본적인 요소를 기氣로 보고 우주가 생겨나기 전의 크게 텅 비어있는 상태를 태허太虛라 하였다. 태허에는 오직 기만이 가득 차 있다. 장횡거는 이처럼 기라는 유일한 실재를 통해 객관세계를 설명하고자 했는데, 이것은 불교가 객관세계를 모두 환영幻影으로 보는 것에 반대한 것이다.

---

18) 송대 초기의 학자로 성리학의 기초를 세웠다. 그의 주기론主氣論은 정명도程明道(程顥: 1032~1085)의 주리론主理論 및 정이천程伊川(程頤, 1033~1107)의 이기이원론理氣二元論과 함께 성리학에서 중요한 위치를 차지한다.

장횡거는 마음을 '본성과 지각知覺의 결합'[19]으로 본다. 여기서 본성은 태허 본체의 속성이다. 그리고 사람은 외부 대상을 '보고 듣는' 지각 작용으로 외부 대상을 인식하며, 인지된 세계는 사유를 통해 내면에 앎[知]을 형성한다. 사람의 마음은 본래 외부가 없지만 경험에 의하여 제한되는데, 이것이 문견지聞見知이다.

그러나 지각에 의한 앎과는 구별되는 덕성지德性知가 있다. 여기서 덕성은 태허에 근거한 감응 능력으로 신神의 작용을 말한다[20]. 덕성지는 지각을 통하지 않고도 아는 능력으로, 이는 이미 감성이 통해있고 지성이 작용하기 때문에 가능하다. 이에 비하면 문견지는 자의식自意識으로 아는 앎인데, 자의식은 전체적인 감성에서 벗어나서 나의 감성에서 보는 것이다. 나만의 감성이 생기고 자의식이 쌓인 것이 사람들이 말하는 마음이다.

덕성지는 인의예지가 모두 갖추어져 있는 상태에서의 앎이나, 문견지는 타고난 덕성을 잃어버렸기 때문에 두루 통하지 못하여 특정 분야에 국한하여 형성된 앎이다. 이 때문에 성정으로 하는 선험의 지행은 덕성지로 하는 지행에, 그리고 마음으로 하는 경험의 지행은 문견지로 하는 지행에 대응한다.

□ 마음과 생각

본성[性]이나 감정[情]은 알고 행하는 힘이며, 사람 의지에 의해 좌우될 수 없는 자연의 성정이다. 그러나 생각은 자연의 성정을 가지고 자신의 마

---

19) 合性與知覺 有心之名. —『정몽正蒙』
20) 『장재와 이정형제의 철학』, 이현선 지음, 문사철, 2013

음속에 품은 뜻에 맞추어 취합하고 사고하는 사람의 일이다. 생각은 마음에 떠오르는 것이고 사람의 의지에 따르는 것이지만, 본성과 감정이 개입되지 않는 생각은 없다.

『내경』에 마음과 생각 및 사고에 대한 설명이 있는데, 아래에 인용한다.

> 사물을 인식하고 처리하는 것을 마음[心]이라 하고, 마음에 생각이 떠오르는 것을 마음속에 품은 뜻[意]이라 하며, 뜻[意]을 간직하는 것을 지志라 하고, 지에 근거해서 변화가 있게 하는 것을 사고[思]라 한다.

여기서 사물을 인식하고 처리하는 주체를 통틀어 마음[心]이라 하였다. 그리고 마음속에 떠오르는 생각은 대체로 외부 사물로부터 자극받음이 계기가 되어 생긴다. 뜻[意]을 마음속에 지속적으로 품고[志] 구체적인 형상을 갖추는 것이 사고[思]이다. 따라서 뜻[意]은 마음속에서 품은 것이고, 사고[思]는 마음속에 일어난 뜻과 과거의 경험이 합해져서 구체화하는 과정이다.

뇌 과학적으로 마음을 보면, 사람이 알고 행하는 경험이 쌓이면 경험의 지행이 생기고 뇌에 새로운 뉴런이 생기는데, 이렇게 형성된 뉴런이 쌓여 형성되는 것이 마음이다. 경험의 지행은 달리 말하면 사람들이 알고 행하는 바탕이고 습관과 같은 것이다.

뇌 과학은 마음을 뇌 작용의 결과물로 본다. 이것은 달리 말하면 '나'라고 하는 자의식을 둘러싸고 있는 마음은 나의 판단을 결정하는 진정한 주체가 아니라는 것이다. 이와 같은 논리로 보면 우리의 마음이 우리 몸의 주인이라는 것은 허구이며, 우리가 느끼는 자아라는 것도 허구에 해당한다.

3.1.2 성정과 지행의 구조와 소통

사상의학의 지행론은 주체와 대상을 나누어 주체가 대상과 소통하는 것을 살핀다. 여기서 주체는 사상인의 성정과 욕심이 없는 마음이고, 대상은 자연 및 사회 환경의 일이다. 욕심에는 사심邪心과 태심怠心이 있다. 지행의 네 일이 있는데, 곧 '천기 인사 박통 독행'이다. 이들 지행의 네 일은 각각 자신의 세부 일을 가지는 구조이다.

『동의수세보원』에서 소개하는 지행론은 널리 통달하고 널리 통달하지 못하는 지행의 결과 위주로 기술되어 있어서 이해하기 어렵다. 본서는 이들을 주체와 대상으로 나누고, 이들이 소통하는 원리에 맞추어서 널리 통달하는 지행과 널리 통달하지 못하는 지행을 살펴본다.

□ 사심신물

사상의학은 인체는 신기혈정으로 나누되, 인체가 사는 자연 및 사회 환경의 일은 사심신물로 나눈다. 사심신물은 그 뜻으로 보아도 차례로 신기혈정에 대응한다. 여기서 사事는 일의 머리에 해당하는 전체적인 개념을 가리키고, 물物은 구체적인 말단의 일을 가리킨다. 그리고 심心은 마음으로 통하는 인간적인 관계의 일이며, 신身은 몸으로 통하는 사회적인 관계의 일이다. 사심신물은 그 순서로 보면 천지인에서 인人을 마음과 몸으로 나누고 하늘과 땅 사이에 둔 것이다[21].

---

21) 『동의수세보원』에는 천성명인天性命人이 나오는데, 성性과 명命은 각각 심과 신, 우뇌와 잠재의식 및 좌뇌와 현재의식과 통한다. 여기서 인人은 그 뜻으로 보면,

아래는 『격치고』에 나오는 사심신물에 대한 설명이다.

  사물[物]은 몸[身]에 깃들고 몸은 마음[心]에 깃들며, 마음은 일[事]에 깃든다.
  하늘에는 하늘의 때가 있다. 사람에게는 사람의 재주가 있다. 세상에는 세
 상의 재물이 있다. 땅에는 땅에서 나오는 이익이 있다.

지행의 대상인 사심신물의 개념을 아래에 요약하였다.

사 : 사事는 일을 관조하는 입장에서 본다. 사事는 일의 머리에 해당하는
    것으로 일을 변화와 흐름에 맞게 처리하는 것이다.
심 : 심心은 '인의예지仁義禮智, 충효우제忠孝友悌와 같은 모든 선善은 다
    지혜[慧覺]에서 나온다.'에서 지혜에 해당한다. 심心은 마음속에 있
    는 올바름을 가지고 인간적인 관계를 이끈다.
신 : 심心이 지혜라면, 신身은 시공간이 정해져 있는 상태에서 지혜를 현
    실로 구현하는 것이다. 예를 들어 '사농공상士農工商, 전택방국田宅
    邦國의 모든 쓰임은 모두 생업자산[資業]에서 나온다.'에서 지혜를 현
    실로 구현하는 생업자산에 해당한다. 신身은 예의가 있는 행위로 세
    상의 무리를 이끄는 것이다.
물 : 물物은 땅이 주는 풍요로움이고, 생명체를 기르고 삶이 이루어지는

  사람이 아니라 땅을 뜻하기 때문에 '천 성 명 인'은 사실상 '사 심 신 물' 과 같은
  의미이다. 동무는 지知와 행行, 심心과 신身, 성性과 명命이 서로 통하도록 사용
  한다. 대체로 사심신물과 천성명인은 같은 뜻을 가지는데, 다만 뉘앙스가 다소
  다르다고 할 수 있다.

터전이다. 物物은 사람이 사는 자연과 생활의 터전에서 이익을 얻는데 필요한 말단의 일이다.

□ 성정과 지행의 관계

지행론은 사상인이 인의예지와 희로애락을 지닌 주체가 되어 사심신물로 표현되는 자연 및 사회 환경의 일과 소통하는 것이다. 지행의 네 일을 사, 물, 심, 신의 순서로 쓰면, 천기, 인사, 박통, 독행이다. 그리고 여기에 해당하는 지행의 주체는 차례로 본성, 감정, 사심邪心을 극복하는 마음, 태심怠心을 극복하는 마음이다. 여기서 사심은 마음의 차원에서 일어나는 심욕이며, 태심은 몸의 차원에서 일어나는 욕심으로 태행怠行과 같은 의미이다.[22] 아래는 『동의수세보원』에 나오는 지행의 네 일을 요약한 것이다.

천기天機는 하늘의 일로 크게 같으며[大同], 본성으로 아는 지知의 일이다.
인사人事는 사람이 행하는 일로 각기 서며[各立], 감정으로 하는 행行의 일이다.
박통博通은 널리 통달하는 경험의 지知로, 간사한 마음을 극복하고 얻은 지知의 경지이다.
독행獨行은 나의 입장에서 행하는 경험의 행行으로, 게으른 마음을 극복하고 얻은 행行의 경지이다.

지행의 네 일에서 주체와 대상만을 연결하면, 본성은 천기를 주재하고,

---

22) 마음[心]에는 사심邪心이, 몸[身]에는 태심怠心이 깃들어있다고 보았다. 몸은 게으른 감정이 문제가 되나, 게으른 감정이 굳어지면 마음속에 잠복하여 남을 이용하여 이익을 얻으려는 간사한 마음으로 변하게 된다.

감정은 인사를 주재하며, 사심의 유혹을 극복하는 마음은 박통을 주재하고, 태심의 유혹을 극복하는 마음은 독행을 주재한다.

지행의 네 일인 천기, 인사, 박통, 독행은 각각 자신의 세부 일을 가진다. 아래에서 지행의 네 주체를 먼저 쓰고 이어서 각각의 세부 성정을 썼다. 다음에는 지행의 네 일을 쓰고 이어서 각각의 세부 일을 썼다. 다만 세부 성정과 세부 일은 모두 사심신물의 순서로 썼다.[23]

본성은 첫째가 지智이고, 둘째가 의義이며, 셋째가 예禮이고, 넷째가 인仁이다.

선험의 지知는 첫째가 천시天時이고, 둘째가 인륜人倫이며, 셋째가 세회世會이고, 넷째가 지방地方이다

감정은 첫째가 슬픔[哀]이고, 둘째가 기쁨[喜]이며, 셋째가 노함[怒]이고, 넷째가 즐거움[樂]이다.

선험의 행행은 첫째가 사무事務이고, 둘째가 당여黨與이며, 셋째가 교우交遇이고, 넷째가 거처居處이다.

사심邪心은 첫째가 우쭐하는 마음[矜心]이고, 둘째가 자랑하는 마음[伐心]이며, 셋째가 교만한 마음[驕心]이고, 넷째가 과장하는 마음[夸心]이다.

경험의 지知는 첫째가 주책籌策이고, 둘째가 행검行檢이며, 셋째가 경륜經綸이고, 넷째가 도량度量이다.

태심怠心은 첫째가 빼앗는 마음[奪心]이고, 둘째가 훔치는 마음[竊心]이

---

23) 『동의수세보원』에는 심心과 신身의 차례가 본서와 바뀌어 나오는데, 이는 동무의 착오이다.

며, 셋째가 사치한 마음[侈心]이고, 넷째가 게으른 마음[懶心]이다.

경험의 행行은 첫째가 식견識見이고, 둘째가 방략方略이며, 셋째가 위의威儀고, 넷째가 재간材幹이다.

이것이 사상인의 성정과 지행의 구조이며, 표로 나타내면 표 3.1과 같다. 표 3.1은 지행의 주체와 지행의 네 일을 보이고, 세부 일은 사심신물의 순서로 보였다.

표 3.1 지행에서 주체와 지행의 네 일 그리고 세부 일

사상	주체와 지행의 네 일		주체와 지행의 세부 일			
			사	심	신	물
사	천기	본성	지	의	예	인
		선험의 지	천시	인륜	세회	지방
물	인사	감정	슬픔	기쁨	노함	즐거움
		선험의 행	사무	당여	교우	거처
심	박통	사심 없는 마음	긍심	벌심	교심	과심
		경험의 지	주책	행검	경륜	도량
신	독행	태심 없는 마음	탈심	절심	치심	나심
		경험의 행	식견	방략	위의	재간

『동의수세보원』에서 소개하는 지행론은 사상인이 널리 통달하는 지행과 널리 통달하지 못하는 지행의 결과 위주로 기술되어 있다. 사상인이 널리 통달하는 세부 일은 그림 3.1에 보인다. 예를 들어, 소음인이 널리 통달하는 세부 일을 '천기 박통 독행 인사'에서 하나씩 고르면, 차례로 지방, 주

책, 식견, 거처이다. 그리고 마찬가지로 소양인이 널리 통달하는 세부 일을 '천기 박통 독행 인사'에서 하나씩 고르면, 차례로 세회, 도량, 재간, 교우이다. 여기서 사상인의 방위는 큰 장부의 방위를 따른다.

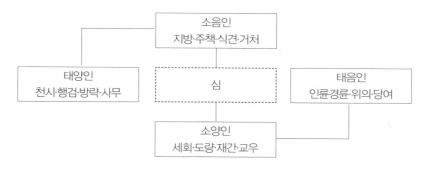

그림 3.1 사상인이 널리 통달하는 지행의 사상도

그림 3.1에 나오는 내용은 전국한의과대학 사상의학실에서 엮은 『사상의학』 45쪽의 표 2와 양식은 다르나, 천기天機와 인사人事에서 사상 심心과 신身이 바뀐 것을 제외하면 모두 같다. 그리고 박통과 독행에서 세부 지행의 순서가 다른데, 본서는 「확충론」을 따랐으나, 『사상의학』 교재에서는 「성명론」을 따랐기 때문에 다소 다른 점이 있다.

□ 성정과 지행의 소통

『동의수세보원』에 나오는 지행론에서는 사상인이 널리 통달하는 지행은 큰 성정에 해당하고, 사상인이 널리 통달하지 못하는 지행은 작은 성정에 해당하는 것으로 본다. 예를 들어, 자연 및 사회 환경의 일 중에서 지智의 성질이 있는 세부 일은 천시이다. 천시에 잘 통달하는 사상인은 지智의 본성이 풍부한 태양인으로 보지만, 이것은 착오이다.

　본서는 사상인이 주체가 되어서 대상이 되는 지행의 일에 널리 통달하는 경우와 널리 통달하지 못하는 것으로 나누어 살펴본다. 오링 테스트의 원리에 따르면, 인체에 필요한 것이 자연과의 교감으로 보충되면 기운이 서로 통하여서[相補] 오링의 힘이 강해지고, 인체에 충분한 것이 자연의 기운과의 교감으로 확충되면 오히려 기운이 서로 부딪쳐서[相衝] 오링의 힘이 약해진다.

　사상인이 널리 통달하는 지知의 세부 일을 인의예지의 특성과 연관해 아래에 설명한다. 여기서 태양인이 지니는 풍부한 성정은 의義와 기쁜 감정이고 부족한 성정은 지智와 슬픈 감정이다. 그래서 태양인은 부족한 감정에 해당하는 지智의 일에 잘 통달하고 풍부한 감정에 해당하는 의義의 일에 잘 통달하지 못한다.

- 인의 본성이 부족한 소음인은 인仁이 있는 지방地方에 널리 통달한다.
- 지의 본성이 부족한 태양인은 지智가 있는 천시天時에 널리 통달한다.
- 의의 본성이 부족한 태음인은 의義의 특성이 있는 인륜人倫에 널리 통달한다.
- 예의 본성이 부족한 소양인은 예禮가 있는 세회世會에 널리 통달한다.

3.2 사상인의 지행론

지행론에는 선험의 지행과 경험의 지행이 있다. 선험의 지행은 사람의 내면에 갖추어진 인의예지와 희로애락으로 행하는 것이며, 경험의 지행은 경험이 쌓여서 이루어진 마음으로 행하는 것이다. 선험의 지행은 바른 지행이라고 할 수 있지만, 경험의 지행은 그것을 하기 위해 사심과 태심을 극복하는 마음이 필요하나 지혜가 있는 바른 지행이라고 하기엔 부족하다. 그러나 경험의 지행은 사회생활을 위해 필요하고, 크게 보면 심성의 성장을 위해서도 필요한 측면이 있다.

사상의학은 지행을 깊이 하는 것을 중시한다. 즉, '멀리 듣고, 넓게 맡고, 크게 보고, 깊이 맛보는' 깊은 지知를 행하면 신기혈정이 확충되고, '널리 배우고 자세히 묻고 신중히 생각하고 밝게 분별하는' 깊은 학문사변學問思辨을 행行하면 신기혈정의 원기가 얻어진다고 하였다.

3.2.1 본성과 선험의 지

『동의수세보원』「성명론」에는 사상인의 감각으로 천기와의 소통에 대하여 말한다.

귀로는 천시를 듣고, 눈으로는 세회를 보며,
코로는 인륜을 냄새 맡고, 입으로는 지방을 맛본다.

여기서 감각이 발달한 사람이 천기에 널리 통달하는 것처럼 오해할 수 있기 때문에 아래와 같이 보충 설명을 한다. 사람이 천기에 널리 통달하는 것은 발달하지 않은 예민한 감각을 통해서이다. 감각은 발달된 감각과 예민한 감각으로 나뉘는데, 예를 들어, 태양인은 후각은 발달되어 있고 청각은 예민하다.

청각이 예민한 태양인은 천시를 잘 듣는다.
시각이 예민한 소양인은 세회를 잘 본다.
후각이 예민한 태음인은 인륜을 잘 냄새 맡는다.
미각이 예민한 소음인은 지방을 잘 맛본다.

□ 본성과 지의 소통
사상인은 지니는 인의예지는 사상인의 본성에서 이미 살펴본 바와 같다.

소음인은 지智가 풍부하나 인이 미약하다.
태양인은 의義가 풍부하나 지가 미약하다.
태음인은 예禮가 풍부하나 의가 미약하다.
소양인은 인仁이 풍부하나 예가 미약하다.

천기는 지知의 네 일을 말하며, 지의 세부 일은 차례로 천시, 인륜, 세회, 지방이다. 이들의 의미는 차례로 일이 일어나는 때, 마음으로 통하는 인간 관계의 일, 예의로 이끄는 사회적인 관계의 일 그리고 사람들이 살아가는 데 필요한 경제와 관련된 일이다.
아래는 『격치고』에 나오는 해설을 요약하여 설명한 것이다.

천시는 일의 변화에 숨어있는 때를 아는 것이다.
인륜은 마음속에 있는 올바름을 가지고 사람들을 이끄는 것이다.
세회는 마음에서 나오는 예의로 세상의 무리를 이끄는 것이다.
지방은 사람이 사는 자연을 이해하여 생활의 환경에 도움을 주는 것이다.

지知의 세부 일이 되는 '천시 인륜 세회 지방'도 사람과 마찬가지로 인의예지의 특성이 있다. 즉 천시는 지智의 특성을 지녔고, 인륜은 의義의 특성을 지녔으며, 세회는 예禮의 특성을 지녔고, 지방은 인仁의 특성을 지닌다.

사상인이 지知의 세부 일인 '천시 인륜 세회 지방'에 널리 통달하는 경우와 널리 통달하지 못하는 경우가 『동의수세보원』에 나온다. 다만 원문에는 널리 통달하지 못하는 경우에 세회와 천시가 본서와 다르게 바뀌어 나오는데, 이것은 기존의 사상인이 양인陽人의 경우 작은 장부에 대한 정의에 착오를 일으켰기 때문이다. 아래는 이 착오를 수정한 것이다.

태양인의 귀는 널리 천시를 들을 수 있으나, 태양인의 코는 널리 인륜을 냄새 맡지 못한다.

태음인의 코는 널리 인륜을 냄새 맡을 수 있으나, 태음인의 눈은 널리 세회[24]를 보지 못한다.

소양인의 눈은 널리 세회를 볼 수 있으나, 소양인의 입은 널리 지방을 맛보지 못한다.

소음인의 입은 널리 지방을 맛볼 수 있으나, 소음인의 귀는 널리 천시[25]를 듣지 못한다.

여기서 감각기관을 본성으로 대신하여 설명하면, 사상인은 미약한 본성에 해당하는 지知의 네 일에 널리 통달할 수 있으나, 풍부한 본성에 해당하는 지知의 네 일에는 널리 통달하지 못한다는 사실을 알 수 있다.

---

24) 원문에는 천시로 나오는데, 과거 사상인의 잘못된 정의 때문이다.
25) 원문에는 세회로 나오는데, 과거 사상인의 잘못된 정의 때문이다.

위의 결과는 표 3.2에 수록하였는데, 여기서 주체는 사상인의 본성이다. 예를 들어, 소음인은 미약한 본성인 인仁에 해당하는 '입과 지방'에 널리 통달한다. 마찬가지로 태양인은 미약한 본성인 지智에 해당하는 '귀와 천시'에 널리 통달하고, 태음인은 미약한 본성인 의義에 해당하는 '코와 인륜'에 널리 통달하며, 소양인은 미약한 본성인 예禮에 해당하는 '눈과 세회'에 널리 통달한다. 그러나 소음인은 '귀로 통달하는 천시'와 서로 밀어내는 상충의 관계에 있다. 같은 논리로, 태양인은 '코로 통달하는 인륜'과 서로 밀어내고, 태음인은 '눈으로 통달하는 세회'와 서로 밀어내며, 소양인은 '입으로 통달하는 지방'과 서로 밀어내는 작용이 있어 이들은 서로 널리 통달하지 못한다.

표 3.2 사상인에 따라 널리 통달하는 천기와 널리 통달하지 못하는 천기

주체				널리 통달하는 천기		널리 통달하지 못하는 천기	
사상	사상인	예민한 감각	해당 본성	천기	본성	천기	본성
신	소음인	귀	지	지방	인	천시	지
기	태양인	코	의	천시	지	인륜	의
혈	태음인	눈	예	인륜	의	세회	예
정	소양인	입	인	세회	예	지방	인

□ 본성과 지가 소통하는 이유

지知의 네 일인 천기天機에 대해 『동의수세보원』을 살펴본다.

귀로는 천시를 잘 듣고, 코로는 인륜을 잘 냄새 맡으며,
눈으로는 세회를 잘 보고, 입으로는 지방을 잘 맛본다.

'천시 인륜 세회 지방'은 네 감각기관인 '귀 코 눈 입'을 통하여 인지된다. 즉 청각으로는 하늘의 때인 천시를 알며, 후각으로는 인간관계에서 마땅한 마음인 인륜을 알고, 시각으로는 사회적 관계에서 마땅한 마음인 세회를 알며, 미각으로는 땅이 베푸는 이익을 얻는 지방을 안다.

귀코눈입의 감각기관은 차례로 청각, 후각, 시각, 미각을 감지하며, 신장, 폐, 간, 비장은 차례로 귀코눈입의 감각기관과 통해 있다는 것은 한의학에서는 잘 알려진 사실이다. 일반적으로 폐 기능이 허약해지면 후각에 이상이 생기고, 간 기능이 허약해지면 시각에 이상이 생기며, 비장 기능이 허약해지면 미각에 이상이 생기고, 신장 기능이 허약해지면 청각에 이상이 생긴다. 따라서 감각기관과 장부는 밀접한 관계에 있음을 알 수 있다.

위의 예문에서 귀로 천시를 듣고, 눈으로 세회를 본다는 것은 청각으로 천시를 살피고 시각으로 세회를 살핀다는 뜻이다. 이것은 사람이 무엇을 인지할 때 자신의 발달된 감각이 관여하는 것이 아니라, 자신의 발달되지 않은 감각이 관여한다는 것을 말해준다. 예를 들어 태양인은 폐와 연결된 후각이 발달되었지만 발달되지 않은 청각으로 천시를 잘 듣는다.

사상인은 자신의 발달된 감각기관이 아니라, 자신의 발달되지 않은 감각기관으로 지知에 널리 통달한다. 그 이유는 무엇인가? '태양인의 귀는 천시에 널리 통달한다.'고 하였다. 신장이 크고 청각이 발달한 사상인은 오히려 소음인인데, 왜 태양인이 귀로 천시에 널리 통달한다는 말인가?

태양인은 신장이 작기 때문에 청각 기능이 열등하다. 따라서 '태양인이 귀로 천시에 널리 통달하는 것'은 청각 기능이 아니라, 청각을 초월하여 '느낌으로 듣는' 능력이 뛰어난 것이다. 이것은 청각 장애인이 '느낌으로 듣는' 능력이 뛰어난 것과 마찬가지이다. 이와 같은 이유가 다른 사상인에게도 똑같이 적용된다.

폐가 작은 태음인은 인륜을 '느낌으로 냄새 맡는' 능력이 뛰어나다.
간이 작은 소양인은 세회를 '느낌으로 보는' 능력이 뛰어나다.
비장이 작은 소음인은 지방을 '느낌으로 맛보는' 능력이 뛰어나다.

이를 달리 말하면 사람의 인지 행위에 있어 일반 감각이나 이성에 의한
지각 능력보다 육감, 즉 초감각적 지각[26] 능력이 더 중요하다는 것이다.

□ 선험의 지와 신기혈정

사상인의 인의예지는 귀코눈입 네 감각기관을 통하여 신기혈정이 확충
된다고 한다. 이러한 내용은 『동의수세보원』 「장부론」에 나온다. 여기서 신
기혈정을 확충하는 행위가 다름 아닌, '멀리 듣고, 넓게 냄새 맡고, 크게 보
고, 깊이 맛보는' 것이다.

귀로는 반드시 멀리 듣고, 코로는 반드시 널리 냄새를 맡으며, 눈으로는 반

---

26) 육감六感은 분석적인 사고에 의하지 않고 직관적으로 사태의 진상을 파악하는
정신작용을 말한다. 즉, 이치나 경험으로부터 얻은 지적 판단을 통해 결론을
내리는 것이 아니라 직입적直入的인 감성, 즉 직감을 통해 결론을 이끌어내는
것이다. 보통의 판단이나 추리 및 감각으로는 알 수 없는 사실을 오묘하게 감
지하는 육감은 현대의 초심리학에서 ESP(Extra Sensoty Perception, 초감각적 지
각)라 하여 드물게 보는 이상능력이기는 하지만 그 실제를 인정하고 있다. –
『네이버 두산백과』

드시 크게 보고, 입으로는 반드시 깊이 맛보아야 하니, 귀코눈입의 쓰임이 깊고 넓고 멀고 크면 신기혈정이 생겨나지만[精神氣血 生也], 귀코눈입의 쓰임이 엷고 좁고 가깝고 적으면 신기혈정이 소모될 것이다[精神氣血 耗也].

그리고 위의 내용을 구체화하는 설명이 『동의수세보원』에 나온다. 사상인은 감각기관으로 지知를 행하여 신기혈정을 확충한다는 내용이다.[27]

귀는 천시를 듣는 힘으로써 진해津海의 맑은 기운을 끌어내어 상초에 가득 차면 신神이 되고 신이 두뇌에 흘러들어 쌓이면 이해膩海[28]가 된다. 이해의 맑은 것[神]은 신장으로 돌아가고 흐린 것은 신장의 무리가 된다.

코는 널리 인륜을 냄새 맡는 힘으로써 유해油海의 맑은 기운을 끌어내어 중하초에 가득 차면 기氣가 되고 기가 척추脊로 흘러들어 쌓이면 막해膜海가 된다. 막해의 맑은 것[氣]은 폐로 돌아가고 흐린 것은 폐의 무리가 된다.

눈은 널리 세회를 보는 힘으로써 고해膏海의 맑은 기운을 끌어내어 중상초에 가득 차면 혈血이 되고 혈이 허리뼈로 흘러들어 쌓이면 혈해血海가 된다. 혈해의 맑은 것[血]은 간으로 돌아가고 흐린 것은 간의 무리가 된다.

---

27) 아래 문장에서 두 번째 문장과 세 번째 문장의 순서를 사심신물의 순서가 되도록 바꾸었다. 그리고 신기혈정과 신폐간비가 서로 통하도록 위치를 수정했는데, 원문은 부록 A.2에 수록했다.

28) 이해(신이 머무는 곳)는 두뇌와 같은 개념이다. 동무가 두뇌를 신神과 바르게 연결했으나, 막해(기가 머무는 곳)를 혈과, 혈해(혈이 머무는 곳)를 기와 잘못 연결했으므로 바로잡았다. 진해는 침이 머무는 곳, 고해는 끈끈한 기름이 머무는 곳, 유해는 맑은 기름이 머무는 곳, 액해는 무거운 기름이 머무는 곳이다. 그리고 신기혈정과 이해, 막해, 혈해, 정해, 진해에 대한 관계는 제4.1.1절 '사상론의 장부론'에 다시 나온다.

입은 넓고 큰 지방을 맛보는 힘으로써 액해液海의 맑은 기운을 끌어내어 하초에 가득 차면 정精이 되고 정이 방광으로 흘러들어 쌓이면 정해精海가 된다. 정해의 맑은 것[精]은 비장으로 돌아가고 흐린 것은 비장의 무리가 된다.

여기서는 감각기관으로 지知를 행하여 신기혈정이 확충된다는 내용이다. 즉, 신은 천시와 성정이 같기 때문에 진해의 맑은 기운이 천시에 통달하여 신이 된다. 동일한 논리로 보면, 기는 인륜과 성정이 같으므로 유해의 맑은 기운이 인륜에 통달하여 기가 되고, 혈은 세회와 성정이 같으므로 고해의 맑은 기운이 세회에 통달하여 혈이 되며, 정은 지방과 성정이 같으므로 액해의 맑은 기운이 지방에 통달하여 정이 된다. 이것이 신기혈정이 확충되는 원리이다. 그리고 신기혈정이 확충되면 해당 장부의 신폐간비도 성해진다.

한편 신기혈정이 확충되는 원리는 제4.1.1절의 '사상론의 장부론'에 나오는 수곡의 기운의 온기에 따라서 영양을 공급하는 장부가 다르다는 개념과 같다. 예를 들어, "수곡水穀의 따뜻한 기운은 기氣가 머무는 막해가 되고, 막해의 맑은 것은 폐로 들어간다." 그리고 "수곡의 차가운 기운은 신神이 머무는 이해가 되고, 이해의 맑은 것은 신장으로 들어간다." 그리고 이러한 신기혈정이 확충되면 차례로 신폐간비가 성해진다는 것은 『내경』에서 오미는 같은 성질을 갖는 오장을 영양을 공급한다는 사실과 일치한다.

이상의 내용을 정리하여 보면, 감각기관으로 지知를 행하는 행위가 곧 귀로 멀리 듣고, 눈으로 크게 보고, 코로 넓게 냄새 맡고, 입으로 깊이 맛보는 것이다. 그리고 이와 같은 깊은 지知를 행하여 사상인은 신기혈정을 확충하는데, 태양인은 신神을 확충하고, 태음인은 기氣를 확충하며, 소양인은 혈血을 확충하고, 소음인은 정精을 확충한다. 이와 같은 내용은 표 3.3에 보였다.

표 3.3 사상인에 따른 지知의 일과 성리의 확충

태극	심			
양의	심		신	
사상	사	심	신	물
사상인	소음인	태양인	태음인	소양인
감각기관	입	귀	코	눈
천기 인지	지방을 맛봄	천시를 들음	인륜을 냄새 맡음	세회를 봄
확충된 성리	정	신	기	혈
보하는 장부	비장	신장	폐	간

　여기선 동무의 사상의학과는 달리, 사상인은 지知를 행하여 신기혈정을 확충하고 확충된 신기혈정은 해당 장부를 보하는데, 직접 보하는 장부는 받아들인 성리에 해당하는 장부이다. 『동의수세보원』에 사상인의 지행론에서 사상인이 미약한 성정을 보하는 지행을 할 때, 큰 장부가 더욱 성해진다는 언급이 있다. 그러나 이는 동무의 착오이다. 미약한 성정을 보하는 지행을 할 때 성해지는 장부는 미약한 성정에 해당하는 작은 장부이다.

　이상으로 지知와 성리의 확충에 대해 살펴보았는데, 여기에 지知와 경험의 지知는 어떠한 차이가 있는가?

　사람이 지知를 행하면 성리가 확충되는데, 덕성지를 지니고 있으면 신기혈정의 맑은 기운인 인의예지가 확충되고, 문견지를 지니고 있으면 신기혈정의 무거운 기운인 경험의 지가 확충된다. 이것이 차이이다.

3.2.2 감정과 선험의 행

『동의수세보원』「성명론」에는 사상인의 장부와 인사人事와의 소통에 대하여 말한다.

폐가 발달한 사람(태양인)은 일을 관리하는 사무事務가 발달한다.
비장이 발달한 사람(소양인)은 사회적 관계의 교우交遇가 원만하다.
간이 발달한 사람(태음인)은 인간적 관계의 당여黨與를 잘 맺는다.
신장이 발달한 사람(소음인)은 경제적인 일인 거처居處가 분명하다.

여기서 동무는 사상인의 발달된 장부와 잘 소통하는 인사를 연결하였다. 그러나 오링 테스트의 원리를 상기하면 사상인의 발달되지 않은 작은 장부와 잘 소통하는 인사를 연결해야 한다. 사상인의 작은 장부는 그 성정을 보하는 인사를 할 때 그 기능이 잘 발휘되기 때문이다.

태양인은 작은 신장의 기운인 슬픔이 필요한 사무가 발달한다.
태음인은 작은 폐의 기운인 기쁨이 필요한 당여를 잘 맺는다.
소양인은 작은 간의 기운인 노함이 필요한 교우가 원만하다.
소음인은 작은 비장의 기운인 즐거움이 필요한 거처가 분명하다.

□ 감정과 행의 소통
사상인이 지니는 희로애락은 사상인의 감정에서 이미 살펴본 바와 같다.

소음인의 미약한 감정은 즐거움[樂]이고, 풍부한 감정은 슬픔이다.

태양인의 미약한 감정은 슬픔[哀]이고, 풍부한 감정은 기쁨이다.
태음인의 미약한 감정은 기쁨[喜]이고, 풍부한 감정은 노함이다.
소양인의 미약한 감정은 노함[怒]이고, 풍부한 감정은 즐거움이다.

인사人事는 行의 네 일을 말하며, 行의 세부 일은 『격치고』에 나오는 해설로 아래에 요약한다.

사무는 당여, 교우, 거처를 흐름에 맞게 잘 관리하는 것이다.
당여는 인간적인 관계의 일을 서로 돕는 것이다.
교우는 사회적인 관계의 일을 서로 협력하는 것이다.
거처는 경제적 생활을 위한 기술이나 수단을 처리하는 것이다.

行의 세부 일이 되는 '사무 당여 교우 거처'도 사람과 마찬가지로 희로애락의 특성이 있다. 즉 사무는 고요 및 슬픔과 같은 성질이고, 당여는 기쁨과 같은 성질이며, 교우는 절제 및 노함과 같은 성질이고, 거처는 즐거움과 같은 성질을 지녔다.

지행에서 주체는 行의 일을 하면서 사상인의 부족한 감정을 보하는 일에 잘 통달하지만, 사상인의 풍부한 감정을 보하는 일에는 잘 통달하지 못한다.

사상인이 行의 세부 일에 널리 통달하는 내용과 널리 통달하지 못하는 내용이 『동의수세보원』에 나온다. 아래는 「장부론」과 「확충론」에서 두 개의 문장을 하나의 문장으로 만든 것이다. 다만 원문에는 널리 통달하지 못하는 경우에 교우와 사무가 바뀌어 나오는데, 이것은 기존의 사상인의 정의에서 양인陽人의 경우 작은 장부의 정의에 대한 착오 때문이다. 아래는 이러한 착오를 수정한 것이다.

태양인은 (작은 신장의 슬픔으로) 사무[29]에 익숙하고 널리 통달하나, … 태양인의 큰 폐(의 기쁨)은 당여를 바로 세우지 못한다.

태음인은 (작은 폐의 기쁨으로) 당여에 익숙하고 잘 세우나, … 태음인의 큰 간(의 노함)은 교우를 힘 있게 통솔하지 못한다.

소양인은 (작은 간의 노함으로) 교우[30]에 익숙하고 잘 맺으나, … 소양인의 큰 비장(의 즐거움)은 거처에 늘 안정하지 못한다.

소음인은 (작은 비장의 즐거움으로) 거처에 익숙하고 잘 정하나, … 소음인의 큰 신장(의 슬픔)은 사무에 민첩하지도 통달하지도 못한다.

여기서 사상인은 미약한 감정에 해당하는 행行의 일에 널리 통달하나, 풍부한 감정에 해당하는 행의 일에는 널리 통달하지 못한다는 것을 알 수 있다.

위의 결과는 표 3.4에 수록하였으며, 여기서 주체는 사상인 또는 사상인의 감정이다. 예를 들어, 소음인은 미약한 감정인 '즐거움으로 거처'에 널리 통달한다. 태양인은 미약한 감정인 '슬픔으로 사무'에 널리 통달하며, 태음인은 미약한 감정인 '기쁨으로 당여'에 널리 통달하며, 소양인은 미약한 감정인 '노함으로 세회'에 널리 통달한다.

---

29) 사무는 고요한 감정을 필요로 하는데, 고요한 감정이 풍부한 소음인은 오히려 사무에 적합하지 않다는 논리이다.

30) 교우는 절제의 감정을 필요로 하는데, 절제의 감정이 풍부한 태음인은 오히려 교우에 적합하지 않다는 논리이다.

표 3.4 사상인에 따른 널리 통달하는 인사와 널리 통달하지 못하는 인사

사상인				널리 통달하는 인사		널리 통달하지 못하는 인사	
사상	사상인	작은 장부	작은 감정	인사	감정	인사	감정
신	소음인	비장	즐거움	거처	즐거움	사무	슬픔
기	태양인	신장	슬픔	사무	슬픔	당여	기쁨
혈	태음인	폐	기쁨	당여	기쁨	교우	노함
정	소양인	간	노함	교우	노함	거처	즐거움

사상인이 행의 일을 하는 것은 행의 일에 해당하는 감정이다. 예를 들어 태양인은 미약한 슬픈 감정으로 사무를 행한다. 한편 태양인은 풍부한 기쁜 감정으로 사무를 행할 수도 있다. 그러나 사무는 차분한 감정으로 임해야지 기쁘고 들뜬 감정으로 임하면 잘 될 수 없다.

한편 태양인은 풍부한 기쁜 감정으로 당여를 하는 것은 어떠한가? 이에 대해서는 다음 소절의 '촉급한 감정과 행'에서 살펴본다.

□ 촉급한 감정과 행
감정은 장부의 건강과 밀접한 관련이 있는데 여기에는 두 경우가 있다.

첫째, 순하게 발하는 감정은 해당 장부를 성盛하게 한다. 순하게 발하는 감정에 해당하는 장부는 작은 장부이다.[31]

둘째, 촉급하게 발하는 감정은 해당 장부를 상傷하게 한다. 촉급하게 발하는 감정에 해당하는 장부는 하위 장부이다.

한편 성기性氣는 작은 장부에서 나오는 미약한 감정이며, 순하게 발하는 감정이다. 그리고 정기情氣는 하위 장부에서 나오는 촉급한 감정이며, 촉급하게 발하는 감정이다. 순하게 발하는 미약한 감정은 어떻게 사상인의 작은 장부를 성하게 하는가? 그리고 촉급한 감정은 어떻게 사상인의 하위 장부를 상하게 하는가?

『동의수세보원』「사단론四端論」에는 순하게 발하는 미약한 감정은 작은 장부를 성하게 하지만, 촉급하게 발하는 감정은 하위 장부를 상하게 한다는 내용이 나온다.[32)]

　태양인은 슬퍼하는[哀] 성이 멀리 흩어지고, 노하는[怒] 정이 촉급하다. 슬퍼하는 성이 멀리 흩어지면 기운이 신장에 들어와 신장이 더욱 성해지고,[33)] 노하는 감정이 촉급하면 기운이 간에 부딪쳐서 간이 더욱 깎이므로, 태양인의 장부는 폐는 크고 (후천적으로) 간은 작게 된다.
　태양인은 슬퍼하는 성이 멀리 흩어지고 노하는 정이 촉급하다. 슬퍼하는 성이 멀리 흩어지는 것은 태양인의 귀가 천시에 밝아서 뭇사람이 서로 속이는 것을 슬퍼하는 것이니, 슬퍼하는 성은 다른 것이 아니라 듣는 것이다. 노

---

31) 원문에는 큰 장부를 더욱 성하게 한다고 나오나, 이는 착오이다. 작은 장부에 해당하는 감정을 순하게 발하면 작은 장부가 성盛하게 된다.
32) 아래는 본서의 사상론을 따라서 수정하였다. 수정하지 않은 원문은 부록 A.3에 보였다. 상하는 장부는 사상인의 하위 장부인데, 사상인의 정의가 바뀌었으므로 태음인과 소음인의 경우에 상하는 장부가 서로 바뀐다.
33) 원문에는 신장 대신에 폐로 나오나, 이는 착오이다. 슬퍼하는 성이 멀리 흩어지면 기운이 신장으로 들어가서 신장의 기운이 성해진다. 슬픔이 순하게 발하면 슬픔의 장부인 신장이 성해진다는 뜻이다.

하는 정이 촉급한 것은 태양인의 폐(의 기쁨)가 당여를 할 때 다른 사람이 자신을 무시하는 것에 노하는 것이니, 노하는 정은 다른 것이 아니라 노하는 것이다.

태음인은 기뻐하는[喜] 성이 널리 퍼지고, 즐거워하는[樂] 정이 촉급하다. 기뻐하는 성이 널리 퍼지면 기운이 폐로 들어와 폐가 더욱 성해지고,[34] 즐거워하는[樂] 정이 촉급하면 기운이 비장에 부딪쳐서 비장이 더욱 깎이므로, 태음인의 장부는 간은 크고 (후천적으로) 비장은 작게 된다.

태음인은 기뻐하는 성이 넓게 퍼지고 즐거워하는 정이 촉급하다. 기뻐하는 성이 넓게 퍼지는 것은 태음인의 코가 인륜에 밝아서 뭇사람이 서로 도와주는 것을 기뻐하는 것이니 기뻐하는 성은 다른 것이 아니라 냄새 맡는 것이다. 즐거워하는 정이 촉급한 것은 태음인 간(의 노함)이 교우를 할 때 다른 사람이 자신을 보호하는 것을 즐거워하는 것이니, 즐거워하는 정은 다른 것이 아니라 즐거워하는 것이다.

소양인은 노하는 성[怒]이 넓고 크고, 슬퍼하는[哀] 정이 촉급하다. 노하는 성이 넓고 크면 기운이 간에 들어와 간이 더욱 성해지고,[35] 슬퍼하는 정이 촉급하면 기운이 신장에 부딪쳐서 신장이 더욱 깎이므로, 소양인의 장부는 비장은 크고 (후천적으로) 신장은 작게 된다.

소양인은 노하는 성이 광대하게 포괄하고 슬퍼하는 정이 촉급하다. 노하는 성이 광대하게 포괄하는 것은 소양인의 눈이 세회에 밝아서 뭇사람이 서로 무시하는 것을 노하는 것이니 노하는 성은 다른 것이 아니라 보는 것이다. 슬퍼하는 정이 촉급한 것은 소양인의 비장(의 즐거움)이 거처를 할 때 다

---

34) 원문에는 폐 대신에 간으로 나오나 이는 착오이다. 기뻐하는 성이 멀리 퍼지면 기운이 폐로 들어가서 폐의 기운이 성해진다.

35) 원문에는 간 대신에 비장으로 나오나 이는 착오이다. 노하는 성이 넓고 크면 기운이 간으로 들어가서 간의 기운이 성해진다.

른 사람이 자신을 속이는 것을 슬퍼하는 것이니 슬퍼하는 정은 다른 것이 아니라 슬퍼하는 것이다.

소음인은 즐거워하는[樂] 성이 깊고 굳으며, 기뻐하는[喜] 정이 촉급하다. 즐거워하는 성이 깊고 굳으면 기운이 비장에 들어와 비장이 더욱 성해지고[36], 기뻐하는 정이 촉급하면 기운이 폐에 부딪쳐서 폐가 더욱 깎이므로, 소음인의 장부는 신장은 크고 (후천적으로) 폐는 작게 된다.

소음인은 즐거워하는 성이 깊고 마땅하고 즐거워하는 정이 촉급하다. 즐거워하는 성이 깊고 마땅한 것은 소음인의 입이 지방에 밝아서 뭇사람이 서로 보호하는 것을 즐거워하는 것이니 즐거워하는 성은 다른 것이 아니라 맛보는 것이다. 기뻐하는 정이 촉급한 것은 소음인의 신장(의 슬픔)이 사무를 할 때 다른 사람이 자신을 돕는 것을 기뻐하는 것이니, 기뻐하는 정은 다른 것이 아니라 기뻐하는 것이다.

사상인은 미약한 감정에 해당하는 행의 일에 널리 통달하는 데 비하여, 사상인의 풍부한 감정에 해당하는 행의 일에는 널리 통달하지 못한다. 그리고 사상인은 미약한 감정에 해당하는 행의 일에 잘 통달해서 작은 장부는 더욱 성해지나, 풍부한 감정에 해당하는 행의 일에 널리 통달하지 못해 하위 장부는 더욱 상하게 된다고 한다.

사상인의 하위 장부가 상하는 이유를 태양인의 경우에 한해 생각해본다.

- 태양인은 작은 장부가 신장이므로 신장이 주관하는 슬픔이 작다. 태양인은 슬픈 감정이 미약하기 때문에 멀리 흩어지는데, 이것이 순하

---

36) 원문에는 비장 대신에 신장으로 나오나 이는 착오이다. 즐거워하는 성이 깊고 굳으면 기운이 비장으로 들어가서 비장의 기운이 성해진다.

게 발하는 것이다.

– 태양인은 슬픈 감정이 순하게 발하기 때문에 신장이 더욱 성해진다. 이는 신장이 작은 태양인의 건강에 유익하다.

– 태양인은 큰 장부가 폐이므로 폐가 주관하는 기쁨이 크다. 태양인은 기쁜 감정으로 당여를 하지만 성과가 없게 된다. 그 결과 외향적인 기운이 강한 태양인은 남들이 무시하는 것으로 보아 노함을 촉발하게 한다. 결국 노함을 주관하는 간이 상하게 된다.

한편 위의 경우를 모든 사상인에게 적용해 사상인이 촉급한 감정을 발하는 원인을 살펴보면, 그것은 사상인이 큰 장부에서 나오는 풍부한 감정으로 인사를 강하게 거느리려 했으나 성과가 없다는 것이다. 이것이 빌미가 되어 사상인이 남들에게 촉급한 감정을 발하게 된다.

그런데 태양인은 왜 하위 감정인 노함을 촉발하는가? 이를 이해하기 위해서는 『동의수세보원』에 나오는 감정의 기운을 살펴보아야 한다.

슬픔과 노함의 감정은 기운으로 보면 양의 성질이고, 기쁨과 즐거움은 기운으로 보면 음의 성질이다. 태양인은 양인이기 때문에 촉발하는 감정도 양의 감정일 수밖에 없다. 그러나 태양인은 양의 감정 중에서 슬픔을 촉발하지는 않는데, 슬픔을 주관하는 신장이 너무 작기 때문이다. 결국 태양인은 양의 감정 중에서 하위 감정인 노함을 촉발하게 된다.

□ 감정과 행의 불통

사상인은 큰 장부에 해당하는 인사를 잘 거느리지 못하는데, 그 이유를 아래에서 살펴본다.[37]

111

태양인은 노함으로 교우를 힘 있게 거느리므로 교우가 무시하지 않는다. 태양인의 기쁨은 당여를 바르게 세우지 못하므로 당여가 무시한다.

태양인은 당여를 가벼이 하므로 늘 친숙히 당여하는 사람에게서 모함을 입는다. 그것은 친구를 골라서 사귀는 마음이 넓지 못하기 때문이다.

태음인은 즐거움으로 거처가 늘 안정하므로 거처가 편안히 보전된다. 태음인은 노함으로 교우를 힘 있게 거느리지 못하므로 교우가 돕지 않는다.

태음인은 교우를 가벼이 하므로 늘 낯선 교우를 하는 사람에게서 무시를 당한다. 그것은 염려하는 마음이 두루 치밀하지 못하기 때문이다.

소양인은 슬픔으로 사무에 민첩하고 통달하므로 사무를 속이지 않는다. 소양인은 즐거움으로 거처를 늘 안정하지 못하므로 거처가 속인다.

소양인은 거처를 삼가지 않으므로 늘 안으로 거처하는 사람에게서 모함을 받는다. 그것은 밖을 중하게 여기고 안을 가볍게 여기기 때문이다.

소음인은 기쁨으로 당여를 바로 세우므로 당여가 돕는다. 소음인은 슬픔으로 사무에 민첩하지도 통달하지도 못하므로 사무를 보전하지 못한다.

소음인은 사무를 삼가지 않으므로 늘 밖에 나가 사무를 하는 사람에게서 모함을 받는다. 그것은 안을 중하게 여기고 밖을 가볍게 여기기 때문이다.

여기에는 생략하였지만 원문에는 사상인이 행의 일을 잘 거느리는 원인으로 '삼가고 중하게 여기는' 것을 든다. 그리고 사상인이 행의 일을 잘 거느리지 못하는 원인으로는 '마음이 넓지 못하고, 두루 치밀하지 못하고, 안을 가볍게 여기고, 밖을 가볍게 여기는' 것을 든다.

---

37) 아래는 원문에 나오는 서로 다른 두 문장에서 내용을 선택하여 본서의 사상론에 따라 수정한 것이다. 수정하지 않은 원문은 부록 A.4에 보였다.

앞 소절에서 사상인이 촉급한 감정을 발하는 원인을 결국 사상인이 자신의 큰 장부에 해당하는 인사를 행하기 때문으로 보았는데, 이를 미연에 방지하는 방법은 행의 일을 할 때 '삼가고 중하게 여기는' 마음으로 행하는 것이 되겠다.

□ 선험의 행과 원기

사상인의 학문사변學問思辨은 폐간비신의 네 장부를 통하여 신기혈정의 원기元氣가 확충된다고 하였다. 이는『동의수세보원』「장부론」에 나오는 내용이다. 여기서 신기혈정의 원기를 확충하는 행위가 다름 아닌, '잘 배우고, 잘 묻고, 잘 생각하고, 잘 분별하는' 것이다.

폐간비신의 네 장부가 어떻게 하여 신기혈정의 원기를 확충하는가? 깊이 행行을 함으로써 신기혈정의 원기를 확충한다. 이에 대해『동의수세보원』「장부론」은 다음과 같이 말한다.

폐는 반드시 잘 배워야 하고, 비장은 반드시 잘 물어야 하며, 간은 반드시 잘 생각해야 하고, 신장은 반드시 잘 분별해야 한다. 폐간비신의 쓰임이 바르고 곧게 어울리면 정신기혈의 원기가 가득 차고[津液膏油 充也], 치우치거나 기울거나 지나치거나 모자라면 원기가 녹아버릴 것이다[津液膏油 爍也].

행行을 통하여 신기혈정의 원기가 확충되는 과정은 앞서 살펴본 '지知와 신기혈정'에서와 유사하다. 그리고 이와 같은 과정은 식품의 섭생 과정을 통하여 장부에 영양을 공급하는 원리와도 유사하다.

아래의『동의수세보원』은 행行을 통하여 신기혈정의 원기가 확충되는 과정을 보여준다.[38]

신장은 사무에 숙련되고 통달하는 슬픈 (분별하는) 힘으로 이해의 맑은 것[神]을 빨아내어 신장에 넣어줌으로써 신장의 원기를 더해준다.

폐는 당여에 숙련되고 통달하는 기쁜 (배우는) 힘으로 막해의 맑은 것[氣]을 빨아내어 폐에 넣어줌으로써 폐의 원기를 더해준다.

간은 교우에 숙련되고 통달하는 노한 (생각하는) 힘으로 혈해의 맑은 것[血]을 빨아내어 간에 넣어줌으로써 간의 원기를 더해준다.

비장은 거처에 숙련되고 통달하는 즐거운 (묻는) 힘으로 정해의 맑은 것[精]을 빨아내어 비장에 넣어줌으로써 비장의 원기를 더해준다.

신기혈정의 원기를 확충하는 원리는 '지知와 신기혈정'에 나오는 감각기관으로 지를 행하여 신기혈정을 확충하는 것과 같은 개념이다. 여기는 감정으로 행을 행하여 신기혈정의 원기를 확충하는 원리에 대한 것이다. 예를 들어, 사무에 숙련되고 통달하는 기운은 슬픈 분별의 기운이고, 슬픈 분별의 기운은 신장의 원기를 확충한다.

이러한 논리로 감정과 행 및 신폐간비와 신기혈정의 원기는 밀접한 관련이 있다. 이를 정리하면 다음과 같다. 즉,

– 신장의 원기를 확충하는 것은 슬픈 분별의 힘으로 사무를 행하는 것이다.

---

38) 아래 문장에서 두 번째 문장과 세 번째 문장을 사심신물의 순서가 되도록 바꾸었고, 신기혈정과 신폐간비가 서로 통하도록 수정하였다. 원문은 부록 A.5에 수록했다. 여기서 막해膜海와 기氣, 혈해血海와 혈血, 정해精海와 정精, 그리고 이해泥海와 신神도 서로 통하는 것을 기준으로 동무의 착오를 수정하였다.

- 폐의 원기를 확충하는 것은 기쁜 배움의 힘으로 당여를 행하는 것이다.
- 간의 원기를 확충하는 것은 노한 생각의 힘으로 교우를 행하는 것이다.
- 비장의 원기를 확충하는 것은 즐거운 물음의 힘으로 거처를 행하는 것이다.

사상인은 행行을 통하여 장부의 원기를 확충하는데, 표 3.5에 정리하였다.

표 3.5 사상인에 따른 행의 일과 원기의 확충

태극	심			
양의	심		신	
사상	사	심	신	물
사상인	소음인	태양인	태음인	소양인
일하는 장부	비장	신장	폐	간
미약한 감정	즐거운 힘	슬픈 힘	기쁜 힘	노하는 힘
행의 일	거처	사무	당여	교우
원기의 장부	비장	신장	폐	간

이상으로 전체적인 시각에서 지행을 본다면, 지행을 깊이 하는 것은 수양법과 같다. 깊은 지행을 함으로써 신기혈정의 원기와 신폐간비의 원기를 확충하는 데, 깊은 행은 신폐간비의 원기를 확충하여 호연지기浩然之氣를 확충하고, 깊은 지知는 신기혈정의 원기를 확충하여 호연지리浩然之理를 확충한다.

3.2.3 사심과 박통의 관계

『동의수세보원』에는 경험의 지를 행기지行其知라고 하고, 경험의 행을 행기행行其行이라고 한다. 여기서 '지를 행한다[行其知]'는 것은 경험으로 앎을 체득한다는 뜻이고, '행을 행한다[行其知]'는 것은 경험으로 행을 체득한다는 뜻이다. 따라서 행기지는 성정으로 아는 지가 아니라, 경험으로 앎을 체득하는 경험의 지이다.[39]

이제 박통博通이라고 하는 경험의 지에 대하여 살펴본다. 경험의 지는 아래처럼 네 가지가 있는데, 이들은 원문의 순서를 수정하여 사심신물의 순서를 따르도록 하였다.

> 턱에는 주책籌策이 있고, 배꼽에는 행검行檢이 있으며,
> 가슴에는 경륜經綸이 있고, 배에는 도량度量이 있다.

여기서 태양인의 자랑하는 마음[伐心]과 소양인의 과장하는 마음[夸心]은 밖으로 향하는 양의 기운이고, 소음인의 우쭐하는 마음[矜心]과 태음인의 교만한 마음[驕心]은 안으로 향하는 음의 기운이다. 태양인은 행검을 다른 이에게 자랑하려는 조급한 마음을 극복하여야 언제나 마음이 고요하여 바른 행검을 얻고, 소양인은 다른 이에게 과장하려는 마음을 버려야 경험을 통하여 도량을 얻는다는 뜻이다. 또한 소음인은 스스로 대견하게 생각하는 우쭐하는 마음을 버려야 한쪽으로 기울어지지 않는 주책이 세워지고,

---

39)『이제마의 성명론과 사상의 구조』, 배영순, 2008

태음인은 자신을 높이고 남을 무시하는 교만한 마음을 버려야 경험을 통하여 경륜이 세워진다는 뜻이다.

한편 위에 나오는 용어는 익숙하지 않기 때문에 『격치고』 「유략」편을 인용하며, 앞에서 살펴본 바와 같이 사심신물이 지니는 사물의 본성은 차례로 지智, 의義, 예禮, 인仁에 해당하기 때문에 주책籌策과 행검行檢을 이해할 수 있다.

　　변화를 저울질하는[權變][40] 마음이 옳고 그름을 분별하는 시작이다.
　　점잖고 바른[行檢] 마음이 잘못을 부끄러워하는 시작이다.
　　존중하고 따르는[器率] 마음이 공경하는 시작이다.
　　거처를 아껴 만드는[作處] 마음이 불쌍히 여기는 시작이다.

여기서 주책은 이해를 저울질하는 뜻이 있어서 변화를 저울질하는 권변과 뜻이 통한다. 행검은 점잖고 바르다는 뜻이다. 경륜은 뜻을 세우고 일을 꾀하는 뜻이 있어서 결과적으로 공경하는 마음인 기술과 뜻이 같다. 도량은 아껴 만드는 작처와 통하여 너그러운 마음이라는 뜻으로 본다.

이렇게 보면 소음인의 장점은 주책에 있고 태음인의 장점은 경륜에 있는데 모두 지성적인 측면에서의 경험의 지를 말하지만, 이 둘에도 차이가

---

40) 소강절은 『황극경세서』에서 권에 대해 말한다.

　　권權은 무게를 고르게 하는 것이다. 성인이 권權을 사용할 때 그 무게를 헤아려 쓰기 때문에 그 마땅함에 들어맞는다. 그러므로 가운데를 잡았더라도[執中] 권權이 없으면 오히려 한쪽으로 치우치게 된다. … 권權은 한 몸에 있으면 한 몸의 권權이 되고 한 고을에 있으면 한 고을의 권權이 되며 천하에 이르러서는 천하의 권權이 된다. 쓰임이 비록 다르더라도 권權은 하나이다.

있다면 주책은 주로 지知에 관한 것이고 경륜은 주로 사고[思]에 관한 것이다. 태양인의 장점은 행검에 있고 소양인의 장점은 도량에 있는데 모두 감성적인 측면에서의 경험의 지를 말하지만, 이 둘에도 차이가 있다면 행검은 바르고 고요한 마음에 중점을 둔다면 도량은 이해하고 베푸는 행에 중점을 둔다.

경험의 지는 경험으로 얻은 지혜의 마음이 작용하여 아는 것이다. 주책은 경험을 축적하여 구체적인 일을 분석하는 능력이므로 지가 작용한다. 행검은 경험을 축적하여 기운의 흐름을 보는 능력이므로 의가 작용한다. 경륜은 경험을 축적하여 자신 있게 일하는 능력이므로 예가 작용한다. 도량은 경험을 축적하여 넓은 마음으로 남을 대하는 능력이므로 인이 작용한다.

사상인이 행하는 지와 경험의 지는 어떠한 관계에 있는가? 예를 들어, 태양인이 널리 통달하는 일은 천시를 듣는 것인데, 이는 지적인 정신활동에 해당한다. 그렇다면 태양인이 지적인 경험을 통하여 얻는 것은 경험의 지에 속하는 주책인가 아니면 행검인가? 태양인은 선천적으로 의가 풍부하기 때문에 지적인 경험을 통하여 확충되는 것은 행검이 될 것이다. 태양인은 천시를 보는 경험을 통하여 바르고 고요한 마음인 행검이 더 깊어지기 때문이다.

– (지智에 속하는) 천시를 통하여 태양인은 (의에 속하는) 행검이 확충된다.
– (의義에 속하는) 인륜을 통하여 태음인은 (예에 속하는) 경륜이 확충된다.
– (예禮에 속하는) 세회를 통하여 소양인은 (인에 속하는) 도량이 확충된다.
– (인仁에 속하는) 지방을 통하여 소음인은 (지에 속하는) 주책이 확충된다.

3.2.4 태심과 독행의 관계

경험의 지에 이어 경험의 행이 되는 독행獨行에 대하여 살펴본다. 경험의 지에서와 마찬가지로 '행을 행한다[行其行]'는 성정으로 행하는 것이 아니라 경험으로 행을 체득하는 것이다. 아무리 배워 얻은 앎이 많다고 해도 구체적인 경험으로 행하지 않으면 경험의 행이 안 된다. 경험의 행은 보편적 앎이나 널리 통달하는 경험의 지와 달리, 특수한 조건에서 경험할 수밖에 없기 때문에 독행이라는 개념을 쓰고 있다.

독행인 경험의 행은 게으른 마음인 태심怠心을 극복하여야 얻는다. 태심은 경험의 행을 행하려할 때 이에 거스르는 감정이다. 태심을 극복한 마음으로 얻는 식견識見, 방략方略, 위의威儀, 재간材幹은 경험의 지와 마찬가지로 문견지에서 나오는 행이다.

아래는 경험의 행을 네 분야로 나눈 것이다. 이들의 순서는 사심신물의 순서에 따라 원문의 순서를 수정한 것이다[41].

머리에는 식견이 있고, 허리에는 방략이 있으며,
어깨에는 위의가 있고, 엉덩이에는 재간이 있다.

여기서 태양인은 쉽게 훔치려 하는 조급한 마음을 극복하여야 방략을 얻으며, 소양인은 경험을 통하여 교훈을 배우려는 마음을 게을리 하지 말아

---

41) 동무는 독행에 대해 「성명론」과 「확충론」에서 서로 다르게 기술하는데, 여기서는 「확충론」을 택한다.

야 재간을 얻는다는 뜻이다. 또한 소음인은 남들의 식견을 쉽게 이용하려는 마음을 버려야 진정한 나의 식견이 나오며, 태음인은 자신의 경험을 높이고 남에게 보여주려는 사치스런 마음을 버려야 비로소 위의가 생긴다는 뜻이다.

그리고 소음인의 식견과 태음인의 위의는 모두 내향적인 몸에 배인 기운을 말하고, 태양인의 방략과 소양인의 재간은 모두 외향적인 몸에 배인 기운을 말한다. 식견은 학식과 견문을 뜻하므로 일을 전체적으로 보는 눈에 속하여 사심신물 중에서 처음인 사事에 속하며 소음인에 해당한다. 위의는 예법에 맞고 외경할 만한 거동에 관한 것이므로 신身에 속하며, 태음인의 묵직한 거동을 닮아 있다. 그리고 방략과 재간은 모두 일을 해나가는 방법에 관한 것인데, 이 중 재간은 직감直感에 관한 것이라면, 방략은 직관에 관한 것이다. 따라서 재간은 전략적 사고보다 재능에 기인하는 순발력에 가까우므로 소양인에 해당한다. 방략은 중요한 순간에서의 전략적인 사고를 필요로 하므로 태양인에 해당하는 능력이다.

경험의 행은 성정으로 보면 감정의 힘이 작용하여 얻은 것이다. 식견은 사물을 분별하여 전체적 사무에 통달할 수 있는 능력으로 슬픈 감정이 작용하여 얻은 것이다. 방략은 일의 흐름에 따라 전략적으로 임기응변하여 거처의 일상생활을 안정시킬 수 있는 능력으로 기쁜 감정이 작용하여 얻은 것이다. 위의는 위엄 있는 용모와 예법을 자신 있게 표현하여 당여의 질서를 바르게 세울 수 있는 능력으로 노함의 감정이 작용하여 얻은 것이다. 재간은 교우交遇할 때의 문제들을 직감적 재치로 순발력 있게 처리할 수 있는 능력으로 즐거움의 감정이 작용하여 얻은 것이다. 이러한 것들은 모두 경험이 축적되어야만 가능하므로 식견, 방략, 위의, 재간은 차례로 이러한 경험을 축적한 소음인, 태양인, 태음인, 소양인의 능력이 된다.

사상인이 행하는 행과 경험의 행은 어떠한 관계에 있는가? 예를 들어, 태양인이 널리 통하는 일은 사무인데, 이는 지적인 행동에 해당한다. 태양인이 지적인 행동을 통하여 얻는 것은 무엇인가? 경험의 행에 속하는 식견인가 아니면 방략인가? 태양인은 선천적으로 기쁨의 감정이 풍부하기 때문에 지적인 행동을 통하여 일의 흐름에 따라 전략적으로 임기응변하는 능력인 방략이 확충되는 것으로 본다.

- (슬픔에 속하는) 사무를 통하여 태양인은 (기쁨에 속하는) 방략이 확충된다.
- (기쁨에 속하는) 당여를 통하여 태음인은 (노함에 속하는) 위의가 확충된다.
- (노함에 속하는) 교우를 통하여 소양인은 (즐거움에 속하는) 재간이 확충된다.
- (즐거움에 속하는) 거처를 통하여 소음인은 (슬픔에 속하는) 식견이 확충된다.

3.3 사상인의 지행론 고찰

사람은 누구나 하나의 체질로 태어나 살게 되지만 하나의 체질에만 머물러 사는 것은 바람직하지 않다. 사람은 하나의 체질에서 벗어나 다른 체질의 장점을 받아들이면서 조화로운 삶을 살아야 발전한다. 사상의학의 수양론은 자신의 체질에 머무르면서 생기는 한계를 벗어나기 위한 것이다.

사상인은 체형이나 성격, 병증 등을 통해서도 구별될 수 있지만, 지행적 특성을 통해서도 미루어 짐작할 수 있다. 여기서는 『삼국지』에 나오는 인물들을 통하여 사상인의 특성을 살펴본다. 시중에는 관우를 태양인으로 보거나 제갈량을 태양인으로 보기도 하고 유비를 소음인으로 보기도 하는데, 본서는 역사의 기록을 살펴서 논한다.

사상의학의 지행론은 매우 복잡하나 이를 자세히 살펴보면 매우 흥미 있는 사실을 알 수 있다. 건강에 도움이 되는 지행과 건강에 해가 되는 지행이 있으며, 자신의 풍부한 성정이 이끄는 대로가 아니라 자신의 미약한 성정이 이끄는 대로 가는 것이 즐겁고 행복하며 일의 성과도 좋다는 것이다.

이와 같은 통찰은 『노자』에서도 찾아볼 수 있는데, 노자는 "하늘의 도는 부드럽고 약함을 귀히 여긴다.[天道貴弱]"라고 하여 부드럽고 미약한 심성을 강조하며, 또한 "마음이 억지로 기를 부리는 것이 강강함이다.[心使氣曰強]"라 하여 강함은 도道에 어긋난다고 한다.

이 외에도 본서는 지행론을 이기법理氣法의 도움을 받아 이해한다. 예를 들어 태양인은 천시에 널리 통달하는 것으로 알려져 있는데, 이는 기가 풍부한 태양인은 지성이라는 리가 부족하므로 천시라는 리가 태양인을 보하고 활성화시키기 때문이다.

3.3.1 지행론으로 보는 삼국지의 인물들

시중에는 사상인을 대표하는 예로 『삼국지연의三國志演義』에 나오는 인물을 많이 들고 있다. 본서는 사마광(司馬光, 1019~1086)의 『자치통감資治通

鑑』을 참고하여 장비를 대표적 소양인으로, 관우를 대표적 태음인으로, 조조를 대표적 태양인으로, 제갈량을 대표적 소음인으로 들었다. 그리고 유비는 태음인에 속하지만, 심心이 강한 심 체질이며, 본서에서 말하는 태음심인太陰心人으로 분류했다.

대부분의 사상의학은 사상인의 성격을 중시하지만, 여기서는 주로 심성과 관련한 성격을 살폈다. 각 인물들의 심성을 관찰해보면, 장비는 불의 때문에 고통 받는 백성들을 널리 구하려는 용기가 빼어나고, 관우는 충의를 뚜렷하게 세우고 어떠한 난관에도 의심 없이 행한 점이 탁월하며, 조조는 인재를 아낄 뿐 아니라 발탁하는 용인술用人術이 빼어나고, 제갈량은 지혜가 신출귀몰하며, 유비는 성심誠心이 지극하다. 특히 유비의 성심은 역사상에서 찾아보기 어려운 지도자의 마음이다.

□ 용기의 장비와 신의의 관우

『삼국지』에 나오는 장비張飛와 관우關羽는 모두 의義를 중시하는 장군인데, 장비는 용기로써 의를 행했고 관우는 신의로써 의를 행했다[42]. 장비와 관우는 각각 대표적인 소양인과 태음인으로,『자치통감』은 두 인물의 성격을 이렇게 간략하게 기술하고 있다.

장비는 웅장하고 위엄이 있으며, 용맹스럽기가 관우의 다음이었다. 관우는 졸병들을 아주 잘 대해주었지만 사대부들에게는 교만하였다. 장비는 군

---

42) 사상의학의 지행론을 따르면, 장비는 예로써 세회를 행했고 관우는 의로써 인륜을 행했다.

자를 아끼고 예로써 대해주었으나, 군인들을 아끼지는 않았다.

장비는 성격이 호쾌하여 생각과 행동이 일치하는 소양인이었다. 소양인은 외향적이고 즐거움이 풍부하여 세회에 널리 통달한다. 이 때문에 『자치통감』은 그를 외부 인사인 군자를 잘 대해주는 성격으로 기록하고 있다. 그러나 장비는 안으로 부하들을 잘 대해주지 않았는데, 소양인은 외향적이어서 밖의 문제는 중시하고 안의 문제는 경시하기 때문이다. 소양인은 대내 문제인 거처에 널리 통달하지 못하여 아랫사람들이 그를 잘 따르지 않는 경우에는 촉급한 슬픔이 발동한다. 장비는 술고래여서 슬픔에 쌓이면 술에 만취해서 부하들을 함부로 대하는 버릇이 있었다.

관우는 강한 긍지와 위엄을 지니고 의를 목숨보다 귀히 여기는 강직한 태음인이었다. 태음인은 자제력이 풍부하고 감성적인 일에 속하는 인륜에 밝다. 관우는 이와 같이 위로는 의기가 투합하는 유비를 충심으로 따르고 아래로는 신의로 따르는 부하들은 잘 거느렸다. 그러나 관우는 내향적이어서 교우를 가볍게 여겼으므로 밖으로 그와 뜻이 같지 않은 사대부에게는 위의로써 대처했다. 특히 오나라의 선비들을 모욕해 결국 국가의 대사를 그르치는 어리석음을 범했다.

□ 치인의 조조와 안인의 제갈량

『자치통감』은 또한 태양인 조조曹操와 소음인 제갈량諸葛亮의 용인用人에 대하여 기술한다. 먼저 조조를 보자.

조조는 사람됨을 알아보고 살펴보기를 잘하여 거짓으로 현혹시키기가 어려웠다. 기이한 재주를 가진 자를 알아서 발탁하였고, 미천함 신분에도 구애받지 않고 능력에 따라 일을 맡겼으므로 모든 사람이 그에게 기용되었다. 적과 대진할 때도 뜻하는 것과 생각하는 것이 편안하고 한가로워 마치 싸울 의욕이 없는 것처럼 보였지만, 기회를 결정하고 이길 기세를 타면 그 기세가 차고 넘쳤다. 또한 법률을 시행함에 있어서는 준엄하고 신속하였으며, 범법을 하면 반드시 주륙하였는데, 혹 그런 자를 마주하고 눈물을 흘릴 수는 있었지만 끝내 사면하는 일은 없었다. 고아한 성품에 절약하고 검소하며 화려함을 좋아하지 않았다. 그러므로 여러 영웅들을 무찔러서 중원을 거의 평정하였다.

조조는 태양인으로 천시에 밝았는데 이는 복잡한 일을 직관력으로 본다는 뜻이다. 그는 사람을 알아보는 눈이 정확하고 또한 적재적소에 기용하는 용인用人의 달인이었다. 그는 전쟁과 같은 대사를 앞두고도 조금도 불안하지 않았으므로 큰일일수록 마음이 평온해지는 행검을 얻었으며, 천시에 밝은 만큼 정세를 보는 눈도 넓었지만 이에 대응하는 방략도 많았다. 태양인은 임기응변에 능하다. 조조는 이론에 치우치는 한계를 수많은 실전 경험을 통하여 극복하였다. 또한 인재를 고를 때 그의 능력을 한 눈에 알아보았다. 그러나 그는 수많은 업적을 쌓았음에도 사람들로부터 존경을 받기 보다는 두려움의 대상이 되었는데, 그것은 그가 사람을 믿지 않고 사람의 능력을 믿었기 때문이다. 그래서 "조조는 난세亂世를 평정할 영웅은 될 수 있어도 치세治世에서 공을 세우는 충신은 되지 못한다."는 말이 나왔다. 그는 치인治人으로 부하들과 백성들을 다스렸으나 그의 치인은 신상필벌의 법치에 머무른 것이어서 정치를 하는 데 있어 백성을 편하게 하는 공자의 안인安人에는 크게 미치지 못했다.

다음은 제갈량에 대한 『자치통감』의 기록이다.

제갈량은 재상이 되어 백성을 어루만졌고, 예의와 법도를 보여줬으며, 관직을 간략히 하였고, 때에 맞는 제도를 따랐으며, 성심으로 공도를 펼쳤다. 충성을 다하여 나라에 보탬이 된 자는 원수라 하더라도 상을 주었고, 법을 어기고 태만한 자는 친족이라도 반드시 벌하였다. 죄를 인정하여 실토한 자는 비록 중죄라도 풀어주었으나, 헛된 말로 교묘히 꾸며대는 자는 비록 가벼운 죄라도 반드시 죽였다. 선행이 작다하여 상을 주지 않는 일이 없었고, 악행이 작다 하여 문책하지 않은 일이 없었다. 여러 일을 정밀하게 익혔고, 사물의 근본 이치를 터득했다. 명분을 따르되 실질을 취했으며, 허황하고 거짓된 것은 가까이 하지 않았다. 마침내 나라 안의 모든 이가 그를 두려워하면서도 사랑했고 비록 형벌이 준엄했으나 원망하는 자가 없었으니, 이는 그 마음씨가 공평하며 권하고 경계하는 것이 분명했기 때문이다. 가히 다스림을 아는 자로 관중管仲과 소하蕭何에 버금가는 뛰어난 사람이었다.

제갈량은 기이한 능력을 갖췄지만 평이한 것을 추구하였는데, 백성들의 안정된 삶을 위해 지극히 공평한 정치를 했다. 촉나라는 법이 엄격했지만 법을 집행할 때 법의 존재 이유와 사람들의 마음까지 헤아려 운용하였는데, 이것이 안인安人이다. 이와 같은 안인은 법조문 그대로 집행하는 법가 사상과는 다르다. 이런 점에서 제갈량은 조조와 다르다. 조조는 용인의 달인이자 치인治人으로 백성을 다스렸지만, 제갈량은 백성을 다스리는 것이 아니라 백성과 교감하면서 그들을 편안하게 하고 교화했다. 그러나 세상에는 교화하기 어려운 자도 있는데, 죄를 뉘우치지 않고 '헛된 말로 교묘히 꾸며대는 자'이다. 제갈량은 그러한 자는 비록 죄가 가벼워도 반드시 죽였는데, 이 역시 안인에 속한다. 위정자를 위해서가 아니고 백성들이 받는 괴로움을 덜기 위해서였다. 그러나 다른 한편으로 군사와 정치 및 이론과 실무 모두에 걸쳐 거의 완벽했던 제갈량도 부하를 다스리는 용인用人에서는 두어 차례 정실에 치우치는 어리석음을 범했다. 이런 점이 정실에 치우치지 않는 태양인 조조와는 달랐다. 이 점이 제갈량의 체질을 논할 때 태양인이 아니라고 보는 이유이다.

□ 성심의 유비

사마광은 유비劉備에 대해서는 평론을 별도로 남기지 않았는데, 다음은 『삼국지』에서 진수陳壽가 유비에 대해 쓴 글이다. 유비도 관우처럼 태음인으로서 훌륭한 군주가 되었지만 특이하게 인품이 뛰어나고 신하의 능력 보다 인의仁義를 더 중시하는 성군聖君의 기품을 지녔다. 젊어서는 계속 실패만 하다가 사마휘를 만나면서 현실 경영에 눈을 뜨고 다행히 불세출의 인재인 제갈량의 도움을 받게 되었다. 그 후로는 돛을 단 배처럼 순조롭게 나아가서 마침내 한 나라의 군주의 자리까지 올랐으며, 후대 사람들에게서 가장 사랑을 많이 받는 지도자가 되었다.

유비는 도량이 넓고 의지가 강하며 마음이 너그러웠으며, 인물을 알아보고 선비를 예우했다. 그는 한고조의 풍모를 갖고 있어 영웅의 그릇이었다. 그가 모든 국가와 태자를 보좌하는 일을 제갈량에게 부탁하면서 마음으로 의심이 없었던 것은, 확실히 군주의 지극한 공심이며 고금을 통해 가장 훌륭한 모범이었다. 그러나 유비는 임기응변의 재간과 책략이 조조에 미치지 못했기 때문에 국토 또한 협소했다.

유비는 군주로서 넓은 도량과 인의가 통하는 나라를 만들려는 불굴의 의

지를 지녔다. 임기응변의 지략과 책략은 부족했지만 이를 상쇄하고도 남는 것이 널리 백성을 사랑하고 치국평천하治國平天下의 큰 뜻을 품고 실천해나 간 것이다. 유비는 아무런 기반 없이 시작하여 수십 년의 고초와 수많은 난 관을 넘어 황제에 까지 오른 전설적인 인물인데, 사람들이 좋아하는 것은 그가 성심誠心을 다했다는 점이다. 서주와 신야의 방백이 되어 백성들의 마음을 헤아려 다스렸다. 많은 부하들이 그를 충심으로 따른 것은 능력과 상관없이 그들을 성심으로 대했기 때문이다. 유비의 이와 같은 인본주의적 정치관은 당시 다른 지방 영주들에게서는 찾아볼 수 없고, 조조나 손권과 비교하여도 빼어났던 것으로 평가된다. 제갈량이 촉에서 인본주의 정치를 할 수 있었던 것도 그의 군주였던 유비의 심성이 그러했기 때문이다.

3.3.2 지행론의 통찰

사상의학의 지행론은 매우 복잡하나 이를 자세히 살펴보면, 매우 중요한 사실을 얻을 수 있다. 건강에 도움이 되는 지행과 건강에 해가 되는 지행이 있으며, 자신의 풍부한 성정이 이끄는 대로가 아니라 자신의 미약한 성정이 이끄는 대로 사는 것이 즐겁고 행복하며 일의 성과도 좋다는 것이다.

세상에는 강한 성정으로 지행을 하는 것과 부드럽고 약한 성정으로 지행을 하는 것 둘이 있다. 그러나 상식과 달리 굳세고 강한 성정으로 지행을 하는 것은 몸에 해로우나, 부드럽고 약한 성정으로 지행을 하는 것은 몸에 이롭다.

□ 쉽게 이해하는 지행론

사상의학에서 지행론이 차지하는 비중은 매우 크다. 그러나 지행론은 매우 난해한 용어로 표현되어 있어 일반인이 이해하기 어렵다. 지행론의 개요를 이해하기 쉽도록 쉽게 적어본다.

지행론에는 지행의 주체가 있고 지행의 일이 있는데, 지행의 주체는 사상인의 성정이고 지행의 일은 천기와 인사이다. 천기의 세부 일에는 천시, 인륜, 세회, 지방이 있다. 그리고 인사의 세부 일에는 사무, 당여, 교우, 거처가 있다. '천시 인륜 세회 지방'은 사상의학에 나오는 전문용어이나 여기서는 개요와 용어를 이해하기 쉽도록 설명했다.

지방은 경제에 관한 기술적인 일이며, 세회는 사회적인 관계의 일이고, 인륜은 공동체에 관한 문화적인 일이며 그리고 천시는 정치적인 일이다.

- 지방地方은 사람의 경제적인 생활을 위해 필요한 기술적인 일이다.
- 세회世會는 경제적인 일을 처리하기 위해 사회적인 관계의 모임이 필요한데 이들을 통솔하는 사회적인 관계의 일이다.
- 인륜人倫은 사람들이 모여 사는 사회적인 관계의 모임을 위해 사람의 성정을 보존하는 인간적인 윤리이고 공동체에 관한 문화적인 일이다.
- 천시天時는 경제, 사회, 문화 등 모든 일들이 잘 흘러가도록 관리하는 일이고 전체적인 흐름 속에서 세부 일을 처리하는 정치적인 일이다.

사상인의 지행론에서 사상인은 자신의 부족한 성정을 보하는 지행의 일에 널리 통달하는 것으로 나오는데, 사상인이 지니는 성정과 외부 환경을 인지하는 방법을 간단히 요약한다.

- 소음인은 안으로 사유하여 알고 내적 경험을 연결하여 분별하고 추론하는 능력이 우월하다. 소음인은 구체적으로 살아가는 환경 속에서의 방책이나 기술에 관한 지방에 잘 통달한다.
- 태양인은 외부와 교감하여 알고 내적 경험을 연결하여 통찰하고 직관하는 능력이 우월하다. 태양인은 세상이나 일의 흐름에 관한 천시에 잘 통달한다.
- 태음인은 현실과 경험을 연결하여 분석하고 추론하여 알고 합리적으로 행하는 능력이 우월하다. 태음인은 바르고 친밀한 인간적인 관계에 속하는 인륜에 잘 통달한다.
- 소양인은 외부와 교감하여 느낌으로 알고 직감으로 행하는 능력이 우월하다. 소양인은 널리 사회적으로 만나는 인간관계에 속하는 세회에 잘 통달한다.

사상인이 널리 통달하는 지행은 자신의 부족한 성정을 채울 수 있는 분야이나, 사상인이 널리 통달하는 못하는 지행은 자신의 풍부한 성정과 같은 분야이다.

□ 미약한 성정의 지행

사상의학에 따르면 만병의 간접적인 원인은 감정의 치우침이지만 직접적 원인은 촉급한 감정이다. 사상인이 촉급한 감정을 발하는 때는 결국 자신의 풍부한 성정에 해당하는 行의 일을 하는 때인데, 이를 방지하기 위해 사상인은 行의 일을 할 때 '삼가고 중하게 여기는' 마음으로 행해야 한다.

본서는 미약한 성정으로 자신의 부족한 성정을 보補하는 지행의 예시로 제갈량을 든다. 제갈량은 소음인이다. 소음인은 인仁과 즐거움이 부족하여, 지방과 거처를 행하는 것이 인仁과 즐거움을 보補한다.

제갈량은 촉나라의 승상이 되어 백성들의 마음까지 살피는 안인의 정치를 하였다. 이를 진수는 "충성을 다하고 나라에 보탬이 된 자는 원수라 하더라도 상을 주었고, 법을 어기고 태만한 자는 친족이라도 반드시 벌하였다. … 여러 일을 정밀하게 익혔고, 사물의 근본이치를 터득했다. 명분을 따르되 실질을 취했으며, 허황하고 거짓된 것은 가까이 하지 않았다."라고 기록한다.

제갈량이 미약한 성정으로 지행을 하였다고 보는 것은 그가 법도의 정신에 어긋나지 않으면서 백성들의 마음을 살피는 안인의 정치를 했기 때문이다. 안인安人은 공자가 말한 수기안인修己安人에서 나온 말로, 나를 닦아 백성들을 평안하게 하여 백성들이 스스로 따라오도록 다스리는 정치이다. 이에 비하여 치인治人은 본래 『중용』에 나오는 말로 백성을 다스린다는 뜻이지만 일반적으로는 규범이나 법을 따라 집행하는 정치를 뜻한다.

그러나 제갈량과 동시대를 살았던 조조는 지행의 성과는 뛰어났을지 몰라도, 그것은 도덕성이 있는 성정에서 나오는 지행이 아니라 풍부한 경험에서 나오는 지행이었다. 조조는 태양인으로 많은 능력을 보였는데, 특히 사람됨을 알아보고 신분의 귀천에 관계없이 등용했으며 등용한 뒤에는 그를 살펴보기를 잘했고, 전쟁에 임해서는 기회를 포착하는 데 능했다.

그러나 『삼국지』의 저자 진수는 조조를 책략으로 나라를 얻었다고 다음과 같이 기록하였다. "조조는 책략을 이용하고 계략을 세워 무력으로써 천하를 정복하였다. … 마침내 국가의 권력을 완전히 장악하고 대업을 완성

할 수 있었던 것은 오로지 그의 명석한 책략이 다른 사람에 비해 가장 우수했기 때문이었다."

위 두 예시에서 알 수 있듯이 조조는 사람의 재능과 기세를 알아보고 이를 잘 활용하는 능력이 뛰어난 사람이었다. 그러나 그가 정치가로서 백성을 교화하는 덕치德治를 하지 않았다는 점에서, 그는 덕성지德性知에 의한 지행을 한 것이 아니라 문견지聞見知에 의한 경험의 지행을 한 것에 불과하다. 『동의수세보원』에서 조조를 "비록 뛰어나더라도 간교하여 가르칠 수가 없다."고 한 것은 문견지보다 덕성지를 중시했기 때문이다.

노자는 "하늘의 도는 부드럽고 약함을 귀하게 여긴다.[天道貴弱]"고 하여 미약한 힘을 존숭하고, "마음이 억지로 기를 부리는 것이 강함이다.[心使氣曰强]"고 하여 강함을 경계하였다. 데이비드 호킨스는 그의 저서 『의식혁명』에서 자연계와 사회계에 존재하는 두 힘으로 잠재력power과 물리력force을 든다. 잠재력은 눈에는 보이지 않지만 생명을 흥하게 하는 긍정적인 힘을, 이에 대응하는 개념인 물리력은 생명을 쇠하게 하는 부정적인 힘을 가리킨다. 그러므로 잠재력과 물리력은 본서의 미약한 힘과 강한 힘에 해당한다.

본서는 미약한 힘과 강한 힘을 분별하여, 미약한 힘은 덕성지에서 나오는 힘이고 강한 힘은 문견지에서 나오는 힘으로 본다. 그리고 덕성지의 미약한 힘을 사용한 예로 제갈량을, 문견지의 강한 힘을 사용한 예로 조조를 들었다.

□ 생각의 힘과 이기법
사상인의 지행론과 수양론 그리고 심성론을 해석하는 과정에서 여러 번 만나는 것이 이기법理氣法이다.

오링 테스트는 오링의 힘을 계측함으로써 자신에게 도움이 되는 것을 알아내는데, 첫 번째는 기운으로 아는 것이다. 여기에는 일반 식품이나, 방위 또는 색깔 등이 있다. 두 번째는 기운의 성정으로 아는 것이다. 여기에는 진실한 말과 긍정적인 말 및 사랑이 담긴 말을 들 수 있다. 전자는 기氣에 속하고, 후자는 리理에 속한다. 이것은 자연이 기운과 성정으로 이루어져 있음을 뜻하는 것이다.

그러나 사상의학에서 인체의 기운과 통하는 것은 감정이며, 감정에 숨어 있는 것이 본성이다. 따라서 인체의 성정에서 리에 해당하는 것이 인의예지이며, 기에 해당하는 것이 희로애락이다.

일반 사람들은 감정이 분위기와 기운에 이끌려 사는데, 어떻게 하면 감정을 절제하고 본성이 이끄는 감정으로 살겠는가? 『동의수세보원』에는 "고요皐陶가 말했다. '모두가 사람을 아는 데 있으며 백성을 편안하게 하는 데 있다.' 우禹가 말했다. '참으로 그렇지! 다 그렇게 해야 한다. 그것은 요순堯舜도 어렵게 여겼던 것이다.'"라고 한다. 사람을 아는 것을 쉽게 생각하지 않고 깊이 생각하며 또한 백성을 평안하게 하려는 마음을 가지라는 것이다.

지행론에서 중요한 관찰이 사상인이 알고 행하는 지행이다. 지행을 리와 기를 나누어 살펴볼 수 있는데, 지를 행하는 본성은 리에 해당하고, 행을 하는 감정은 기에 해당한다. 지는 행의 상위 개념이기 때문이다.

사상인의 성정을 이기법으로 본다. 양인의 성정인 감성과 감정 그리고 음인의 성정인 지성과 이성에서도 리와 기로 나누어 본다. 동양학에서 기는 감성으로 통하고 감정으로 행하며, 리는 지성으로 알고 이성으로 행한다.

사물을 받아들이는 감응력인 감성은 기에 속하며, 천시는 외부 환경의 머리에 해당하는 개념으로 리에 속한다. 기가 풍부한 태양인은 지성이라는 리가 부족하기 때문에 천시라는 리가 태양인을 보補하고 활성화시킨다. 따라서 기가 풍부한 양인은 리가 있는 천시에 널리 통달하고, 리가 풍부한 음인은 기가 있는 지행에 널리 통달한다.

사상인의 수양법도 이기법으로 나누어 볼 수 있다. 사상인의 수양법에는 둘이 있는데, 하나는 감정 치유이고 다른 하나는 마음 치유이다. 감정 치유는 기를 순조롭게 순환시키는 호연지기에 속하고, 마음 치유는 마음속의 상처를 치유하여 본래의 리로 돌아가는 호연지리에 속한다. 이는 사상인의 수양도 이기법으로 조화를 이뤄야 한다는 것이다. 『동의수세보원』에도 "호연지기는 폐간비신에서 나오고 호연지리는 마음에서 나온다. 희로애락[43] 등 네 장부의 기운을 넓히고 채우면 호연지기가 여기서 나오고, 비박탐라鄙薄貪懶의 심욕을 밝혀 나누면 호연지리가 여기서 나온다."라고 하여 장부에서 나오는 기와 마음에서 나오는 리를 구별하고 있다.

일반적으로 리는 우위에 있고 기는 열등한 것으로 보는 경향이 있다. 그러나 위에서 보듯이 음인과 양인은 리와 기 중에서 하나는 많고 다른 하나는 적기 때문에 자신에게 필요한 것을 취하려는 경향이 있다. 이것은 리와 기는 둘 중의 하나가 우월한 지위에 있는 것이 아니라, 그 둘이 서로 소통하면서 조화로운 상태에 있는 것이 바람직하다는 뜻이다.

---

43) 본문에는 인의예지로 나오나 문맥으로 보면 희로애락이 적절하여 수정하였다.

3.4 사상의학의 수양론

사상의학이 지향하는 것은 치우친 성정을 바로잡는 것이다. 사람이 자연과 교감하면서 조화를 이루고 사회와 화합하며 산다면 질병이 생기지 않지만, 사람들은 사회의 무리한 요구에 부응하거나 자신의 심욕을 채우기 위하여 자연의 순리를 거스르기 때문에 감정이 치우치고 질병이 생긴다.

사상인의 수양론은 『동의수세보원』과 『격치고』를 참고하여, 감정을 다스리는 호연지기 수양법과 심욕을 다스리는 호연지리 수양법으로 나누어 구성하였다. 호연지기 수양법은 성정 중에서 치우친 감정을 바로잡는 것이며, 호연지리 수양법은 사람들로 하여금 심욕으로부터 벗어나 순수하고 텅 빈 마음으로 돌아가게 하는 것이다. 심욕이 다름 아닌 싫어하고 좋아하는 마음이 치우친 것이다.

호연지기는 신폐간비 네 장부에서 나오며, 호연지리는 심心에서 나온다. 희로애락 등 네 장부의 기를 넓히고 채우면 호연지기가 길러지고, 비루하고 천박하고 탐욕스럽고 게으른 마음, 즉 비박탐라鄙薄貪懶의 심욕을 밝게 분별하면 호연지리가 심心에서 나온다.

수양법의 최종 목적은 도덕적 본성을 자각하고 회복하는 것으로, 자의식이 있는 마음에서 본성으로 돌아가는 것이다. 본성은 자의식에서 벗어나 순수하고 텅 빈 마음에 도덕성을 갖춘 것이다.

3.4.1 사상인의 수양법

대부분의 사람들은 감정에 이끌리며 산다. 감정이 이끄는 대로 사는 것이 좋다면 할 수 없으나, 감정이 촉발된 후에 사람들은 대부분 이를 후회한다. 사상인의 수양법은 현재의 마음이 과거의 마음에 이끌리며 사는 것에서 벗어나는 것이다.

먼저 심신을 안정시키고 수양하는 마음가짐으로써 성誠과 경敬을 삼는데, 성은 거짓이 없는 마음이다. 경은 정신을 성인의 말씀에 집중하여 심욕이 정신을 교란하지 못하게 하는 것이다.

사상인이 촉급한 감정으로 지행을 하면 하위 장부가 상하고 허약해지는데, 『동의수세보원』은 이를 아래와 같이 설명한다.[44]

> 잠깐 기뻐하고 곧 기쁨을 거두는 (소음인은) 가슴과 겨드랑이가 넓어졌다 좁혀졌다 하여 폐가 상하기 쉽다.
> 자주 노하고 자주 노함을 참는 (태양인은) 허리와 옆구리가 압박되어 간이 상하기 쉽다.
> 여러 번 즐거움을 얻었다 여러 번 즐거움을 잃는 (태음인은) 등과 목덜미가 눌리고 안정하지 못하여 비장이 상하기 쉽다.
> 갑자기 슬퍼했다가 갑자기 슬픔을 거두는 (소양인은) 등과 허리가 구부러졌다가 펴졌다 하여 신장이 상하기 쉽다.

이와 같이 사상인은 촉급한 감정으로 인하여 하위 장부가 상하기 쉽다. 따라서 사상인의 수양법은 상하고 허약해진 장부의 기운을 회복하고 성정을 바로잡는 것이다. 아래에 요약한다.

---

44) 여기선 소음인이 상하기 쉬운 장부가 비장으로, 태음인이 상하기 쉬운 장부가 폐로 나온다. 그러나 기쁨을 주관하는 장부는 폐로, 즐거움을 주관하는 장부는 비장으로 수정되어야 한다.

첫째, 사상인은 참기 어려운 촉급한 감정이 다르니, 소음인, 태양인, 태음인, 소양인이 참기 어려운 촉급한 감정은 차례로 기쁨, 노함, 즐거움, 슬픔이다.

둘째, 사상인의 수양법은 촉급한 감정으로 인하여 상한 하위 장부의 기운을 회복하는 것이다. 이를 위해서는 『대학』의 8조문 수양법 중에서 하위 성정을 활성화하는 것이 도움이 된다.

사상인의 수양법은 마음에 진정성을 갖춰서 옳고 그름을 가리고 선악을 분별하는 능력을 향상시키는 것이다.

□ 선악과 체질

심욕은 병이 생기는 병인病因이다. 심욕心慾은 다른 것이 아니라 '어진[賢] 이를 시기하고 능能한 이를 미워하는 것'이다. 외부 세계에 선과 악이 공존한다면, 내면에는 순수한 마음과 미워하고 시기하는 마음이 공존한다.

『동의수세보원』은 사람이 나면서부터 선을 좋아하고 악을 싫어한다고 하면서, 이를 음인과 양인의 성정과 관련지어 본다. 참고로 앞에서도 살펴보았지만 음인은 지성과 이성이 풍부하고, 양인은 감성과 감정이 풍부하다.

사람의 귀코눈입은 선을 좋아하는 것이 비길 바 없다.
사람의 폐간비신은 악을 싫어하는 것이 비길 바 없다.

여기서 귀코눈입은 감각기관으로 '있는 그대로 아는' 지성과 통하며, 지성이 풍부한 이는 소음인이다. 그리고 폐간비신은 '교감하여 알고 느낌으로 행하는' 감정과 통하며, 감정이 풍부한 이는 소양인이다.

그러나 특이하게『격치고는』는 선을 좋아할 뿐 아니라 악을 싫어하여 도리道理를 중하게 여기는 이로 백이伯夷를 들고, 선을 좋아하여 현실 문제를 중하게 여기는 이로 유하혜柳下惠를 든다.『맹자孟子』「만장하萬章下」에 나온다. [45]

유하혜는 완고한 임금을 부끄럽게 여기지 않았고 작은 벼슬도 사양하지 않았다. 관직에 나아가면 자신의 현명함을 숨기지 않고 반드시 정도에 따라 일을 처리했다. 군주에게 버림을 받아도 원망하지 않았, 곤궁에 처해도 원망하지 않았고, 무례한 사람과 함께 있어도 스스로 만족하며 차마 떠나지 못했다. … 그러므로 유하혜의 인품을 들은 사람은 감화를 받아 방종한 사람[鄙夫]은 관대해졌고 경박한 사람[薄夫]은 후덕해졌다.

백이는 눈으로 부정한 물건을 보지 않았고 귀로 부정한 소리를 듣지 않았다. 훌륭한 임금이 아니면 섬기지 않았고 훌륭한 백성이 아니면 일을 시키지 않았다. 천하가 바르게 다스려지면 관직에 나아가고 혼란스러우면 관직에서 물러났다. 도리에 어긋나는 정치가 행해지는 나라와 도리에 어긋나는 행위를 하는 백성이 사는 곳에서는 차마 살지 않았다. … 그러므로 백이의 인품을 들은 사람은 감화를 받아 탐욕스런 사람[頑夫]은 청렴해졌고, 나약한 사람[懦夫]은 뜻을 세웠다.

방종하고 경박한 것은 양인陽人에게 생기는 심욕이며, 탐심이 있고 나약한 것은 음인陰人에게 생기는 심욕이다. 따라서 유하혜는 심욕으로 보면 음인이고 현실 문제를 중시하는 것을 보면 이성이 풍부한 태음인이다. 그

---

45)『표준 새번역 사서』, 석동신 역주, 종려나무, 2017

리고 백이는 심욕으로 보면 양인이고 도리를 중시하는 것을 보면 감성이 풍부한 태양인이다. 여기서는 선을 좋아하는 이는 태음인이고, 선을 좋아할 뿐 아니라 악을 싫어하는 이는 태양인으로 나온다.

따라서 본서는 음인은 기운으로 볼 때 안으로 향하므로 선과 악을 이성적으로 분별하고 악을 멀리하지만, 적극적으로 악을 싫어하지는 않으며, 양인은 기운으로 볼 때 밖으로 향하므로 밖으로 악을 싫어하는 행위를 하는 것으로 본다. 결국 선을 좋아하고 악을 싫어하는 것은 모두 행위에 속하기 때문에 감각기관과 장부의 차이에 있기 보다는 음양의 체질과 관련이 있는 것이다.

□ 학문사변과 공자

사상인의 수양론은 사람들이 알고 행하는 것을 중시하는데, 여기에서 학문사변學問思辨이 중요하다. 학문사변은 『중용中庸』의 '널리 배우고 자세히 묻고 신중히 생각하고 밝게 분별하고 돈독하게 행한다[博學之, 審問之, 愼思之, 明辨之, 篤行之]'에서 따온 것이다. 학문사변은 지행을 깊이 하는 방법에 속하는데, 다만 체질에 따라 중시하는 항목이 다르다.

사람은 '배우고 묻고 생각하고 분별하는' 학문사변을 통하여 호연지기를 기른다. 사상의학은 지혜를 갖추고 심성을 수양하는 데 있어 '배우고 묻고 생각하고 분별하는 것'을 중시하는데, 학문사변은 각각 사상인이 네 가지로 행하는 특성이다.

요임금과 순임금의 폐, 비장, 간, 신장은 욕심에 가려지지 않아 배우고, 묻고, 생각하고, 분별하는 것을 훌륭하게 했다. 그러나 보통 사람들의 폐, 비장, 간, 신장은 배우고, 묻고, 생각하고, 분별하는 것을 훌륭하게 하지 못한다.

공자孔子(BC 551~479)는 많은 제자를 길렀지만 사마천司馬遷의 『사기史記』는 대표적인 제자로 안회顔回와 자로子路 그리고 자공子貢을 들고 있다. 『사기』 「공자세가孔子世家」에 따르면, 이들은 같은 스승 아래에서 공부하는 제자들이지만 성격이 매우 달랐다.

공자가 제자들과 중국을 주유하던 중 채나라 부근에서 일 주일가량 오도 가도 못하고 굶주리는 신세가 되었을 때였다. 공자는 의기소침해진 제자들 의 속마음을 듣기 위해 이렇게 질문을 던졌다. "『시경』에 보면 '외뿔소도 아 닌 것이 호랑이도 아닌 것이 어째서 광야를 헤매고 있는가?' 하고 읊었다. 그 렇다면 나의 도道가 잘못된 것일까? 우리가 어찌하여 이런 지경에 빠졌을 까?"

자로가 나서서 먼저 반문했다. "우리가 신뢰받지 못하는 것은 우리가 어질 지 못해서가 아니겠습니까? 우리의 도가 이행되지 않는 것은 우리가 아는 것 이 없어서가 아니겠습니까?"

다음으로 자공이 대답했다. "선생님의 도가 잘못된 것이 아니라, 너무 크 기 때문에 세상이 도를 받아들이지 못하는 것입니다. 어째서 도를 약간 낮추 어 절충하지 않으십니까?"

마지막으로 안회가 말했다. "선생님의 도가 지극히 위대하기 때문에 세상 에서는 받아들이지 못하는 것입니다. 그러나 그 도를 계속 밀고 나가야 합니 다. 받아들이지 못하는 것에 참된 군자가 드러납니다. 도가 닦이지 않았다는 것은 우리의 결함이지만, 도가 이미 크게 닦였는데도 받아들여지지 않는 것 은 나라를 다스리는 군주들의 치욕일 뿐입니다."

공자와 세 명의 제자인 자로, 자공, 안회는 각각 학문사변의 측면에서 볼 때 서로 다르다. 직감으로 묻는 '문問'은 자로가 제일이며, 현실의 입장에 서 이성적으로 보는 '사思'는 자공이 제일이고, 분별력으로 보는 '변辨'은 안회가 제일인 데 비하여, 직관으로 보는 '학學'은 스승 공자가 제일이다. 스승 공자는 동양학에서 학을 대표하는 학인이기도 하지만, 다른 한편으로는 학문사변을 두루 통섭統攝하여 절도에 맞게 행하는 성인聖人이다.

한편 『동의수세보원』에는 "폐는 반드시 배우기를 좋아하고, 비장은 반드시 묻기를 좋아하며, 간은 반드시 생각하기를 좋아하고, 신장은 반드시 분별하기를 좋아한다."라고 하였다. 이로 미루어볼 때 자로는 묻기를 좋아하는 어진 소양인이고, 자공은 현실의 입장에서 생각하기를 좋아하는 합리적인 태음인이며, 안회는 분별하기를 잘하는 지혜로운 소음인인데, 공자는 배우기를 좋아하는 호학인好學人[46]으로 태양인이면서, 묻고 생각하고 판단하는 것도 모두 다 잘하는 성인聖人이라고 할 수 있다.

□ 호연지기 수양법

사상인의 성정론을 따르면 누구나 인의예지 중에서 하나는 많으나 하나는 적다. 아래는 『격치고格致藁』 「유략儒略」에 나오는 글이다.

(태양인은 예가 부족하여) 방종[放]이 가장 재앙이 되는데, 사물을 관찰하여 앎을 이루도록 세밀하게 생각한다면[格物致知] 재앙이 되지 않는다.
(태음인은 인이 부족하여) 탐욕[慾]이 가장 재앙이 되는데, 자신을 수양하고 집안을 가지런히 하도록 분명히 행한다면[修身齊家] 재앙이 되지 않는다.
(소양인은 지가 부족하여) 사심[私]이 가장 재앙이 되는데, 나라를 다스려 세상을 공평하게 하도록 널리 분별한다면[治國平天下] 재앙이 되지 않는다.

---

46) 동양에서의 학學은 최근의 유럽식의 분석적이고 추론적인 학이 아니라, 우주론으로부터 심성론에 이르는 종합적이고 귀납적인 인문학적 학에 속한다.

(소음인은 의가 부족하여) 안일함[逸]이 가장 재앙이 되는데, 뜻을 진실하게 하여 마음을 바르게 하도록 익힌다면[誠意正心] 재앙이 되지 않는다.

여기서 심욕이 있는 사상인을 논하여, 태양인은 방종한 사람이고, 태음인은 탐욕한 사람이며, 소양인은 사심이 있는 사람이고, 소음인은 안일한[逸] 사람이라 한다.

사상인이 심욕이 생기는 까닭은 자신의 풍부한 성정은 지나치고 하위 장부의 성정은 약해졌기 때문이다. 사상인이 이와 같은 심욕을 극복하기 위해서는 수양법이 필요한데, 이것이 『대학大學』에 나오는 격물치지格物致知, 성의정심誠意正心, 수신제가修身齊家,[47] 치국평천하治國平天下 8조목을 두 조문씩 묶은 수양법이다. 그리고 태양인, 태음인, 소양인, 소음인에게 특히 필요한 수양법은 각각 차례로 격물치지, 수신제가, 치국평천하, 성의정심이다.

그림 3.2 사상인의 호연지기 수양법

---

47) 제가에 대하여 일부에서는 가家를 봉토로 보는 견해도 있으나, 유가에서는 전통적으로 가정의 뜻으로 사용한다. 이는 소강절의 『황극경세서』의 다음 글에

그림 3.2는 대학 8조목의 수양법을 사상으로 분류하고 각각 방위를 정하여서 사상인과 함께 도표로 보였다. 예를 들어, 소양인은 수신제가와 개념이 같으며, 소음인은 치국평천하와 개념이 같다.

　사상인은 하위 장부의 성정을 활성화하는 수양법이 필요하다. 우뇌와 통하는 태양인은 하위 장부의 성정을 활성화하는 수양법이 격물치지인데, 이것은 사물을 자세히 관찰하여 앎을 이루는 좌뇌식 수양법이다. 좌뇌와 통하는 태음인은 하위 장부의 성정을 활성화하는 수양법이 수신제가인데, 이것은 자신을 수양하고 집안을 가지런히 하는 교감신경식 수양법이다. 교감신경과 통하는 소양인은 하위 장부의 성정을 활성화하는 수양법이 치국평천하인데, 이것은 나라를 다스려 세상을 평화롭게 하는 부교감신경식 수양법이다. 부교감신경과 통하는 소음인은 하위 장부의 성정을 활성화는 수양법이 성의정심인데, 이것은 품은 뜻을 진실하게 하여 마음을 바르게 하는 우뇌식 수양법이다.

□ 인생의 네 시기 수양법

　사상인에 대한 수양법이 있다면 인생의 네 시기에 대한 수양법도 있을 것이다. 동무는 사람이 나서 죽을 때까지의 인생을 네 시기로 나누어 유소

　서도 확인할 수 있다.
　"한 나라와 한 가정과 한 몸은 모두 같다. 한 몸을 감당할 수 있으면 한 가정을 감당할 수 있다. 한 가정을 감당할 수 있으면 한 나라를 처리할 수 있으며, 한 나라를 처리할 수 있으면 온 세상을 감당할 수 있다. 마음은 몸의 근본이고, 가정은 나라의 근본이며, 나라는 천하의 근본이다. 마음은 몸을 부릴 수 있는데 만일 마음이 하고자 하지 않는다면, 몸이 어떻게 할 수 있겠는가?"

년幼少年은 16세까지, 청년靑年은 17세부터 32세까지, 장년壯年은 33세부터 48세까지, 노년老年은 49세 이후로 본다.[48] 인생의 네 시기에 대한 수양법은 『동의수세보원』「광제설廣濟設」에 나온다.

모든 사람이 유소년기에는 듣고 보기를 좋아하고 사랑하고 공경하니 봄철에 터져 나오는 새싹과 같고, 청년기에는 용맹을 좋아하고 날뛰며 빠르니 여름철에 자라나는 묘목과 같고, 장년기에는 교제하기를 좋아하고 수양을 하니 가을철에 거두는 열매와 같고, 노년기에는 계획하는 것을 좋아하고 비밀을 잘 지키니 겨울에 숨은 뿌리와 같다.

여기서 동무는 인생의 네 시기를 사계절로 보면 차례로 봄, 여름, 가을, 겨울에 배당하였다. 그러나 뇌 과학적으로 보면, 유소년은 자율신경계의 교감신경이 발달하니 소양의 계절인 여름이 적당하고, 청년은 좌뇌가 발달하는 중이니 태음의 계절인 봄이 적당하므로, 이 두 계절은 서로 바꾸는 것이 맞다.

이제 인생의 네 시기에 대한 수양법을 사상인의 호연지기 수양법으로 본다. 즉, 유소년기에는 수신제가가 필요하고, 청년기에는 격물치지가 필요하며, 장년기에는 성의정심이 필요하고, 노년기에는 치국평천하가 필요하다.

처음 유소년기의 수양법은 부모와 가정의 보호 아래 배우고 익히는 수

---

48) 원문에는 유년, 소년, 장년, 노년으로 나온다. 그리고 이에 해당하는 나이는 당시를 기준으로 하였으나, 현대에는 연령이 늘어나는 추세임을 고려하여야 한다.

업인 수신제가가 좋다. 청년기의 수양법은 학업을 마치고 사회에 참여하여 몸으로 부딪치며 일을 배우는 격물치지가 적당하다. 장년기의 수양법은 사회생활에서 전성기에 해당하며 이때는 배운 대로 일을 하는 것이 아니라, 일에 숨겨진 뜻을 숙고하며 사람들을 다스리는 데 있어서 마음으로 통하도록 하는 성의정심이 필요하다. 마지막 노년기의 수양법은 더 이상 작은 일에 몰두하지 않고 나라의 평안과 백성들의 평화를 염원하고 기여하도록 하는 치국평천하가 적당하다.

　인생의 네 시절을 사상 구조인 사심신물事心身物의 관점에서 살펴보자. 치국평천하는 '나라를 다스려 세상을 공평하게 하는 것'인데 이것은 커다란 나라의 일이므로 사事에 속한다. 성의정심은 '뜻을 진실하게 하여 마음을 바르게 하는 것'인데 이것은 마음에 달려 있으므로 마음[心]에 속한다. 격물치지는 '사물을 관찰하여 앎을 이루는 것'인데 이것은 내가 있고 외부 대상이 있는 일이므로 몸[身]에 속한다. 그리고 수신제가는 '자신을 수양하고 집안을 가지런하게 하는 것'인데 이것은 삶의 터전에 해당하므로 물物에 속한다.[49]

　사람이 태어나서 성장하고 배우고 익히는 과정을 사상으로 보면, 사, 심, 신, 물을 거꾸로 진행하는 것과 같아 진행 방향이 '물 → 신 → 심 → 사'가 된다. 사람은 누구나 자신의 인생기에 해당하는 수양법을 익혀야하는데, 이것은 겨울에는 겨울의 기운에 맞게 몸의 활동을 조심하고 여름에는 여

49) 『격치고』「유략」에는 성의정심이 청년기에, 격물치지가 장년기에 해당하는 것으로 나오는데, 이 둘을 바꾸었다. 그 이유는 경험의 좌뇌는 청년기에 해당하고 지혜의 우뇌는 장년기에 해당하기 때문이다.

름의 기운에 맞게 몸의 활동을 왕성하게 해야 하는 것과 같다.

인생의 네 시기의 수양법은 뇌 과학적으로도 설명된다. 즉 유소년기는 교감신경이 활성화되기 시작하여 몸과 마음이 마음껏 활동하고 왕성하게 자라므로 초목이 무럭무럭 자라는 여름과 같다. 이때는 자연의 풍요로움을 접하고 익히는 시기이므로 가정의 지혜로운 할아버지와 인자한 할머니가 도움이 된다.

청년기는 자아의식을 가지고 세상으로 나아가 새 출발을 하므로 새싹이 움 트는 봄과 같다. 이때는 현재의식을 담당하는 좌뇌가 활성화되어 널리 자연과 사회를 이성의 눈으로 보고 배우고 익히는 시기이므로 경험이 많고 지혜로운 아버지나 형이 도움이 된다.

장년기는 그동안 배운 지식을 바탕으로 지혜의 뇌인 우뇌가 활성화되어 직관의 눈이 생기고 감성이 커지며 세상을 보는 눈이 성숙해져 성의와 정심이 갖추어지므로 생명의 결실을 거두는 가을과 같다. 이때는 현재 부딪치는 사회문제 등 모든 문제를 분쟁이 아닌 통합과 화합의 혜안으로 보는 태도가 도움이 된다.

그리고 노년기는 지나온 삶 속에서 얻은 경험을 통하여 깊은 지혜와 넓은 사랑으로 세상을 평화롭게 통찰하게 되므로 생명의 씨앗을 저장하는 겨울과 같다. 이렇게 평화로울 때 부교감신경이 활성화된다.

3.4.2 심 수양법

인의예지의 본성은 잠재되어 있어 겉으로 잘 드러나지 않는다. 그러다가 마음이 외부 사물을 감촉하게 되면 인의예지의 본성이 자연히 드러난다. 비단 이것은 본성뿐만 아니라 심욕에도 해당된다. 심욕도 마음 안에 잠재되어 있어 겉으로 드러나지 않지만, 외부 사물을 감촉하게 되면 비박탐라의 심욕이 자연히 드러나게 된다.

사람들의 마음에는 순수한 본성과 심욕이 섞여있다. 호연지기 수양법에서 호연지기를 회복한 상태가 본성을 회복한 것은 아니다. 심 수양법은 마음속의 심욕을 가려내어 본성을 회복하는 것인데, 이는 쉽지 않기 때문에 먼저 호연지기를 회복해야 한다.

호연지리를 수양하는 마음가짐으로 성誠과 경敬을 삼는데, 모두 진정성 있는 마음을 찾는 것이다. 성은 거짓 없는 마음이며, 경은 정신을 성현의 말씀에 집중하여 심욕이 정신을 교란하지 못하게 하는 것이다. 기운이 밖으로 향하고 감성이 풍부한 태양인과 소양인에게는 거짓을 멀리하는 성을 강조하고, 기운이 안으로 향하고 이성적인 태음인과 소음인에게는 심욕의 교란으로부터 순수한 감정을 살려주는 경을 강조한다.

사상인의 수양법은 옳고 그름을 가리는 수양법이라면, 심 수양법은 진실과 거짓을 가리는 수양법이고 진정성을 기준으로 매사를 분별하는 것이다.

□ 진실과 거짓

사상의학의 수양법에서 가장 중요한 것이 진정성 있는 마음을 찾는 것인데, 이를 위해서는 거짓을 극복하여 진실을 좋아하고 행해야 한다. 거짓 없는 마음은 진정성을 갖고 타인을 무시하지 않으며 내가 하기 싫은 일을 남들에게 요구하지 않는 마음이다. 「유략(儒略)」에서 옮겨온다.

백이가 싫어한 것은 거짓이다. 거짓이란 세상에서 가장 번거로운 것이니, 단순히 싫어해서는 안 되고 반드시 극복해야 한다. 유하혜가 가장 좋아한 것은 진실이다. 진실이란 세상에서 가장 정밀精密한 것이니, 단순히 좋아해서는 안 되고 반드시 획득해야 한다.

수양에서 거짓으로부터 벗어나는 것이 중요한데, 『격치고』에 나오는 바와 같이 "자신이 진실하지 않으면 남의 거짓을 다 알기 어렵고, 자신에게 거짓이 남아있으면 남의 진실을 의심하게 되기"[50] 때문이다. 성경誠敬으로써 진실을 찾는 것은 유가 고유의 수양법인데, 사상의학에서의 수양법은 여기에서 한 걸음 더 나아가 남들의 속임수에서도 벗어나라고 한다. 아래는 『격치고』「반성잠反誠箴」에 나온다.

격물과 치지가 모두 속임수를 살피는 데 있고, 성의정심과 수신제가와 치국평천하가 모두 속임수를 살피는 데 있다. 반대로 하늘을 원망하고 사람을 탓하는 것은 반드시 속임수를 살피지 않는 데 있고, 도를 배반하고 덕을 망치는 것도 반드시 속임수를 살피지 않는 데 있다.

일반적으로 사람들이 인의仁義를 따르기만 하다 보면 악한 자들이 간사한 계산을 하면서 선한 자들을 속이려는 계획을 알아채지 못한다. 거짓으로부터 벗어나기 위해서는 오히려 거짓말을 하는 소인들을 잘 살펴야 한다. 소인들의 말과 행동을 잘 살피려면 성의정심을 가진 것만으로는 부족하고 치밀하게 생각하고 원인과 결과를 잘 따져보는 격물치지를 익혀야 하

---

50) 盖己誠未盡則人僞難悉, 己僞猶存則人誠亦疑.

다. 그러나 거짓으로부터 벗어나기 위해서는 먼저 마음속에 진정성을 가져야 한다. 그렇지 않으면 설사 거짓을 알았다고 하더라도 이로부터 벗어날 수 없다.

또한 동무는 『격치고』「반성잠」에서 "도가 멀리 있는 것이 아니라 가까운 곳에 있다."라고 하면서, 일례로 군자는 소인들의 잔꾀와 속임수까지도 잘 알아야 하는데, 이렇게 하면 "남의 나쁜 점을 덮어줄 수도 있고, 남이 나를 속일까 미리 짐작하지 않으며, 남이 나를 믿어주지 않을까 억측하지 않는다."라고 하여 속임수를 살피는 의미가 중요함을 말하였다.

□ 비박탐라와 수양법

성정이 치우쳐 생기는 사람의 심욕은 사상인에 따라 다르다. 태양인, 소양인, 태음인, 소음인의 심욕은 차례로 비鄙, 박薄, 탐貪, 라懦로 본다. 아래는 『동의수세보원』에 나오는 내용이다.

(태양인은 의가 지나치고 부족한) 예를 버려서 방종한 비인鄙人이다.
(태음인은 예가 지나치고 부족한) 인을 버려서 탐욕스런 탐인貪人이다.
(소양인은 인이 지나치고 부족한) 지를 버려서 경박한 박인薄人이다.
(소음인은 지가 지나치고 부족한) 의를 버려서 나약한 나인懦人이다.

여기에 비박탐라의 심욕은 사상인의 본성에서 볼 때 자신의 풍부한 본성은 더욱 풍부해지고, 하위의 본성은 더욱 부족해지기 때문에 생긴다. 아래에 요약한다.

－ 태양인은 의가 지나쳐 예를 버리니, 옳음에 대한 확신이 큼에도 불구

하고 다른 사람들을 무시하는 것이 방종[驕]이다.

- 태음인은 예가 지나쳐 인을 버리니, 절도 있는 행위가 지나쳐서 불쌍한 사람들의 처지를 무시하는 것이 탐욕[貪]이다.
- 소양인은 인이 지나쳐 지를 버리니, 불쌍한 사람들의 처지를 우선하여 그들의 처지를 해결할 수 있는 지혜를 무시하는 것이 경박[薄]이다.
- 소음인은 지가 지나쳐 의를 버리니, 지혜는 많으나 남의 일에 관심을 두지 않아 옳고 그름을 느낌으로 아는 의기義氣를 무시하는 것이 나약[懦]이다.

이와 같이 사상인은 각 하위 장부에 해당하는 인의예지를 무시해 심욕이 생긴다. 그리고 사상인이 이와 같은 비박탐라에서 벗어나는 길은 하위 장부의 기운을 활성화하는 호연지기 수양법이 아니라 다음 소절에 소개하는 호연지리 수양법을 잘 닦는 것이다.

□ 호연지리 수양법

사상의학에서 심心은 심장의 기능을 갖춘 한 몸의 주재자主宰者이다. 심은 네 감각기관인 귀코눈입과 네 장부인 신폐간비를 주재할 뿐 아니라 네 장부의 성리인 신기혈정을 주재한다. 『동의수세보원』에 나온다.

심은 한 몸의 주재자이다. 네 장부와 오장의 심을 짊어지고 가슴의 중앙을 똑바로 향해 있어 온몸에 광명한 빛을 밝게 비추니, 귀코눈입이 살피지 못하는 것이 없고, 신폐간비가 헤아리지 못하는 것이 없다.

여기서 『격치고』 「유략」편에, "본성을 안다는 것은 성리性理를 완전히 깨닫는 것이다. 성리란 문왕 역상易象이 나의 지각 가운데 완전히 갖추어져 있는 것을 말하는데, 다시 말하면 본성을 다하는 것이다."라고 하였듯이, 성리는 사람의 지각과는 관계없이 마음속에 완전하게 갖추어져 있어 스스로 완전하게 운행되는 것이다.

호연지리浩然之理 수양법은 심욕心慾에서 벗어남으로써 성정을 되찾아 매사를 절도에 맞게[中節] 하는 것이다. 그리고 사람들이 모여 사는 천하가 태평하게 다스려지지 않음을 깊이 염두에 두게 되면 반드시 부단히 배우고 가르치기를 게을리 하지 않게 되고, 그럼으로써 사욕私慾도 없어진다는 것이다. 이와 같은 수양법은 '천하와 나는 한 몸이다.'를 행함으로써 내 안에 있는 심욕이 일어날 기회를 주지 않는다. 『동의수세보원』에 나온다.

배우기를 싫어하지 않고 가르치기를 게을리 하지 않는 것이 곧 성인에게 사욕이 없다는 것이다. 추호라도 자기 한 몸에 대한 욕심이 있으면 요순의 마음이 아니요, 잠시라도 천하를 근심하는 마음이 없으면 공맹의 마음이 아니다.

성리학은 본성은 순선하지만 본성이 기를 타고 드러난 감정에는 선악이 있으므로, 심욕 또는 악은 감정에 있다고 본다. 이에 비하여 사상의학은 감정을 문제 삼지 않고 오히려 선악을 분별하지 못하는 심에 문제가 있다고 본다.

마음속에 있는 심욕은 없애려 해도 잘 없어지지 않는데, 어떻게 심욕의 뿌리를 뽑는가? 사상인에 따라 다른 비박탐라가 자신의 내면에 있음을 밝게 알 때 심욕에서 벗어날 수 있다. 심욕은 또한 상처 받은 마음과 유사하므로, 심욕에서 벗어나는 방법은 상처 받은 감정을 불러와 그 감정을 있는 그대로 잘 안아주는 것이다.

그리고 심욕에서 벗어나는 다른 측면의 수양법이 심욕이 일어날 때 '늘 본마음을 보존하라.[存其心]'는 것이다. 『동의수세보원』에서 말한다.

본마음을 보존하는 것은 마음을 책責하는 것이다. 마음의 본체가 밝고 어두움이 비록 자연스러운 듯하지만, 책하는 자는 맑고 책하지 않는 자는 흐리다.

여기서 '늘 마음을 책責하는 눈을 가지라.'는 것이 본성을 회복하는 심 수양법이다. 늘 자신의 마음을 책하는 것이 심욕으로부터 벗어나고 본마음을 보존하는 길이다.

제4장 사상의학의 장부론과 치유론

사상의학의 장부론은 인체가 자연의 기운과 교감하는 현상에 대한 통찰이다. 사상인은 크고 작은 장부를 지녀서 자연의 기운과 교감하는데, 작은 장부로 교감하면 건강에 이로우나 큰 장부로 교감하면 건강에 해롭다. 그리고 건강에 해로운 경우에 치우친 장부의 기운을 바로잡는 것이 장부 치유론이다.

기존의 한의학에서 인체의 장부는 오행론으로 설명하는데, 오행론은 인체의 생리와 병리를 자연의 기운과 성질로 설명하는 이론이다. 여기선 방위와 계절 및 색깔과 맛은 장부와 밀접하게 연결되어 있으며, 장부와 연결된 자연의 기운은 목화토금수 다섯으로 보아 상생하기도 하고 상극하기도 하는 관계에 있다.

사상의학에서 인체의 장부는 신기혈정의 기운으로 보는데, 신기혈정이 주재하는 장부가 기존의 한의학과 다르며, 장부를 지나는 기 회로도 다르다. 뿐만 아니라 사상의학의 가장 큰 특징은 선천적으로 큰 장부와 작은 장부를 타고난다는 체질론에 있다. 체질의학은 겉으로 나타나는 병증病症이 중요한 것이 아니라 사람이 선천적으로 나타내는 병증이 중요하므로, 이에 대응하는 약리藥理도 다를 수 있다. 사상의학은 사상체질을 바탕으로 하는 의학인데, 정작 사상의학 원전은 사상인의 병증약리를 다루나, 이러한 원리에 대해서는 말하지 않았다.

사상체질의 기운을 지니는 사상인이 걸리는 병증은 기존 한의학 및 사상의학의 수양론을 종합하면 찾을 수 있는데, 사상인의 큰 장부의 기운이 항진되고 하위 장부의 기운이 허약해지는 데에 있다. 따라서 사상인의 약리는 선천적으로 큰 장부의 기운은 사瀉하고 허약해진 장부의 기운은 보補하는 것이다.

사상의학의 치유법에는 장부 치유와 감정 치유 그리고 마음 치유가 있다. 이 중에서 장부 치유와 감정 치유는 모두 하위 장부의 기운을 활성화함으로써 치유하며, 마음 치유는 마음의 상처를 치유하는 것이다. 사상의학의 치유법은 건강 유지를 위한 마음 다스리기 차원뿐 아니라 발병 초기에 치유의 목적으로 활용할 수 있다.

4.1 사상의학의 장부론

사상의학의 장부론은 인체의 생리와 병리 현상을 신기혈정의 네 기운으로 설명한다. 동양에서는 전통적으로 방위와 계절 그리고 색깔은 인간의 장부와 긴밀하게 연결된 것으로 보나, 사상론에서 보는 장부와 방위 및 색깔과 인의예지는 오행론에서와 여러 면에서 다르다.

사상의학의 장부론에서 가장 중요한 것은 사람은 선천적으로 치우친 장부를 타고나서 체질이 다르므로 진단과 처방도 체질별로 달라야 한다는 체질론이다. 사상의학은 병을 보는 관점을 질병에서 인체로 옮긴 것이며, 따라서 같은 질병을 앓는다고 해도 그 처방은 원칙적으로 사상체질에 따라 다르다.

4.1.1 사상의학의 장부론

사상의학은 신기혈정으로 네 장부의 기능을 이해한다. 신기혈정은 인체
의 장부에 머물면서 장부의 기운을 주재하는데, 이들은 각각 하나의 감각
기관 그리고 하나의 장부와 관련이 있다. 신기혈정에서 신은 생명이 이루
어지고 생명력이 솟아나오는 근원이고, 기는 사람의 마음의 차원에 있으
며, 혈은 몸을 운용하는 차원이고, 정은 몸을 형성하는 차원이다.

사상의학에서 장부를 음양으로 보면 어떠한가? 신장은 찬[寒] 장부이고,
비장은 더운[熱] 장부이다. 간은 수렴하는 기운이니 서늘하고[凉] 습한[濕]
장부이며, 폐는 발산하는 기운이니 따뜻하고[溫] 건조한[燥] 장부이다. 따
라서 신장과 간은 음陰의 성질이 있으며, 폐와 비장은 양陽의 성질이 있다.
그리고 여기선 심장은 나머지 네 장부를 주재하는 입장에 있으며, 양의 기
운을 뿜어내고 음의 기운을 흡입하므로 양이기도 하고 음이기도 하다.

그러나 오행론에 따르면 간은 발산하는 기운이므로 양이고, 폐는 수렴
하는 기운이므로 음이며, 비장은 음과 양을 조절하는 위치에 있으므로 중
中이다.

□ 신기혈정과 신폐간비

사상의학의 장부론은 신기혈정의 기운으로 장부의 기능을 본다. 신기혈
정에서 신神은 형체를 지니지 않기 때문에 형체를 이루는 질료인 기氣를
타고 다니는데, 신은 기를 떠나지 않으므로 신이 있는 곳에 기가 있다고 할

수 있다.

　기氣는 혈血에 머물면서 혈을 통하여 몸 전체를 유지, 관리한다. 기는 기보다 아래의 차원에 해당하는 혈과 정精을 거느리는 역할을 한다. 결국 기는 생명의 근본이다. 사람들은 매일매일 생명 활동을 가능하게 하는 기를 음식물의 영양분으로부터 직접 얻는다. 이렇게 섭취한 오곡의 기가 인체 각 부분에 고루 퍼져 나가 살갗을 데워주고 근육과 뼈를 충실히 하며 털을 윤기 나게 하는 것이 마치 안개와 이슬이 풀을 축여주는 것과 같다고 한다. 이런 기의 본원지는 몸 안 어디에 있는가? 『내경』은 기과 혈에 대하여 다음과 같이 말한다.

　　폐는 기를 주관한다. 또한 모든 기는 폐에 속한다.
　　간은 혈을 저장한다.

　기는 혈보다 앞서기 때문에 병이 혈에서 생겼을 때에는 기를 고르게 하여 혈을 다스리는 방법을 쓴다. 『동의보감』에는 '사람의 몸에서는 기를 고르게 하는 것이 첫째이고, 혈을 고르게 하는 것은 그 다음의 일'이라고 한다.

　신기혈정에서 마지막에 탄생한 것이 정精인데, 『동의보감』은 정이 몸보다 먼저 생기며, 오곡을 먹고 생긴 영양분이 정을 만든다고 본다. 정은 좁게는 생식을 담당하는 호르몬 등 내분비계통을 말하지만, 넓게는 육체를 구성하는 육肉을 총칭한다. 정精은 형形을 이루는 질료이므로, 형은 정이 있어야 비로소 자신의 고유한 형상과 성정을 지닌다.

　신기혈정과 신폐간비腎肺肝脾 네 장부와의 관련을 찾아본다. 신기혈정이 머무는 장부에 대하여 『내경』에 나온다.

심장은 신神이 머무는 곳이고, 폐는 기氣가 머무는 곳이며,
간은 혈血이 머무는 곳이고, 비장은 육肉이 머무는 곳이며,
신장은 정精이 머무는 곳이다. 이렇게 하여 비로소 인체가 형성된다.

신기혈정과 장부와의 관련을 살펴본다. 먼저 설명하기 쉬운 폐와 간에 대하여 살펴본다. 폐는 공기가 머물기 때문에 공기와 유사한 기氣를 주관하므로, 폐는 기가 머무는 곳으로 본다. 간은 혈血을 조절하고 저장하기 때문에 혈이 머무는 곳으로 본다. 간은 인체 활동량의 다소와 인체의 강약 그리고 정서의 변화에 맞추어 혈액량을 조절하고 혈액을 저장하는 기능을 한다.

비장은 육肉을 저장하기 때문에 섭취한 물과 음식물인 수곡의 운화運化를 주관한다. 음식물에서 화생化生된 영양진액은 최종적으로 비장의 기운으로 몸 전체에 운송되므로, 비장은 각 조직기관에 영양을 공급하는 등 인체의 수액평형을 유지하는 역할을 한다. 비장은 육을 주관하는데, 신기혈정 중에서 정精은 맨 나중에 이루어진 물질을 가리키므로 성리의 측면에서 보면 육肉과 정精은 결국 같은 개념이다. 따라서 정精의 기능을 담당하는 것은 오행론과는 달리 비장이다.

『동의보감』은 신장에 대하여 설명하는데, 신장의 고유 기능 외에도 명문命門의 기능이 있다고 한다.

신장이 두 개이지만 다 신장이 아니라 왼쪽의 것이 신장이고 오른쪽의 것은 명문이다.[51]

여기서 명문은 내분비 계통의 총칭으로 인체의 내장기능의 조절과 생장 발육, 생식과 번식 등 몸의 항상성을 유지하는 것이다. 따라서 신장은 혈血을 거르는 기능 외에도 자율신경을 주재하는 명문의 역할을 한다. 그리고 신장은 골수骨髓와 뇌수腦髓를 주관하기 때문에 자율신경과 관련된 신神의 기능을 담당하는 것으로 본다.

결국 본서는 기존 한의학의 지식과는 달리, 신은 신장을 주재하고, 정은 비장을 주재하는 것으로 본다. 기가 폐를 주재하고 혈이 간을 주재하는 것은 기존의 지식과 동일하다.

□ 온열양한

사상의학은 장부론은 사상론을 따르므로 본서도 이에 따라 장과 부를 연결한다. 사상론에서는 간과 소장, 비장과 위, 폐와 위완 그리고 신장과 대장을 같은 특성으로 분류하는데, 오행론과는 여러 면에서 다르다. 이렇게 분류하는 이유로 음식물의 소화과정을 통하여 이들 장부에서 나오는 온기가 다름을 들고 있는데, 폐와 위완, 비장과 위, 간과 소장, 신장과 대장은 차례로 온기溫氣, 열기熱氣, 양기凉氣, 한기寒氣를 지닌다. 『동의수세보원』에 나온다.

음식물이 흡수되어 위에 들어가 뜨거운 열기가 생성되고 소장에서는 서늘

---

51) 최근 신장 이식수술이 활발하여 하나의 신장을 떼어주고도 살 수 있기 때문에 두 개의 신장이 모두 같은 기능을 하는 것으로 볼 수밖에 없다. 따라서 신장과 명문은 두 신장에 별도로 나누어진 기능이 아니라 두 신장의 각각에 본래 신장과 명문의 두 기능이 있는 것이다.

한 양기가 생성된다. 다시 위장의 열기 중에 가볍고 맑은 기운은 위완으로 상승하여 따듯한 온기를 형성한다. 다시 소장의 양기의 무거운 기운은 대장으로 하강하여 차가운 한기가 형성된다.

윗글에서 사상의학에서 보는 신폐간비 네 장부의 온열양한의 성질을 알 수 있다. 즉 폐와 위완은 따듯하고, 비장과 위장은 더우며, 간과 소장은 서늘하고, 신장과 대장은 차가운 성질을 지닌다. 이 네 장부의 온열양한으로 음양을 논한다면, 폐와 비장은 따듯하여 양의 성질을 지니고, 신장과 간은 서늘하여 음의 성질을 지닌다.

한의학은 사계절의 특성으로 한열습조寒熱濕燥를 든다. 여기서 한열을 장부와 연결하면, 신장은 차갑고 비장은 덥다. 습조를 장부와 연결하면 어떠한가? 발산과 수렴으로 습조를 논한다면, 폐는 발산하는 기의 성질을 가지고 있기 때문에 건조하고, 간은 수렴하는 혈의 성질을 가지고 있기 때문에 습하다.[52] 폐의 기와 건조함은 통하고, 간의 혈과 습함은 통한다.

신장은 습한 성질이 있지만 사람이 오랫동안 육체적인 활동은 없이 사유에 집중하면 몸이 건조해지는데, 이는 신장이 지나친 정신활동으로 인하여 피로해졌기 때문이다. 그리고 신장은 차가우며 습한데 비하여, 비장은 덥기 때문에 건조하다.

장부의 한열습조와 신폐간비와의 관계를 알았으니, 사상인의 신체적 성질을 분별할 수 있다. 소음인은 신장의 기운이 강하여 몸이 차고 습하며, 태양인은 폐의 기운이 강하여 따듯하고 건조하며, 태음인은 간의 기운이

---

52) 온도와 습도의 관계에서 알 수 있다. 온도가 높아서 발산하면 습도가 낮으며, 이와 반대로 온도가 낮아서 수렴하면 습도가 높다.

강하여 서늘하고 습하며, 소양인은 비장의 기운이 강하여 덥고 건조하다.

□ 사상론의 장부론
오장과 오미는 어떤 관계가 있는가? 『내경』「영추」편을 살펴본다.

　수곡이 위에 들어가면, 오미는 각각 자기 맛을 좋아하는 장부로 들어간다.
즉,
　신 것은 간으로 간다.
　쓴 것은 심장으로 간다.
　단 것은 비장으로 간다.
　매운 것은 폐로 간다.
　짠 것은 신장으로 간다.

여기서 오미의 특성을 지니는 수곡水穀은 같은 성질을 지니는 장부로 들
어가서 장부에 영양을 공급한다. 즉 신맛과 간은 모두 수렴하는 성질이고,
매운맛과 폐는 발산하는 성질이므로, 신맛은 간으로 가서 영양을 주고, 매
운맛은 폐로 가서 영양을 준다.

사상의학은 장부의 온열양한의 기운을 음식물의 소화과정을 통하여 설
명한다. 아래는 소화의 과정에서 장부들이 하는 기능이다.

소화하는 과정은 다음과 같이 몇 가지 과정으로 이루어진다. 먼저 위완
에서 위장에 이르는 사이에서는 따뜻한 온도로 음식물을 숙성시키고, 위
장에서는 열로써 부숙腐熟시키며, 위장과 소장에서는 소화된 음식물 중에
맑은 것을 걸러서 비장과 간으로 올려 보내고 나머지 탁한 것은 대장으로
내려 보낸다. 대장에서는 물과 소금을 거르고 나머지는 배출한다.

『동의수세보원』에는 소화과정 중에 신기혈정과 신폐간비가 관련을 맺는 내용이 나오는데, 아래는 이 중에서 발췌한 것이다.[53]

수곡의 따뜻한 기운은 위완에서 나와서 유油가 되어 따뜻한 기氣가 머무는 막해가 되고, 막해의 맑은 것은 폐로 들어간다.

수곡의 서늘한 기운은 소장에서 나와서 고膏가 되어 서늘한 혈血이 머무는 혈해가 되고, 혈해의 맑은 것은 간으로 들어간다.

수곡의 더운 기운은 위에서 나와 액液이 되어 더운 정精이 머무는 정해가 되고, 정해의 맑은 것은 비장으로 들어간다.

수곡의 차가운 기운은 대장에서 나와 진津이 되어 차가운 신神이 머무는 이해가 되고, 이해의 맑은 것은 신장으로 들어간다.

여기서 따뜻한 기는 따뜻한 기운이 있는 위완과 폐로 들어가고, 서늘한 혈은 서늘한 기운이 있는 소장과 간으로 들어가며, 더운 정精은 더운 기운이 있는 위와 비장으로 들어가고, 차가운 신神은 차가운 기운이 있는 대장과 신장으로 들어간다. 이렇게 보는 것은 제2.1.2절의 '신기혈정의 사상론'에서 신장은 신과 관련이 있고, 폐는 기와 관련이 있으며, 간은 혈과 관련이 있고, 비장은 정과 관련이 있는 것으로 보는 것과 일치한다.

---

53) 두 번째 문장과 세 번째 문장은 장부의 순서가 폐간비신을 따르도록 바꾸었으며, 원문은 부록 A.9에 수록했다. 그러나 원문에서 신神을 위완 그리고 폐와 관련 있는 것으로 보는 것은, 진津이 위완에서 흡수되어 혀로 들어가는 내용과 관련이 있다. 이것은 사람이 기절하였을 때 따뜻한 음료를 넣어주면 이를 목에 넘기고 흡수하여 의식을 회복하므로 위완을 신神과 관련이 있는 것으로 보는 것 같다. 그러나 폐와 기는 따뜻하고 신장과 신은 차갑기 때문에 신은 차가운 이해에 머무는 것이 맞다.

위에 나오는 수곡의 소화과정과 신기혈정 그리고 신폐간비에 대한 관계는 아래 표 4.1에 정리하였다.[54]

표 4.1 수곡의 온기와 영야진액 및 신기혈정과 신폐간비

사상	심	신	물	사
수곡의 기운	온기	양기	열기	한기
진액	유油	고膏	액液	진津
사해	막해膜海	혈해血海	정해精海	이해泥海
성리	기	혈	정	신
보하는 장부	폐	간	비장	신장

여기서 유油와 막해와 기, 고膏와 혈해와 혈, 액液과 정해와 정 그리고 진津과 이해[55]와 신은 같은 성질이다. 『내경』 「영추」편에 발산하는 매운맛의 식품이 발산하는 기운인 폐에 영양을 공급하는 것으로 나오는데, 마찬가지로 온열양한의 성질을 지니는 영양진액은 같은 온열양한의 성질을 지니는 장부에 영양을 공급한다. 즉 주관하는 성리의 성질과 장부의 성질이 같다.

『동의수세보원』은 하늘과 통하는 신神은 차가운 신장에 머물지 않고 따뜻한 폐에 머무는 것으로 보는데, 이는 신을 동적인 하늘로 보았기 때문이다. 그리고 기氣는 더운 비장에 머물고, 정精은 차가운 신장에 머무는 것으

---

54) 원문에 나오는 내용은 부록 A.7에 수록했다.
55) 오장론에서 '신장은 골수를 생성하는데 골수는 뇌에 통한다.'고 하였듯이 신장은 뇌와 통한다.

로 보는데, 이 역시 착오이다. 신장과 신, 비장과 정, 폐와 기는 같은 성질이다. 이는 신이 있는 뇌수 즉 머리는 차갑게 두어야 좋고, 정이 있는 배는 따뜻하게 두어야 하는 것과도 잘 일치한다.

그리고 『동의수세보원』은 지행知行을 하는 힘으로 본성과 감정을 든다. 예를 들어, "귀는 널리 천시를 듣는 힘이며, 폐는 사무에 널리 통달하는 슬픈 힘"으로 보는데, 감정은 폐에서 나오지만, 본성은 어디에서 나오는가? 위 문장을 인용하면 기는 막해에서 나오므로 기의 본성인 의義도 막해에서 나오는 것으로 본다.

4.1.2 오행론의 장부론 고찰

한의학에서 인체는 자연계와 분리되어있는 개별적인 존재가 아니다. 우주의 발생과 운행에 관한 원리들은 인체의 마음과 몸, 생리와 병리 현상에 그대로 적용되는데, 이것이 인체는 자연과 유기적으로 교감하고 있다는 천인상응론天人相應論이다. 이에 따르면 전체와 부분은 서로 연관되어 있으므로, 예를 들어, 배가 아플 때 손가락 마디에 침을 놓으면 낫는 침의 원리도 이에 속한다. 한의학은 인체를 하나의 소우주小宇宙로 보고 유기체적 관점에서 인체 장부들의 상호작용으로부터 인체의 균형과 불균형을 이해한다.

『내경』은 오행론을 따라서 사람의 오장五藏의 의미를 해석한다. 오행五行에서 '다닐 행[行]' 자는 운행한다는 뜻인데, 오행은 만물이 지나가는 방향, 만물의 상태가 변화하는 양상을 다섯 가지 요소로 단순화한 것이다. 오행론은 사람이 기운을 운용할 때 대체로 사계절의 기운에 순응하는 것으로 본다. 사람은 다섯 장부를 가지기 때문에 계절 마다 해당 장부의 기운이 성해진다.

그러나 오행론은 천인상응의 구체적인 예로 들어가면 착오가 많다. 일례로, 사계절에서 봄을 발산하는 기운으로 보고, 가을을 수렴하는 기운으로 보며, 늦여름을 사계절을 조절하는 기운으로 본다. 그리고 오행론은 심장을 불의 장부로 보아 물의 장부인 신장에 상대되는 장부로 보는 데 비하여, 사상론은 심장은 신폐간비 네 장부를 주관하는 것으로 본다. 여기에 더하여 본서는 사상론에서의 장부의 기 회로를 따르기 때문에 오행론과는 특히 치유법에서 차이가 많다.

□ 오장의 기능

오장은 인체의 기능을 대표한다고 해도 과언이 아니다. 오장에는 신장, 폐, 간, 비장 그리고 심장이 포함된다. 기존 한의학은 오행론을 중심으로 장상론臟象論을 펼쳤으나, 본서는 오행론에서 보는 장상론의 의미를 제거하고 순수한 의미로 오장의 기능을 살펴본다.

– 신장은 골수骨髓를 주관하고 뇌에 통한다. 골수의 생장 발육은 모두 신장의 기운과 관계가 있으며, 뇌는 모든 수髓가 모이는 곳이다. 신장은 오장육부의 근본일 뿐만 아니라 골수와 뇌의 기능과도 관계가 있다. 골수는 혈액세포를 생성하며, 모든 신경계통과 통하고 있어서 감각, 운동, 자율신경의 작용 등 모든 사람의 행동을 지배하며 조절하는 기능을 한다. 뇌수腦髓는 신神의 작용에 힘입어 의식의 활동을 유지하기 때문에 신장은 뇌로 통한다고 한다.

- 폐는 기氣를 주재하는데 호흡을 통해 천지의 정기와 식품의 정기를 합쳐서 전신에 기를 공급한다. 폐는 심장을 도와 인체의 혈액순환을 돕고, 전신과 오장에 도움을 준다. 폐는 피부와 피모에 영양을 공급하므로 근원적으로 인체의 밖을 지키고, 외부의 기온과 체온에 따라 변화하며, 피부의 땀구멍을 통하여 사기邪氣를 배출하는 작용을 한다. 피모皮毛는 폐의 따뜻한 기운에 의해 비로소 윤택해진다.
- 심장은 혈맥을 주관하는데, 혈액순환을 추동하여 혈액을 수송하는 작용을 한다. 심장은 오장 육부를 주재하므로 몹시 든든해서[堅固] 사기가 심장에 잘 들어가지 못한다. 그러나 심장이 사기를 받아서 심心이 상하면 정신이 나가는데, 사람이 정신精神이 나가면 죽는다.

  심장은 가슴에 있으며 심포心包에 싸여 있다. 심장의 주 기능은 혈맥을 다스려서 전신에 혈액을 공급하는 것이며, 심장의 상태는 얼굴에 나타난다. 얼굴이 붉으면 심장에 심의 기운이 많으며, 얼굴이 창백하거나 핏기가 없으면 혈액이 부족한 것으로 생각한다. 심장이 든든하면 오장이 편안하고 병을 잘 막아 낸다. 근심과 걱정을 하거나 지나치게 생각을 많이 하면 심心이 상한다. 심은 어떤 면에서는 무의식적인 상태를 나타내기도 하고 모든 감정을 나타내기도 한다.
- 간은 혈血을 저장하며 인체 활동 정도에 따라 혈액의 유장량을 조절한다. 간이 병이 들어 혈액을 저장하는 기능을 잃게 되면 잠을 잘 잘 수 없다. 또 간은 근육을 주재하기도 하는데 그 영향은 손톱에 나타난다. 근육의 작용은 운동하는 것이며 그 영양 공급원은 간이다.

  간은 혈액을 저장한다. 쉬고 있을 때는 혈액이 간으로 들어가고 움직일 때는 혈액이 간에서 나와 전신을 돈다. 그러나 혈액의 운동이 너무 강하면 출혈이나 중풍이 발생하기도 한다. 또 간은 장군의 기관이어서 기획을 하고 외부의 침범을 막는 해독작용을 한다. 간 기능이 좋으면 무엇이 들어와도 아주 심한 독성이 아니면 해독을 한다. 그러나 간 기능이 좋지 않으면 무엇을 먹든지 간에 부담을 준다. 간은 근육을 생하기 때문에 간 기능이 강하면 근육이 튼튼해지고, 약하면 근육이 무력해진다.

– 비장은 운화의 장기라고 하여 음식물의 영양진액을 소화, 흡수하여 전신에 보내주는 역할을 한다. 수분의 순환을 도와주는데 수분이 순환이 안 되면 부종, 설사가 나오거나 또는 소변이 잘 나오지 않는다. 그리고 혈액을 통할하는 기능이 있어 노화된 적혈구를 파괴하며 혈액을 관리한다. 만약 혈액의 통할기능이 안 되면 각종 출혈의 원인이 된다. 비장의 기운은 입과 통하는데 비장이 조화로우면 입은 능히 오곡을 구별할 수 있다. 비장이 튼튼해야 팔다리의 근육이 발달된다. 비장의 건강상태는 입술에 나타나는데, 입술의 혈색이 좋으면 비장이 건강하고 핏기가 없으면 비장이 약하다.

인체에서 오장의 기능을 크게 보면, 폐는 하늘의 기운과 수곡水穀의 정기를 전신에 공급하는 호흡계를 관리한다. 간은 하늘의 기운과 수곡의 정기를 저장하고 조절하는 혈관계를 관리한다. 비장은 소화된 수곡의 영양진액을 전신에 보내주며, 음식물을 통한 오장육부의 정精을 모두 관리한다. 신장은 소화하고 남은 음식물 찌꺼기를 몸 밖으로 배출하여 인체를 언제나 활동하기 좋도록 항상성을 유지하고 또한 선천의 정기와 생식과 관련한 생식계 및 골수와 뇌에 통하는 신경계를 관리한다. 그리고 혈액은 영양진액을 실어 나르고 노폐물을 회수하는 역할을 하는데, 심장은 여기서 혈맥을 주재하는 역할을 한다.

□ 오행론의 장부론

오행을 처음 이론으로 제안한 사람은 전국시대에 음양가陰陽家를 세운 추연鄒衍이다. 이후 한의학은 음양오행을 중심으로 체계화되어 왔다. 여기서는 만물의 기氣의 순환을 계절이 지나가는 순서와 같게 본다. 그리고 새 생명이 시작되는 봄을 기 회로에서 가장 중요한 시작이 되는 원元으로 본다. 이와 같은 견해는 주역周易에서도 찾아볼 수 있는데, 주역은 봄을 원元으로 보고, 여름을 형亨, 가을을 이利 그리고 겨울을 정貞으로 본다.[56]

오행론에 따르면 먼저 '봄은 나무에 새싹이 돋는 계절이다. 새싹이 돋음은 우후죽순처럼 솟아나는 목木'의 기운으로 상징되므로, 목의 기운이 봄을 대표한다. '여름은 나무가 무성하게 자라는 계절이다. 무성하게 자람은 한껏 자라 왕성하게 타오르는 화火'의 기운으로 상징되므로, 화의 기운이 여름을 대표한다. '가을은 나무가 결실을 맺는 계절이다. 결실을 맺음은 봄과 여름 동안 자라서 그 생장을 거두는 금金'의 기운으로 상징되므로, 금의 기운이 가을을 대표한다. '겨울은 나무가 가을에 맺은 결실을 간직한다. 결실을 간직함은 다음 세대를 위하여 기운을 저장하는 수水'의 기운으로 상징되므로, 수의 기운이 겨울을 대표한다. 그리고 나머지 목화금수를 조절

---

56) 만물의 시작을 봄으로 보는 것은 문제가 있다. 사실상 모든 생명은 동지에서 하나의 양이 생기는 복괘로부터 시작된다. 그리고 이것은 겨울을 모든 생명의 근원으로 보는 것과 같다.

하는 토土의 기운이 여름과 가을 사이의 늦여름을 대표하는 것으로 본다.

오행론에는 상생과 상극의 관계가 있어서 서로 기운을 돕기도 하지만 서로 기운을 쇠하게 하기도 한다. 상생하는 관계는 계절이 지나가는 순서대로 일어난다. 봄이 지나면 여름이 오고, 여름이 지나면 늦여름이 오고, 늦여름이 지나면 가을이 오고, 가을이 오면 겨울이 온다. 이것을 봄의 목이 여름의 화를 생生하며, 여름의 화는 늦여름의 토를 생하고, 늦여름의 토는 가을의 금을 생하며, 가을의 금은 겨울의 수를 생하고, 겨울의 수는 봄의 목을 생하는 것으로 본다.

오행론은 장부 간의 기운이 '신장 → 간 → 심장 → 비장 → 폐'의 순서로 순환하는 것으로 본다. 이와 같은 순환은 사계절의 운행을 따르며 자연현상을 '나고 성장하고 결실을 이루어 거두고 저장하는' 생장수장의 기운이 변화하는 것과 같다.

오행에는 서로 반대되는 성질이 있는데, 봄과 가을 그리고 겨울과 여름이다. 봄의 솟아오르는 기운과 가을의 생장을 거두는 기운이 서로 반대이며, 겨울에 저장하는 기운과 여름에 성장하고 왕성한 기운이 서로 반대이다. 그리고 전체적으로 볼 때 이 다섯 기운은 서로 상생相生하기도 하고 서로 상극相剋하기도 하는 것으로 본다.

□ 오행론과 사상론

오행론은 인체의 오장은 자연의 다섯 기운으로 이해하며 이들은 계절의 기운과 오미五味와 연결된 것으로 본다. 예를 들어, 근육은 간에 속하므로 근육이 피로하면 신맛의 식품을 먹으며, 피모皮毛는 폐에 속하므로 피모가 생기를 잃으면 매운맛의 식품으로 땀을 흘린다. 또한 봄에는 간의 기운이 성해지므로 허약해진 간의 기운이 좋아지고, 가을에는 폐의 기운이 성해지므로 허약해진 폐의 기운이 좋아지는 것 등은 모두 천인상응론에 따른다.

그러나 오행론은 천인상응의 구체적인 예로 들어가면 착오가 많다. 즉, 봄과 간 그리고 신맛을 같은 기운으로 보나, 봄과 간은 발산하는 기운이고, 신맛은 수렴하는 기운이다. 가을과 폐 그리고 매운맛도 같은 기운으로 보나, 가을과 폐는 수렴하는 기운이고, 매운맛은 발산하는 기운이다. 이러한 이중성을 해결하지 못하는 것은 봄을 생명의 시작으로 보아 발산하는 기운으로 굳게 믿기 때문이다. 그러나 실제의 자연의 기운을 따져보면, 봄과 가을의 기운의 성질은 서로 바뀌어야 한다. 이 외에도 오행론이 오미의 기운의 흐름이 사계절을 따르는 것으로 보는 것처럼 장부의 기운도 사계절이 지나는 순서로 순환하는 것으로 보는 것은 잘못이다.

오행론에서 문제가 되는 봄과 가을의 기운이 일치하지 않는 문제는 사상의학이 기반하는 사상론에서 해결된다. 사상론은 사계절이 신기혈정의 성질을 갖는 것으로 본다. 즉 간과 폐는 각각 기와 혈의 성질을 지닌다. 폐는 가을의 기운과 같이 발산하는 기의 성질이며, 간은 봄의 기운과 같이 생명체에 수렴하는 혈의 성질이다. 그리고 신장과 비장은 각각 신과 정의 성질로 본다. 신장은 아직 자연의 기운이나 생명체가 생기기 이전에 해당하기 때문에 정적이고 차가운 성질이 있다. 비장은 시공간이 생기고 생명체가 생긴 이후의 생명활동을 의미하기 때문에 활동적이고 더운 성질이 있다.

한편 『한의학대사전』[57]에는 오미에 대한 설명이 나온다.

옛 의학서는 "신맛을 가진 약은 주로 아물게 하고 수렴하는 작용이 있고, 단맛을 가진 약은 주로 자양하고 완화시키는 작용이 있으며, 매운맛을 가진 약은 주로 땀을 나게 하여 발산시키고 기의 순환을 촉진하는 작용이 있고, 짠맛을 가진 약은 주로 굳은 것을 유연하게 하고 마른 것을 촉촉하게 하는 작용이 있으며, 쓴맛을 가진 약은 열을 내리고 수습水濕을 몰아내는 작용이 있다. 그리고 신맛을 가진 약은 간에, 쓴맛을 가진 약은 심장에, 단맛을 가진 약은 비장과 위에, 매운맛을 가진 약은 폐에, 짠맛을 가진 약은 신장에 주로 작용한다."고 하였다.

여기서 오미를 참고하면 장부와 사계절의 기운의 성질을 알 수 있다. 즉 간은 신맛과 같이 수렴하는 작용을 하여 근육을 수렴시키는 작용이 있기 때문에 봄은 간처럼 생명체에 수렴하는 혈의 성질이 있다. 폐는 매운맛과 같이 발산하는 작용을 하여 체내에 있는 습기를 밖으로 내보내는 작용이 있기 때문에 가을은 폐처럼 발산하는 기의 성질이 있다. 그리고 심장은 쓴맛과 같이 열을 내리고 수습水濕을 몰아내어 활동적으로 만드는 성질이 있다.

그리고 사상론은 심장이 신폐간비 네 장부를 지원하여 잘 운용되도록 하며, 필요시 신폐간비 네 장부를 움직여서 사람이 원하는 활동을 지원한다. 구체적으로는 그림 2.2 '신폐간비 네 장부의 8자 기 회로'에서 보는 것처럼 심장은 봄의 기운을 일으키고 여름의 기운을 거두는 역할을 한다.

오행론은 사람이 기운을 운용할 때 하늘의 기운에 순응하고 이에 맞춰 조절하는 데에 머물지만, 사상의학은 사람이 자연의 기운뿐 아니라 자연의 성정과 교감하는 것으로 본다. 사람이 자연의 성정과 교감하고 소통하

---

57) 『한의학대사전』, 한의학대사전편찬위원회, 도서출판 정담, 2001

는 가운데에서 옳음과 그름, 선과 악을 푯대로 삼는데, 이 역시 사람이 주체적으로 외부 대상을 인지하여 행위한다는 방증이다. 다만 대부분의 사람들은 옳음과 그름, 선과 악을 인위적인 판단에 근거하지만, 사상의학은 이들을 인위적인 판단이 아니라 자연의 앎과 자연의 원리에 속하는 개념으로 본다.

□ 오행론의 장부론 고찰

『내경』에 나오는 오행론의 장부론을 사상론에 나오는 신기혈정의 기운에 맞게 수정, 보완하여 아래에 보였다.

- 봄은 혈血의 기운으로 수렴하는 기운이 있으므로, 동방의 청색과 간과 통한다. 그 맛은 신맛이며 근筋과 뼈[骨][58]와 통한다.
- 여름은 정精의 기운으로 활동적인 기운이 있으므로, 남방의 황색과 비장과 통한다. 그 맛은 단맛이며 육肉과 통한다.
- 가을은 기氣의 기운으로 발산하는 기운이 있으므로, 서방의 백색과 폐와 통한다. 그 맛은 매운맛이며 피모皮毛와 통한다.
- 겨울은 신神의 기운으로 고요한 기운이 있으므로, 북방의 흑색과 신장과 통한다. 그 맛은 짠맛이며 골수骨髓와 통한다.
- 초봄과 초가을은 심心의 기운이 있는데, 초봄에는 인체를 활동적으로

---

58) 기존 한의학에서는 간은 근筋과 통하고 신장은 뼈[骨]와 통한다고 보나, 태음인은 근육뿐 아니라 골격이 크고, 소음인은 머리가 좋기 때문에 골수와 통하는 것으로 보는 것이 합당하다.

만들고 초가을에는 인체의 활동적인 기운을 거두므로, 적색과 심장과 통한다. 그 맛은 쓴맛이며 혈맥과 통한다.

표 4.2는 오장의 특성을 오행론과 사상론으로 비교하였으며, 오장에 대한 오색과 오미 그리고 오상에 대한 특성을 정리하였다.

표 4.2 오행론과 사상론으로 보는 오장의 특성

구분	항목	북방	서방	동방	남방	중앙
오행론	오장	신장	폐	간	심장	비장
	오색	흑색	백색	청색	적색	황색
	오미	짠맛	매운맛	신맛	쓴맛	단맛
	기운	차가움	수렴	발산	더움	
	오상	지	의	인	예	신信
사상론	오장	신장	폐	간	비장	심장
	오색	흑색	백색	청색	황색	적색
	오미	짠맛	매운맛	신맛	단맛	쓴맛
	기운	차가움	발산	수렴	더움	
	오상	지	의	예	인	성聖

동양학은 전통적으로 오상五常을 인의예지신으로 보는데, 기존 동양학에서의 오상은 『백호통의白虎通義』를 좇아서 동중서董仲舒가 채택한 것이다. 여기서는 오장에서 간은 따뜻한 봄 기운과 인仁이 통하고, 폐는 서늘한 가을 기운과 의義가 통하며, 심장은 더운 여름 기운과 예禮가 통하고, 신장은 차가운 겨울 기운과 지智가 통하며, 비장은 중앙의 신信과 통하는 것으

로 본다.

그러나 이와 같은 견해는 오행론의 주장이고, 사상론은 이와 다르다. 사상론에서는 간은 서늘한 봄 기운과 서늘한 이성을 뜻하는 예禮가 서로 통하고, 폐는 따뜻한 가을 기운과 따뜻한 감성을 뜻하는 의義가 서로 통하며, 비장은 더운 여름 기운과 더운 감정을 뜻하는 인仁이 서로 통하고, 신장은 차가운 겨울 기운과 차가운 지성을 뜻하는 지智가 서로 통하는 것으로 본다.

그리고 심장은 방위로는 사계절을 지원하고 인의예지 모두를 주재하는 성품인 성聖과 통한다. 성은 인의예지 모두를 포함하면서 절도에 맞게 나오는 중용中庸과 다르지 않다.[59]

4.1.3 사상의학의 장부 치유론

사상의학은 선천적으로 크고 작은 장부를 타고난다는 사상체질을 근간으로 하는 의학이다. 사상의학 원전은 사상인의 병증약리를 다루나 이러한 원리에 대해서는 말하지 않았다. 본서는 여러 자료를 들어 사상인의 병증은 근원적으로 선천적으로 큰 장부 때문에 생기므로, 약리는 큰 장부는 사하고 작은 장부는 보하는 것으로 본다.

『내경』에는 특정 장부가 항진되면 하위 장부는 허약해진다고 소개되어

---

59) 1993년에 출토된 곽점 초간본楚簡本의 『오행五行』은 오상을 인의예지성仁義禮智聖으로 본다.(양방웅 저 『대학·초간 오행』 참조) 사상의학도 인의예지를 모두 중화시키는 것을 중용으로 보며, 중용은 성인의 행이기 때문에 심장을 기존의 신信 대신에 성聖으로 보았다.

있으며, 사상의학의 지행론과 수양론은 사상인의 큰 장부는 더욱 항진되고 큰 장부의 하위 장부는 더욱 허약해진다고 한다.

한의학에서 사상체질의 발견은 매우 중요한 의미를 갖는다. 사상의학에서의 치유법은 아래와 같이 두 가지 특징이 있다.

첫째, 과거에 병을 중심으로 한 진단과 처방이 사람의 체질을 중심으로 한 진단과 처방으로 바뀌었다.

둘째, 신기혈정으로 사상인을 나누면 오행론에 나오지 않는 장부의 기 회로가 나오는데, '신장 → 폐 → 간 → 비장'이다. 사상의학의 치유법은 사상인의 하위 장부의 기운을 보하고 항진된 장부를 사하는 것이다.

사상의학의 장부의 기 회로는 오행론과 다른데, 네 장부를 음양으로 보면, '신장 → 폐 → (심장) → 간 → 비장'에서 심장을 제외하면 기 회로를 따라 '음 → 양 → 음 → 양'으로 음과 양이 교대로 나타난다. 사상의학에서 체질이 음이면 보사법은 양에 의한 처방이 되며, 체질이 음이면 보사법은 음에 의한 처방이 되어서 음과 양이 서로 보하는 조화가 이루어진다.

그러나 오행론에서는 장부의 회로에서 음양이 교대로 나타나지 않고, 오행론을 따라 기운을 보충하여도 위와 같은 음양의 조화를 이룰 수 없다. 또한 일일이 증상에 대하여 약한 장부를 보하고 실한 장부를 사하는 보사법을 써야하는 번거로움이 있다. 이에 비하여 사상의학에서는 사상인에 따라 선천적으로 약한 장부와 강한 장부가 정해지기 때문에 장부에 대한 보사법의 적용이 용이해진다.

일반적으로 말하면 선천적으로 작은 상위 장부를 보補하는 것이 널리 알려진 사상인의 섭생법이지만, 대부분 선천적으로 작은 장부는 자연스럽게 보하게 된다. 예를 들어, 소음인은 선천적으로 비위가 작기 때문에 소화가 잘 안 되어 대부분 배를 따뜻하게 하고 비장을 보하는 따뜻한 식품을 먹게 되며, 소양인은 선천적으로 간이 작기 때문에 마음이 차분하지 못하여 대부분 간을 보하는 서늘하고 신맛의 식품을 먹게 된다.

그러나 인생의 중반기를 넘긴 이후에는 하위 장부가 후천적으로 허약해지기 쉽다. 후천적으로 허약해진 장부는 특별히 주의해야 하므로, 사상론의 치유법은 허약해진 하위 장부의 기운을 보하는 데에 중점을 둔다.

□ 증치의학과 체질의학

한의학에는 체질 위주로 보는 체질의학體質醫學과 드러나는 증상을 위주로 보는 증치의학症治醫學이 있다. 증치의학은 증상을 보고 치료하는데, 장부의 기운이 지나치게 실實하면 사瀉하고 지나치게 허虛하면 보補하는 처방을 한다. 예를 들어 감기에 걸렸을 때, 증치의학에서는 열이 나면 열증으로, 그리고 몸이 으스스하게 추우면 한증으로 보고 처방한다. 증치의학은 한증에는 열약을, 열증에는 한약을 처방하는 것이 원칙이다.

그러나 체질의학에서는 겉으로 나타나는 병증이 중요한 것이 아니라 그 사람이 선천적으로 나타내는 병증이 중요하며, 따라서 이에 대응하는 약리가 다르다. 예를 들어, 소음인은 신장이 크기 때문에 선천적으로 몸이 차다[寒]. 소음인에게 병이 생기면 몸이 찬 한증이 나타난다. 소음인이 드물게 열증이 나타나는 경우가 있으나, 소음인이 분명하다면 겉으로 나타나는 열증을 허열로 파악해서 겉으로 보이는 허열을 사瀉하는 것이 아니라 진짜 원인인 한증을 사해야 한다.

이렇게 사상의학은 표면에 나타나는 표증表症보다는 체질에 숨어있는 이증裏證을 중시한다. 체질의학은 큰 장부의 기운이 성해서 항진亢進하는 것을 병의 진정한 원인으로 보며, 체질을 알기 때문에 치우친 기운을 장기적으로 균형을 이루도록 할 수 있다.

기존 한의학은 오행론에 기반하는 의술이지만, 체질에 의거하여 병증약리를 다루지 않으므로 증치의학이다. 오행론에서는 인체는 자연현상의 변화인 '나고 성장하고 결실을 이루어 거두고 저장하는' 생장수장을 따름으로써 무병장수할 수 있다고 본다.

사상의학은 사상론에 기반하는 체질의학이다. 사상론에서 인체는 자연의 생장수장의 기운 중에서 체질별로 하나는 크고 다른 하나는 작기 때문에 작은 기운을 보하는 계절이 오면 몸의 전체 기운이 좋아지고, 큰 기운을 보하는 계절이 오면 몸의 전체 기운이 나빠진다. 사상론은 장부의 기운이 좋고 나쁨을 보는 것이 아니라, 장부의 기운으로 인해 전체 인체의 기운이 좋고 나쁨을 보는 것이다.

□ 사상론의 치유법

체질의학은 치유의 측면에서도 획기적으로 과거와 다르다. 만일 체질의학이라는 개념이 없다면 기존 한의학에서는 한증에는 열약을, 열증에는 한약을 처방하는 것이 원칙이다. 체질의학에서는 겉으로 나타나는 병증病症이 중요한 것이 아니라 그 사람이 선천적으로 나타내는 병증이 중요하며, 따라서 이에 대응하는 약리藥理가 다르다.

특정 장부가 항진되면 하위 장부는 허약해진다는 사실이 『내경』에도 아래와 같이 소개되어 있다.

신맛의 식품을 과잉 섭취하면 간의 기운이 너무 충실하여 그 영향으로 비장의 기운이 손상된다.

짠맛의 식품을 과잉 섭취하면 신장의 기운이 심하게 과대해지고, 피부가 거칠거칠해진다(폐의 기운이 손상된다).

단맛의 식품을 과잉 섭취하면 가슴이 답답하게 되고, 숨이 가쁘게 되며, 피부가 거무칙칙해지고, 신장의 기운의 작용이 불균형하게 된다.

매운맛의 식품을 과잉 섭취하면 근맥筋脈이 힘을 잃고 이완된다(간의 기운이 손상된다).

여기서 어느 장부가 항진되면 기운이 하위 장부로 내려가지 못하므로 하위 장부가 허약해지는 것을 알 수 있다. 사상인에게 항진되는 장부는 당연히 선천적으로 큰 장부이기 때문에 사상의학에서 병증은 큰 장부가 더욱 항진되고 이 때문에 하위 장부가 더욱 허약해지는 것에 있다. 이러한 사실은 사상인의 지행론에서 촉급하게 발하는 감정으로 인하여 하위 장부는 더욱 상한다는 관찰과 같다. 따라서 사상인의 치유법은 하위 장부의 기운을 보補하는 것이며, 이는 항진된 장부를 사瀉하는 효과가 있다. 이것이 항진된 장부에서 볼 때 사상론의 사법瀉法이다.

사상론에서 하위 장부를 보하는 치유의 개념은 상식을 벗어나는 것인데, 그 이유는 사상인에게 가장 약한 장부는 상위 장부이기 때문이다. 일반적으로 사람들은 선천적으로 작은 장부에 대해서는 자연스럽게 조심하면서 살기 때문에 큰 질병으로 발전하지 않는다. 그러나 하위 장부에 대해서는 평소 주의를 하지 않기 때문에 하위 장부가 허약해지는 줄은 잘 모른다.

항진된 장부의 하위 장부의 기운을 보補하는 법에 대해서는 『내경』에도 나온다. 참고로 『내경』에는 오행론에 기반하는 오행론의 사법과 사상론에 기반하는 사상론의 사법이 함께 나온다.

아래는 특정 장부가 항진되어 나빠지는 경우에 대하여 하위 장부를 보하는 사상론의 사법에 대한 것이다.

신장이 나빠지면 건조한 것을 싫어하는데[腎苦燥], 이런 때에는 매운맛의 식품을 먹어서 축축하게 해준다[潤].

폐가 나빠지면 기가 치밀어 오르는 것을 괴로워하는데[肺苦氣上逆], 이때는 신맛의 식품으로 다스린다.

간이 나빠지면 근육이 지나치게 굳어지고 화를 잘 내는데[肝苦急], 단맛의 식품으로 풀어준다.

비장이 나빠지면 습한 것을 싫어하는데[脾苦濕] 이런 때에는 빨리 쓴맛의 식품을 먹어서 건조하게 해야 한다.

아래 표 4.3에 오미에 해당하는 식품을 사상으로 분류하였는데, 『내경』의 식품과 시중에서 알려진 식품을 함께 실었다. 시중에서는 대부분의 식품을 사상인에 적합한 식품으로 분류하고 있으나, 본서는 식품을 장부의 기운과 연결하여 분류했다. 체질의학은 상위 장부를 보하는 식품과 하위 장부를 보하는 식품을 구별해야 하기 때문이다.

표 4.3에 나오는 맛은 모두 약한 맛을 내는 식품이며, 강한 맛을 내는 식품은 이와 다른 효과가 있다. 즉, 약하게 쓴맛은 심장의 활기를 높여주나 강하게 쓴맛은 심장의 활기를 급속히 떨어뜨려 열기를 식히는 효과가 있다. 또한 천일염과 같은 강한 짠맛은 머리에 열을 치솟게 하고 혈압을 올려주나, 생명체 내에 있는 짠맛은 피를 맑게 하고 열을 내려준다. 그리고

표 4.3 오미의 식품

오장	맛	식품(『내경』)	식품(시중)
신장	짠맛	콩, 돼지고기, 밤, 미역, 콩잎	검은콩, 서목태, 밤, 수박, 다시마, 미역, 파래, 김, 해조류. 멸치, 돼지고기, 새우젓, 마, 베지밀, 두유
폐	매운맛	기장, 닭고기, 복숭아, 파	현미, 율무, 배, 복숭아, 파, 마늘, 달래, 양파, 생선, 조개, 생강, 고추, 와사비, 계피, 무, 당근
간	신맛	팥, 개고기, 참깨, 자두, 부추	보리, 귀리, 메밀, 강낭콩, 동부, 팥, 귤, 포도, 모과, 사과, 매실, 깻잎, 계란, 땅콩, 들깨, 참깨, 잣, 호두
비장	단맛	감초, 쇠고기, 기장, 대추, 아욱	기장, 백미, 참외, 호박, 대추, 감, 미나리, 시금치, 쇠고기, 꿀, 고구마, 칡뿌리, 연근, 인삼, 감초, 감자
심장	쓴맛	보리, 양고기, 살구, 쑥	수수, 살구, 은행, 해바라기씨, 상추, 풋고추, 근대, 고들빼기, 취나물, 산나물, 술, 더덕, 도라지

좋은 약한 단맛으로 오래 씹는 밥을 들고, 약한 매운 맛은 몸을 열고 습濕을 쫓아서 감기를 낫게 하지만 한약을 먹을 때 약효도 배출하는 부작용도 있다.[60]

한편 암은 기혈이 순환하지 않은 상태에서 기운의 흡수가 작아서 체내에 기운이 과잉 상태일 때 잘 발생한다. 암을 예방하기 위하선 보라색 가지, 블루베리, 아로니아, 와송 등과 같이 활성산소를 흡수하거나 신장을

---

60) 『사람을 살리는 식품, 사람을 죽이는 식품』, 최철한 저, 라의눈, 2015

보하는 식품을 추천한다. 이와 같은 식품은 부교감신경을 활성화하는 식품에 해당한다. 또한 암은 장부의 기운이 강한 데서 생기는 것보다는 허약해진 장부에서 또는 선천적으로 약한 장부에서 생기는 것으로 볼 수 있다.

▫ 오행론의 사법 고찰

사상론과 오행론을 비교하면 봄과 가을의 기운이 바뀌고, 심장의 역할을 다르게 보는 외에도, 가장 중요한 것은 장부의 기 순환이 다른 것이다.

전통적인 한의학에서 치유법은 오행론을 따르는 보사법補瀉法이다. 보사법에서 허약해진 장부의 기운을 직접 보補하는 것은 오행론과 사상론이 이론의 여지가 없으나, 항진된 장부의 기운을 간접적으로 사瀉하는 방법은 이론의 여지가 있으므로 아래에서 살펴본다.

오행론의 장부론에는 장부의 기운을 사하는 치유법이 있다. 이것이 상극의 기운을 이용하는 오행론의 사법이며, 상극의 기운에는 모두 다섯이 있다. 한편 사상론의 사법은 항진된 장부와 허약해진 장부가 붙어있으므로 하위 장부를 보함으로써 항진된 장부를 사하는 것이다.

아래에서 오행론의 사법과 사상론의 사법을 비교하였다. 참고로『내경』에는 오행론의 사법도 소개되어 있고 사상론의 사법도 소개되어 있다.

첫째, 신장이 지나치게 실하면 오행론의 사법은 토극수土克水를 따라 비장을 보하나, 사상론의 사법은 하위 장부인 폐를 보한다.

둘째, 폐가 지나치게 실하면 오행론의 사법은 화극금火克金을 따라 심장을 보하나, 사상론의 사법은 하위 장부인 간 또는 심장을 보한다. 여기서 유일하게 사상론과 오행론이 일치한다.

셋째, 간이 지나치게 실하면 오행론의 사법은 금극목金克木을 따라 폐를 보하나, 사상론의 사법은 하위 장부인 비장을 보한다.

넷째, 비장이 지나치게 실하면 오행의 사법론은 목극토木克土를 따라 간을 보하나, 사상론의 사법은 하위 장부인 신장을 보한다.

사상론의 사법을 오미로 살펴보면, 첫째 짠맛이 과다할 때는 매운맛으로 사하며, 둘째 매운맛이 과다할 때는 신맛 또는 쓴맛으로 사하며, 셋째 신맛이 과다할 때는 단맛으로 사하며, 넷째 단맛이 과다할 때는 짠맛으로 사한다.

표 4.4 오행론의 사법과 사상론의 사법에서의 오미 처방

	오행사법	사상사법	일치
비위가 항진될 때	신맛 (목극토)	짠맛	×
폐가 항진될 때	쓴맛 (화극금)	쓴맛, 신맛	○
신장이 항진될 때	단맛 (토극수)	매운맛	×
간이 항진될 때	매운맛 (금극목)	단맛	×
심장이 항진될 때	짠맛 (수극화)	신맛	×

사상론의 사법을 오행론의 사법과 비교하여 표 4.4에 결과를 보였다. 오행론의 사법과 사상론의 사법이 일치하는 곳은 모두 다섯 곳에서 한 곳뿐이다. 오행론의 사법은 사상의학에서는 받아들이기 힘든데, 우선 장부의 회로가 다르며 음양의 조화로 보아도 이해하기 어렵기 때문이다.

4.2 사상의학의 마음 치유론

사상인의 장부 치유론이 치우친 장부의 기운을 바로잡는 것이라면, 사상인의 마음 치유론은 자연과의 교감으로 치우친 성정을 바로잡는 것이다. 여기에는 감정 치유법과 마음 치유법이 있다. 기존 한의학이 기를 다스려 혈을 치유하는 것처럼, 사상의학은 감정과 본성 곧 마음을 다스려 몸의 기혈을 치유한다.

감정의 병과 마음의 병이 생기는 것은 선악론과 무관하지 않은데, 선악론은 시대적 환경과 밀접하게 관련이 있다. 동양에서는 법치에 앞서 도덕으로 다스리는 것이 전통인데, 도덕정치는 선을 권하고 악을 멀리한다. 그러나 실제의 정치에서는 명목상 선을 위하고 악을 징계한다면서 오랫동안 지배층의 이익과 관습에 부응해왔기 때문에, 사람들이 선과 악을 분별하지 못하고 관습적으로 선이라 하는 것을 선으로 알고, 관습적으로 악이라 하는 것을 악으로 알게 된다.

이러한 이유로 사람들은 본성에 비추어서 선악을 보는 대신에 자신의 입장에 비추어서 선악을 분별하게 되는 것이다. 이와 같이 본성으로부터 벗어나서 선악을 보는 이분법은 필연적으로 감정의 치우침과 싫어하고 좋아하는 마음을 낳는다. 희로애락이라는 감정의 치우침으로부터 기혈이 어지러워지고, 좋아하고 싫어하는 마음으로부터 본성이 치우치고 심욕이 싹튼다. 이제 만병이 들어서는 것이다.

사상의학의 감정 치유법은 허약해진 장부의 감정의 기운을 보함으로써 항진된 장부의 기운을 사瀉하는 것이다. 본서는 감정이 항진되고 허약해진 경우를 이해하기 위하여 해당 뇌 호르몬이 과다한 경우와 부족한 경우로 나누어 보며, 이에 대한 치유도 뇌 호르몬의 효능과 뇌 기능의 도움으로 설명한다.

4.2.1 사상인의 감정 치유

사상의학은 몸의 치유에 국한하는 것이 아니라 치우친 성정을 치유하기 때문에 성정의학이라고 하며, 마음과 몸을 함께 치유하기 때문에 심신의학이라고 한다. 장부가 항진할 때의 감정은, 신폐간비의 순서로 보면, 차례로 과한 슬픔과 우울, 과한 기쁨, 과한 노함, 과한 즐거움이 된다.

우리는 교감신경과 부교감신경으로 이루어진 자율신경의 판단에 의존하는 동물과 달리, 자율신경의 판단을 그대로 따르지 않고 대부분 독자적으로 자신의 의도에 맞게 편집하고 이에 따라 행한다. 그러나 대뇌신피질이 내리는 판단이 자율신경계가 가리키는 것과 어긋나고 이와 같은 괴리가 지속되면, 점차 정서가 불안해지고 감정이 치우쳐 질병이 들어서게 된다. 이와 같은 현상은 야생의 동물들에게는 찾아보기 힘든데 동물은 자율신경계의 판단을 따르기 때문일 것이다.

교감신경이 활동할 때 좌뇌 중심으로 활동하면 긴장상태를 수반하는데, 이것이 심해지면 몸 전체가 투쟁 호르몬의 세계가 된다. 이런 투쟁 호르몬을 달래주는 역할을 하는 것이 부교감신경이다. 긴장한 교감신경을 달래주고 부교감신경을 활성화하는 방법은 무엇인가? 이것이 안정된 정서를 만드는 것인데, 낮에는 몸에 적당한 운동을 시키고 밤에는 숙면을 취함으로써 휴식하는 것이다. 평소 안정된 정서를 유지하면서 규칙적인 운동을 하면 기운이 잘 순환되기 때문이다. 심신이 안정되고 조화로운 상태에서는 잘못된 판단이나 감정에 휩싸이기가 쉽지 않다.

운동할 시간이 부족할 때 긴장한 교감신경을 달래주고 부교감신경을 활성화하는 방법이 명상이다. 명상은 잠에서 깨어있는 동안에도 부교감신경이 우위인 상태를 만들 수 있다. 이것이 뇌파로는 알파파이며, 뇌는 알파파 상태에서 좌뇌와 우뇌가 자연스럽게 대화를 나눔으로써 뜻밖의 아이디어를 얻을 수 있다.

만일 30분간 명상할 시간도 없다면? 『뇌내혁명』의 저자인 하루야마 시게오는 명상하기가 어려운 일반인에게 묵상默想할 것을 제안한다. 가슴 설레는 기분으로 미래를 계획하거나, 자기가 좋아하는 세계 또는 앞으로 되고 싶은 모습을 상상하는 게 묵상의 핵심이다. 묵상에 익숙해지면 몸의 긴장이 풀리고 뇌 안의 모르핀이 분비된다. 현대인들은 좌뇌 중심으로 생활할 수밖에 없기 때문에 그들이 긍정적인 생각을 할 수 있도록 도와주는 것이 묵상이라 할 수 있다.

감정의 병과 몸의 병을 치유하는 데에는 선후 문제가 있다. 『동의보감』도 '기를 고르게 하는 것이 첫째이고, 혈을 고르게 하는 것은 그 다음의 일'이라고 하였듯이, 마음을 먼저 치유하고 몸을 치유하는 것이 순서이다. 그러나 마음의 병과 감정의 병에는 치유하는 순서가 다른데, 먼저 감정의 병을 다스린 다음에 마음의 병을 치유하여야 효과가 있다. 그만큼 마음의 병은 치유하기 어렵다. 마음 치유는 어렵기도 하지만 그만큼 중요하다. 감정 치유가 치우친 감정을 바로잡는 것이라면, 마음 치유는 치우친 본성을 바로잡는 것이다.

□ 성정의 치우침

사람의 네 감각기관인 귀눈코입이 본래 선을 따를 줄 알듯이, 네 장부인 폐간비신도 본래 악을 거스를 줄 안다고 하였다. 그러나 사람들은 '치우치게 빨리' 선을 좋아하고 '치우치게 빨리' 악을 싫어하기 때문에, 알고 행하는 데에 자연스런 절도를 어겨서 질병이 생긴다. 『동의수세보원』은 이렇게 말한다.

> 비록 선을 좋아하는 마음이라도 치우치게 빨리 선을 좋아하면 선을 좋아하는 것이 반드시 밝지 못할[不明] 것이다. 비록 악을 싫어하는 마음이라도 치우치게 빨리 악을 싫어하면 악을 싫어하는 것이 반드시 고르지 못할[不周] 것이다.

사람이 자연의 성정과 소통하면서 싫어하는 것은 실제로 악한 것이 아니고, 좋아하는 것도 실제로 선한 것이 아닐 수 있다. 사람들은 자신의 감정에 부합하는 것을 선으로 보고, 자신의 감정에 부합하지 않는 것을 악으로 보게 되며, 다시 말하면 선악을 보는 눈이 일정하지 않으며, 그 수준도 다양하다. 이와 같이 자연의 성정과 어긋나서 선악을 보는 습관이 쌓이면 사람들이 '치우치게 빨리' 선을 좋아하고 '치우치게 빨리' 악을 싫어하게 되고 절도에 벗어나서 감정을 폭발시키고 자신의 건강을 해치게 된다.

그러면 범인과 달리 성인은 어떻게 하여 위에 말하는 '치우치게 빨리' 선을 좋아하고 '치우치게 빨리' 악을 싫어하는 기틀에서 벗어났는가? 『동의수세보원』은 이렇게 말한다.

> 요堯 임금의 기뻐하고 노하고 슬퍼하고 즐거워하는 것이 항상 절도에 맞는

[每每中節] 것은 사람을 아는 것을 어렵게 생각하였기[難於知人] 때문이다. 우禹 임금의 기뻐하고 노하고 슬퍼하고 즐거워하는 것이 항상 절도에 맞는[每每中節] 것은 사람을 아는 데 가볍게 여기지 않은[不敢輕易於知人] 까닭이다.

하늘 아래에 기뻐하고 노하고 슬퍼하고 즐거워하는 감정을 갑자기 움직여 헤프게 움직이는 것은 모두 다 움직임이 참되지[誠] 못하고 사람을 잘 알지 못하는 데서 나온다. 사람을 아는 것은 요 임금도 어렵게 생각했고 우禹 임금도 탄식한 바인데 그 누가 만족하다고 생각해서 기뻐할 수 있겠는가! 그러므로 더욱 그 정성을 돌이켜 쉽사리 사람을 취하거나 버리지 말아야 한다.

성인은 희로애락의 감정이 없는 것이 아니라, 세상과 사람을 아는 것을 어렵게 생각하고 가볍게 여기지 않기 때문에 희로애락의 감정이 절도에 맞게 나오며, 이러한 이유로 성인은 범인과 달리 질병의 고통에서 벗어나게 된다.

□ 감정과 뇌 호르몬
감정은 표현되는 기운이다. 감정은 본래 자연스러운 성질이 있으므로 억제하거나 과잉 표출하는 것은 바람직하지 않다. 어린 시절에 노함이나 슬픔을 참으라고 배우는 남자아이들이 많이 있다. 이런 아이들은 나중에 커서 노해야 할 때 노여움을 억누르게 되고, 슬퍼해야 할 때 슬픔을 억누르게 된다. 감정을 잘 이해하고 잘 표현하는 아이는 커서 경험을 균형 있게 받아들일 수 있지만, 감정 표출을 억제 받는 아이들은 커서 같은 경험이라도 균형 있게 받아들이기 어렵다. 아이들에 대한 감정 억제 교육은 치우친 감정을 지니는 데서 그치는 것이 아니라, 시기하고 미워하는 마음이 들어서는 데로 나가게 된다.

『동의수세보원』도 지나친 감정을 경계하지만 억지로 발하는 감정은 더욱 감정을 치우치게 된다고 한다. 아래에 옮긴다.

> 태양인과 소양인은 다만 항상 지나치게 슬퍼하고 노여워하는 것을 경계해야 한다. 또 억지로 기쁨과 즐거움을 꾸며서 헛되게 움직여 따르지 못하게 되어도 안 된다. 만일 억지로 기쁨과 즐거움을 꾸며서 번거롭게 자주 나타내면, 기쁨과 즐거움이 진정에서 나오지 않을 뿐 아니라 슬픔과 노여움도 더욱 치우치게 된다.
>
> 태음인과 소음인은 다만 항상 지나치게 기뻐하고 즐거워하는 것을 경계해야 한다. 또 억지로 슬픔과 노여움을 꾸며서 헛되게 움직여 따르지 못하게 되어도 안 된다. 만일 억지로 슬픔과 노여움을 꾸며서 번거롭게 자주 나타내면, 슬픔과 노여움이 진정에서 나오지 않을 뿐 아니라 기쁨과 즐거움도 더욱 치우치게 된다.

사람들이 질병에 이르는 원인은 무엇인가? 사람들은 대부분 밖으로는 선을 위하고 악을 징계한다면서 감정이 절도에서 벗어나는 것이 질병에 이르는 원인이다. 선은 권하고 악은 경계해야 하지만 자신에게 실천하는 것이 아니라 남들에게 요구하려 들면 점차 순리에 어긋나고 감정이 극도에 이름을 피할 수 없게 된다. 『동의수세보원』은 이렇게 말한다.

> 태양인이 슬픔이 극도에 이르러 물리지 못하면 분노가 밖으로 격동한다.
>
> 태음인이 기쁨이 극도에 이르러 누리지 못하면 즐거워하는 것이 끝이 없다.
>
> 소양인이 노함이 극도에 이르러 이기지 못하면 비애가 마음 가운데 일어난다.
>
> 소음인이 즐거움이 극도에 이르러 이루지 못하면 기뻐함이 일정하지 못

하다.

이렇게 움직이는 것은 칼로 장부를 베는 것과 다름이 없으니 한 번 크게 움직이면 10년을 가도 회복하기 어렵다. 이것이 죽고 사는 것과 요절하는 기틀이니 몰라서는 안 된다.[此死生壽夭之機關也 不可不知也]

이것은 사상인에 따라 촉발하는 감정이 다르며 촉발하는 감정이 장부에 치명적이 된다는 관찰이다. 따라서 이와 같은 감정의 치우침으로부터 벗어나는 것이 감정 치유이다.

사상인 별로 과다하거나 부족한 감정을 아래와 같이 뇌 호르몬의 기능으로 살펴본다.

- 세로토닌은 낮에 분비되며, 우리의 기분을 좋게 만드는 호르몬이다. 세로토닌은 두뇌와 심장 그리고 위장으로 흐르는 혈류나 혈압을 조정한다. 세로토닌이 원활하게 분비되면 활기가 생기고 즐거워지며 여유가 생기고 자신의 능력을 충분히 발휘하게 된다. 세로토닌이 부족하면 우울증이나 불안을 겪는데, 동시에 집중력이나 기억력 하락을 보여준다. 반대로 세로토닌이 과다하면 교감신경이 흥분하여 피곤한데도 잠이 오지 않는 불면증을 겪으며 잡념이 많아진다.
- 멜라토닌은 세로토닌과 반대로 활기찬 낮이 아니라 빛이 사라진 밤이 되면 분비된다. 멜라토닌이 원활하게 분비되는 동안에는 부교감신경이 사람의 몸을 지배하게 되고, 이에 따라 마음이 평화스럽고 안정되며 알파파가 뇌를 지배하게 된다. 멜라토닌은 세로토닌과 반대의 물질로 보이지만, 멜라토닌은 낮에 야외에서 햇볕을 충분히 받으면 세로토닌으로 생성된다. 멜라토닌은 가장 우수한 항산화물질로, 뇌, 면

역체계, 육체 건강의 유지에 영향을 미치고, 근육 조직 강화와 체지방 축적을 방지하여 젊음을 유지하게 한다. 멜라토닌이 부족하면 수면 부족으로 피로감이 생기고, 과다하면 수면 과다로 삶의 의욕이 저하된다.

- 가바는 감각기관을 활성화하면서 신경회로를 균형적으로 조율하는 역할을 한다. 가바는 하루 중에 신체 감각이 깨어있는 상태를 유지하며, 사람들이 원하지 않는 생각을 억제하는 효과가 있다. 가바는 신경 흥분성을 감소시켜 신경을 안정시킨다. 만일 가바가 부족하면 불안과 공포증이 생긴다. 반대로 가바가 과다하면 절제하는 마음이 지나쳐서 남들을 통제하려 한다.

- 도파민은 주로 전두엽에서 생성되는 호르몬으로 의식을 주의 집중하게 하는 기능이 있으며, 창의적이고 전략적 사고를 도와준다. 도파민은 호기심이 많고 새로운 일을 할 때 흥분시켜서 집중하도록 한다. 만일 도파민이 부족하면 집중을 못 하고 주의가 산만해진다. 반대로 도파민이 과다하면 자제력을 잃고 충동적이 되는데, 일종의 중독 증상과 같다.

이와 같이 사상인의 성정적 특성을 뇌의 호르몬으로 설명하는 것은 브레이버맨이 처음이나, 본서는 브레이버맨과 같이 태양인은 호기심과 창의력이 우월한 도파민 체질, 태음인은 신경 안정과 각성이 우월한 가바 체질로 본다.[61] 그러나 소음인은 밤이나 겨울에 활성화되는 멜라토닌 체질이

---

61) 브레이버맨은 사상인을 뇌의 호르몬과 연결하여 보았는데, 다만 소양인은 활

며, 소양인은 낮과 여름에 활성화되는 세로토닌 체질로 본다.

□ 사상론의 감정 치유법

신폐간비 네 장부는 차례로 슬픔[哀], 기쁨[喜], 노함[怒], 즐거움[樂]의 네 감정을 주관한다.[62] 이들 신폐간비 장부가 항진되면 그 감정은 어떻게 치우치는가?

신장의 기능이 항진되면, 슬픔이 지나치고 따뜻한 마음을 잃어버려서 우울과 번민에 이르게 된다. 폐의 기능이 항진되면, 기쁜 감정이 지나쳐서 주의 집중이 어려워지고 안정된 마음을 유지하기 어렵다. 간의 기능이 항진되면, 절제하는 마음이 지나쳐서 남들을 통제하려 하고 따라서 신경질을 잘 내게 된다. 그리고 비장의 기능이 항진되면, 즐거운 감정이 지나쳐서 불면증이 오고 차분히 생각하기가 어려워 잡념이 많아진다.

한의학은 어느 장부가 항진되면 그 장부의 하위 장부는 허약해지는 것으로 보므로 사람들이 겪는 치우친 감정은 항진된 감정과 허약해진 감정이 장부의 기 회로를 따라 함께 발생한다. 항진된 감정을 치유하는 것은 하위 장부의 허약해진 감정을 활성화하는 것이다. 아래에는 하위 장부를 활성화하는 방법을 뇌 호르몬과 뇌 기능으로 설명한다.

– 소음인의 병인은 신장이 항진되고 폐가 허약해지는 데에 있다. 신장

기 때문에 아세틸콜린 체질 그리고 소음인은 온순하기 때문에 세로토닌 체질로 보았다.(『뇌 체질 사용설명서』, 에릭 R. 브레이버맨, 윤승일 이문영 옮김, 북라인, 2009)

62) 사상인과 감정과의 관련은 제2.2.2절에 나온다.

이 항진되면 감정이 부족하여 비현실적인 사유를 많이 하고, 폐가 허약해지면 기쁨이 사라지며 충동적이 되어 외부에서 오는 조그만 감정상의 충격도 감당하기 어렵게 된다. 대부분의 우울증과 주의 불안정, 피해의식이 있는 망상은 소음인의 감정이 항진되었기 때문이다. 소음인은 다른 사람들과 공감하는 생활이 부족하고 남들의 어려움에 관심을 두지 않아서 의기義氣 또는 생의生意가 부족하다.

－ 소음인의 항진된 감정을 사하기 위해서는 주의를 집중하게 하고 흥분과 창의를 불러일으키는 도파민이 필요하다. 도파민은 심장 박동을 증가시키고 흥분으로 세상을 바라보게 하는데, 이것이 소음인의 슬픈 감정을 사라지게 한다. 매운맛의 식품을 섭취하여 땀을 흠뻑 흘리는 것도 우울증을 감소하는 데 도움이 된다.

－ 태양인의 병인은 폐가 항진되고 간이 허약해지는 데에 있다. 태양인은 기쁨이 넘치는 생활을 많이 하여 지나치게 감정이 항진되면 세상을 무시하게 되며, 간이 허약해지면 차분하게 현실적인 사고를 하지 못한다. 대부분 남의 의견을 무시하고 현실적인 사고를 하지 못하는 것은 태양인의 감정이 항진되었기 때문이다.

－ 태양인의 항진된 감정을 사하는 데에는 원치 않는 생각을 억제하는 가바라는 호르몬이 도움이 된다. 가바는 항진된 감정을 절제하고 마음을 안정시킨다. 그리고 간을 보하는 신맛의 식품과 자연산 식초도 도움이 되며, 30분 내외의 땀이 나는 근육 운동을 하여 몸을 긴장하게 하는 것도 도움이 된다.

－ 태음인의 병인은 간이 항진되고 비장이 허약해지는 데에 있다. 간은 절제 있는 감정을 유지하는데, 간이 항진되면 절제하는 마음이 지나

쳐서 노함이 과다하고 신경질이 많아지게 된다. 비장이 허하면 즐거움이 사라지고 무미건조해진다. 대부분 신경질이 많아지고 무미건조해지는 것은 태음인의 감정이 항진되었기 때문이다.

– 태음인의 항진된 감정을 사하는 데에는 몸의 긴장을 풀어주고 모든 것을 낙관적으로 보게 해주는 세로토닌이 필요하다. 세로토닌은 감정조절에 관여하며 행복감을 느끼게 해주는 호르몬이다. 부족한 세로토닌을 합성하기 위해서 호박, 꿀 등의 단맛의 식품을 섭취하는데, 이것은 비장을 보하는 식품이다. 또한 소양인이 지니는 활기와 즐거움의 감정을 증가시키는 방법으로 애완용 강아지를 기르는 것도 도움이 된다.

– 소양인의 병인은 비장이 항진되고 신장이 허약해지는 데에 있다. 비장이 항진되면 교감신경이 흥분하여 불면증이 많아지는 데 비하여, 신장이 허하여 부교감신경이 약화되고 당뇨, 변비, 불면증 등이 걸리기 쉽다. 대부분의 불면증에 심란한 기억들이 많은 것은 소양인의 감정이 항진되었기 때문이다.

– 소양인의 항진된 감정을 사하기 위해서는 몸의 긴장을 풀어주고 항진된 감정을 잠재우면서 잠을 청하는 멜라토닌이나 자연음악과 같은 힐링 멜로디가 도움이 된다. 가슴에 묻어둔 슬픈 감정을 꺼내고 실컷 울거나 세상이 어둠으로 덮이는 밤으로 들어가서 충분한 수면을 취하면, 항진된 교감신경이 누그러지고 새 기운이 들어온다. 그리고 신장을 보하는 산수유와 블루베리도 도움이 된다.

여기에 나오는 사상인의 감정 치유법은 대부분 중년기에 들어선 이후부터 유의하는 것이 좋으며, 특히 건강에 이상이 생기는 초기 상태에는 좋은 처방이 될 수 있다.

□ 오행론의 감정 치유법

오행론에 기반하는 기존 한의학은 각 장부와 감정을 연결하여 처방에 사용하고 있다. 아래는 『내경』에 나오는 각 장부가 항진되어 감정의 치우치는 경우에 대한 설명이다. 여기서 장부에 집중되는 것은 그 장부의 감정이 항진되었다는 뜻이다.

간에 집중되면 노하기 쉽고 신경질을 잘 낸다.[怒]
심장에 집중되면 기뻐하기 쉽다.[喜]
비장에 집중되면 깊은 생각에 잠기기 쉽다.[思]
폐에 집중되면 슬퍼하기 쉽다.[悲]
신장에 집중되면 두려워하기 쉽다.[恐]

기존 한의학에서 항진된 감정을 치유하는 오행론의 감정 치유법은 모두 다섯 가지이다. 오행론의 감정 치유법은 장부의 회로에서 어느 감정이 항진되면 두 번째 상위 장부에 해당하는 감정을 활성화시킴으로써 항진된 장부의 감정을 사瀉하는 방법인데, 아래에 보인다.

생각은 비장을 상하게 하는데, 분노가 생각을 이긴다(노승사怒勝思; 목극토木克土): 너무 걱정이 많고 생각이 많을 때 오히려 감정을 자극하여 분노를 표출하게 하는 것으로 생각을 사라지게 하는 처방이다.

기쁨은 심장을 상하게 하는데, 두려움이 기쁨을 이긴다(공승희恐勝喜; 수극화水克火): 기분이 너무 과하여 기쁨이 지속되는 경우에는 두려운 마음이 생기게 하여 과한 기쁨을 물리치게 하는 처방이다.

두려움은 신장을 상하게 하는데, 생각이 두려움을 이긴다(사승공思勝恐; 토극수土克水): 급작스런 놀람이 잠복하고 있어서 불안하고 두려울 때, 작은 놀람을 일으키고 이를 이해하게 해주어 안심시키는 방법을 여러 번 써서 두려움을 사라지게 하는 처방이다.

근심은 폐를 상하게 하는데, 기쁨이 근심을 이긴다(희승우喜勝憂; 화극금火克金): 우울한 감정이 심하면 아무것도 하기 싫은 데, 깜짝 놀라 기쁘게 하여 우울증을 사라지게 하는 처방이다.

분노는 간을 상하게 하는데, 슬픔이 분노를 이긴다(비승노悲勝怒; 금극목金克木): 분노의 감정이 심할 때는 분노의 대상을 이해하고 그 대상이 불쌍하다는 감정이 일어나게 하여 용서하게 하는 처방이다.

표 4.5 오행론의 감정 치유법과 사상론의 감정 치유법

장부	오행론의 감정 치유		사상론의 감정 치유	
	과다한 감정	치유의 감정	과다한 감정	치유의 감정
비장	생각 과다	분노(목극토)	참견 과다, 불면증	고요, 슬픔(멜라토닌)
폐	우울함	기쁨(화극금)	기쁨 과다, 타인 무시	안정, 절제(가바)
신장	두려움	생각(토극수)	우울과 번민	기쁨(도파민)
간	분노	슬픔(금극목)	신경질과 건조	즐거움(세로토닌)
심장	기쁨	두려움(수극화)	기쁨 과다(實)	절제(가바)
			두려움 과다(虛)	기쁨(도파민)

표 4.5에 오행론이 보는 감정 치유법과 본서가 제시하는 사상론의 감정 치유법을 비교하였다. 여기서 본서의 방법을 기준으로 기존 한의학은 장부가 항진된 경우의 감정 상태를 진단하는 데에 문제가 있으며, 또한 이의 치유법에는 더욱 문제가 있는 것으로 판단된다.

여기서 음인들의 감정의 병인 부정적인 감정에는 신장이 항진된 경우의 우울증, 간이 항진된 경우의 분노가 있는데, 다음 절에 나오는 심장이 허약해져서 생기는 두려움도 포함된다.

사람들의 마음속 깊이 이러한 부정적인 감정이 자리 잡으면, 어떻게 하여야 하나? 부정적인 감정은 마음속에 잠복하고 있기 때문에 잠복되어 있는 감정을 불러와야 한다. 이를 위해 먼저 비애, 분노 또는 두려움 등을 일으키는 자극을 조금씩 준다. 그리고 불러낸 감정에 대해서는 그러한 감정이 생긴 상황을 자상하게 들려주고 자상하게 이해시키도록 한다. 한두 번에 완치되지 않는다 하더라도 잠복된 감정에 자극을 주어 불러일으키고 이해시켜 가라앉히는 작업을 반복함으로써 완치할 수 있다.

본서에서 제시하는 사상론의 감정 치유법은 뇌 호르몬과 뇌 과학적 지식의 도움을 받은 것이므로 기존의 오행 감정치유법에 비하여 보다 합리적이라 판단된다.

4.2.2 마음 치유

심心은 오장 육부를 주재하고 몹시 든든해서[堅固] 사기邪氣가 잘 들어가지 못한다. 일반적으로 마음의 병은 신폐간비에 사기가 들어서 이것이 심장에까지 침입한 경우인데, 이때에는 사기가 든 심장의 감정을 치유하면서 동시에 상처 받은 마음의 치유도 병행해야 한다.

네 장부의 감정이 치우치고 치우친 감정이 심해지면 심장의 치우친 감정으로 커진다. 그리고 심장의 치우친 감정이 깊어지면 상처 받은 마음이 생기는데, 상처 받은 마음이 곧 심병心病이다.

누군가를 볼 때마다 괴로운 감정이 생기는 것이 곧 상처 받은 마음이다. 상처 받은 마음이 내 안에 있고 때때로 과거의 괴로운 감정을 올라와서 지금의 나를 괴롭히는 것이 있다면, 그 감정이 올라왔을 때 회피하지 않고 그 감정을 대면하여야 한다. 이것이 괴롭히는 감정을 인정하고 공감해주는 것이다. 그러한 괴로운 감정은 단순히 지켜보는 것만으로는 치유가 안 된다.

감성은 내가 살아있고 남들을 바라보는 느낌을 주는 힘이 되지만, 현대인들은 감성이 부족한 문화에서 산다고 해도 과언이 아니다. 따라서 현대의 치유healing의 개념은 본질적으로 감성을 회복하는 것이다. 이와 같이 감성의 회복을 위해서는 먼저 상처 받은 그 감정을 불러와야 하는데, 감정이 잠복되어 있으면 절대로 치유되지 않기 때문이다. 그래서 부정적인 감정이 다시 마음속에서 일어나면 유일한 치유는 그 감정을 '있는 그대로' 잘 안아주는 것이다.

사람들은 삶을 경험하면서 만나는 정신적인 충격에 매우 취약하다. 이와 같은 감정이 마음을 지배하고 있으면, 유사한 삶의 경험 모두를 부정적으로 바라보게 된다. 그러나 다른 한편으로 보면 대부분의 상처 받은 마음은 이성을 높이고 감성을 무시하기 때문에 생기는 사회풍토 때문에 생기는 사회의 병이다. 이러한 사회 풍토에서는 사회 구성원들이 이를 자각하고 그들의 상처 받은 마음을 돌보겠다고 생각하는 것이 그들의 상처가 낫는 데 도움이 된다.

□ 자연의 생체 에너지

식물도 우리 사람처럼 생각하고 느끼고 기뻐하고 슬퍼한다. 예쁘다는 말을 들은 난초는 더욱 아름답게 자라고 볼품없다는 말을 들은 장미는 자학 끝에 시들어 버린다는 실험 결과가 있다. 정원을 만드는 데 있어 물이나 퇴비보다 더 중요한 것이 흙 속에 주었던 사랑의 감정이라고 말하는 사람도 있다. 식물도 단순히 영양분만이 아니라 사람들이 가지는 따뜻하고 행복한 감정을 필요로 하는 것이다. 여기서 알 수 있는 것이 식물은 단순히 살아있기만 하는 것이 아니라 감정을 가진 생명체라는 것이다.

꽃밭에서 사랑이 가득한 노래 가락이 나온다는 보고도 있다. 꽃밭뿐 아니라 나무, 숲과 바람, 대지, 별빛 등 대자연에서도 아름다운 선율이 나오는데, 이를 듣고 음악으로 재생한 사람이 있다. 일본의 열다섯 살 소녀인 가제오 메그르인데, 그녀가 재현한 자연음악은 대자연이 부르는 선율을 듣고 악보를 만들어 부르기 시작한 음악이다.[63]

자연음악은 우주에 충만해 있는 생체 에너지를 그대로 음악으로 표현하였기 때문에 듣는 것만으로도 자연 치유가 된다. 자연음악은 자연이 내는 생명 에너지 그 자체이기 때문이라는 것이 옮긴이 이기애 씨의 설명이다. 자연음악을 들으면 몸과 마음이 이완되고 사람의 내면이 밝아진다. 꾸준히 들으면 내면이 행복해지고 치우친 감정이 치유된다. 이것은 자연음악이 사람의 인위적인 노력이 들어간 음악이 아니므로, 자연에서 채록한 에

---

63) 『자연음악』, 리라그룹자연음악연구소 편, 이기애 옮김, 1997

너지와 같아서 자연의 활력이 듬뿍 들어있기 때문이다.

자연 속에 있는 생체 에너지는 사람의 생기가 고갈되었을 때에 그것을 보충하는 효과가 있다. 그리고 이 생체 에너지는 근원적으로 사람의 부교감신경의 에너지와 같기 때문에 몸을 움직이는 양기와 달리 몸을 이루는 음기에 해당한다. 자연음악을 지속적으로 듣고 많은 환자들이 건강을 회복하거나 특히 암 환자들이 자연 속으로 들어가 생활하면서 완치된 예를 생각하면, 자연의 생체 에너지가 인체 내부의 기의 흐름을 좋은 상태로 바꾸고 인체 내부의 면역성을 회복함으로써 인체 본래의 생체 에너지를 회복한 것으로 볼 수 있다.

사람은 자연과의 교감에서 멀어지는 것을 경계해야 한다. 사람이 본래 지니는 생체 에너지는 모두 자연으로부터 온 것이기 때문에 자연과의 교감이 부족하면 사람은 병약해진다.

□ 심장의 감정 치유법

사상인의 항진된 감정이 심해지면 심장의 감정도 따라서 항진되거나 또는 허약해지기 때문에 심장의 감정도 함께 치유하여야 한다.

신폐간비가 지니는 감정은 이미 살펴본 바와 같이, 슬픔, 기쁨, 노함, 즐거움이다. 그러면 심장이 지니는 감정은 무엇인가? 『내경』에는 폐가 지니는 감정과 같은 기쁨으로 나오는데, 이 둘 사이에는 차이가 있다. 폐에서 나오는 기쁨은 인체 내의 기운이 잘 통하여 생기는 기쁨이지만, 심장의 기쁨은 다른 생명체와 공감하는 데서 오는 기쁨이다. 목욕하고 나서 또는 술을 마시면 기뻐지는 것은 폐에서 나오는 기쁨이라면, 아이들이 즐겁게 노는 모습을 보고 기뻐하는 것은 심장에서 나오는 기쁨이다. 기쁘면 혈액순환이 왕성해져서 얼굴이 붉어지며 추운 줄을 모른다. 붉은 색은 심心에 속하니, 혈액순환이 왕성한 사람은 웃음이 많다.

심장의 기운이 항진되면 남의 감정에 공감하여 좋아하기 쉬우며, 반대로 심장의 기운이 허할 때는 이유 없이 공허하고 사람을 기피하는 등 두려움이 생기기 쉽다. 한마디로 심장은 공감의 장부이다.

심장은 공감의 장부이기 때문에 좋아하고 싫어하는 감정을 통하여 다른 장부를 주재한다. 모든 느낌은 심장을 기준으로 보면 좋은 느낌[好]과 좋지 않은 느낌[惡] 두 가지로 나뉜다. 좋은 느낌은 자연스러운 공감의 감정이 생긴 것이다. 좋지 않은 느낌은 대부분 과거의 잠재된 감정이 방해하여 공감이 안 돼서 나온 것이며, 이는 내 안에 부정적인 감정이 들어있다는 것이다.

좋은 느낌이 너무 많은 경우는 심장의 감정이 항진되었기 때문인데, 심장이 항진되어서 치우친 감정은 어떻게 치유하여야 하는가? 이때는 심장의 항진된 기운을 떨어뜨려야 한다. 이것이 삼가는 신독愼獨의 마음이고, 절제의 감정이다. 간을 보하는 신맛도 심장의 항진된 감정을 사瀉할 수 있으며, 강한 쓴맛도 심장의 기운을 떨어뜨려서 본래의 기운으로 돌아가는 데에 도움이 된다.

그리고 좋지 않은 느낌이 너무 많은 경우는 심장의 감정이 허약해졌기 때문인데, 심장이 허약해져서 치우친 감정은 어떻게 치유해야 하는가?

남과 공감이 안 되어 좋지 않은 느낌이 일어난 것은 대부분 내 안에 남아 있는 일종의 상처가 발현된 것이다. 그러나 많은 사람들이 불쾌한 느낌이 나의 과거의 경험으로부터 온 것인 줄을 모르고 남의 탓으로 돌리려 한다. 그래서 좋은 감정은 좇고 좋지 않은 감정은 멀리하려 하는데, 이것은 심장의 감정의 치우침을 더 심하게 할 뿐이다.

심장이 허약해졌을 때의 두려움에는 두 가지가 있는데, 첫째는 기운이 약해졌을 때이다. 이를 치유하기 위해서는 고요하고 정숙한 가운데에 약한 쓴맛의 식품을 장복하여 서서히 심장의 기운을 살리면서 자연의 생체에너지를 가까이해야 한다. 둘째는 두려움 같은 부정적인 감정이 잠복해 있는 경우이다. 이를 치유하기 위해서는 기운의 활성화만으로는 부족하며, 마음속에 잠복해 있는 부정적인 감정을 불러내어 그 감정이 생겼을 때의 상황으로 들어가 보아야 한다.

심장의 감정 치유에서 가장 중요한 것은 긍정적인 마음의 자세이다. 유전자에 대한 연구에서도 유전자 나선이 느슨해지면 면역체계가 높아져 건강해지고 나선이 수축되면 면역체계가 낮아져 질병이 생긴다는 것이다. 따라서 마음속에 잠복해 있는 음의 치우친 감정을 치유하는 데에는 무엇보다 사랑, 연민, 감사 등의 긍정적인 마음이 필요하다.

□ 마음 치유법

심장이 받은 감정의 상처가 오랫동안 낫지 않고 진전되면 상처 받은 마음으로 발전되는데, 이것이 심병心病이고 심병의 대표적인 것이 화병火病이다.

감정은 마음이 자연스럽게 표현하는 기운이다. 감정은 사람들이 외부의 기운에 공감하여 마음에서 증폭하는 반응이다. 감정은 머리로 생각하기 이전에 일어나며, 일어난 것을 자각하기 이전에 이미 몸이 반응한다. 한마디로 감정은 머리로 통제할 수 있는 것이 아니다.

부정적인 감정이 일어나는 것은 자신의 마음속에 자리하는 과거의 부정적인 감정 때문이다. 미워하는 감정이 생기는 것은 정상적이다. 그러나 만일 어떤 대상을 볼 때마다 부정적이고 미워하는 감정이 생긴다면, 그것은 이미 미워하는 감정이 아니라 미워하는 마음이고 곧 상처 받은 마음이다. 미워하는 마음이나 상처 받은 마음이 중요한 것은 사회적인 악이 계속 발생하는 배후에는 대부분 이와 같은 마음이 자리하고 있기 때문이다.

감정의 병이 사람을 괴롭히는 이유는 놀랍게도 그 감정이 떠오를 때 그것을 회피하기 때문이라고 한다. 물론 누구나 떠오르는 괴로운 감정을 가지고 있지만, 이것이 사람을 지속해서 괴롭히는 원인이라면 대책을 세워야 한다.

먼저 나를 괴롭히는 부정적인 마음이 있다는 것을 인식하고 그로부터 벗어나겠다고 결심해야 한다. 다음에는 치유를 위해 그 감정을 다시 불러와야 한다. 감정이 일어나지 않으면 치유할 수가 없다. 그 감정이 다시 일어나면 어떻게 하는가? 유일한 방법이 그 감정을 있는 그대로 인정하고 안아주는 것이다. 감정을 있는 그대로 안아주는 것은 쉽지 않다. 처음에는 매우 불쾌할 수도 있으나, 따뜻하고 이해심 많은 마음으로 안고 또 안으면 보통 하루가 지나지 않아서 그 감정이 뿌리 채 사라지는 것을 경험할 수 있다.

감정은 일어남도 행行이고 치유도 행에 속하기 때문에 머리로만 감정을 이해하려 하면 안 되고 반드시 가슴으로 포용하고 이해해야 한다.[64] 시험 삼아 실천하면 반드시 억눌리고 상처 받은 감정이 사라져서 '텅 빈 마음'을 만날 수 있을 것이다.

---

64)『김기태의 경전 다시 읽기』카페(www.be1.co.kr)에서「비원단상」참조

4.3 사상인의 감별과 치유론 요약

사상의학에서 체질을 알면 기존의 한의학 이론에 비하여 치유법이 현저히 단순해지는 장점이 있으나, 사상인 감별이 쉽지 않은 것이 문제이다.

사상인은 통계적으로 처리해서 나온 개념이 아니라, 자연 발생의 네 단계이자 네 요소인 신기혈정으로부터 나온 개념이다. 사상인의 장부적 정의도 신기혈정으로부터 비롯되고, 사상인의 성정도 신기혈정의 의미로부터 알 수 있다.

사상의학에서는 사상인의 감별이 가장 중요하므로 이에 대한 변증과 감별 방법을 싣는다. 이것은 동무의 사상인 변증을 위주로 하고, 그 밖의 경험적인 자료들을 취합한 것인데, 본서가 제시하는 사상인의 변증을 숙지하면 대략 열 사람 중에 다섯은 체질을 바르게 감별할 수 있을 것이다.

그러나 나머지 다섯은 분별하기 어렵기 때문에 환자와 이야기를 나누면서 환자의 체질에 관한 정보를 얻는다. 그렇더라도 마지막에는 오링 테스트를 하기를 권한다. 이러한 자료가 체계적으로 쌓여야 비로소 사상인 감별에 대한 신뢰도가 높아질 수 있다.

4.3.1 사상인의 변증과 감별

오링 테스트는 인체에 부족한 것을 자연과의 교감으로 보충하면 오링의 힘이 강해지고, 인체에 충분한 것을 자연과의 교감으로 확충하면 오링의 힘이 약해지는 현상을 이용한 것이다. 오링의 힘이 강해지면 인체에 이롭고, 오링의 힘이 약해지면 인체에 해롭다.

방위로 하는 오링 테스트를 이용하면 사상인을 거의 정확하게 감별할 수 있다. 오링 테스트에서 가장 중요한 것은 검사자가 오링 테스트에 임하는 마음의 자세이다. 검사자는 거의 명상에 준하는 마음으로 오링 테스트를 하지 않으면 선입감이 앞서기 때문에 잘못된 정보를 얻을 수 있다.

사상체질은 잘 알려져 있으나, 본서는 심장이 강하고 약함에 따라 나누는 심心 체질을 추가한다. 심 체질은 기존 사상체질에 더한 것이므로, 사상체질 모두에게 심 체질이 존재한다. 심 체질은 심장 기능이 강하므로 몹시 든든해서 외부의 사기를 잘 막으며, 자신의 생각에 대한 자부심이 강하고 추진력도 강하다. 그리고 심 체질을 감별하는 방법으론 오링 테스트를 할 때 검지손가락에 흰색과 노란색을 붙여 힘을 측정하는 것이 있다.

□ **사상인의 변증**

동무의 사상인 분류에 의해 장부의 기운에 따라서 체형과 성격, 그리고 병증이 기본적으로 다르게 나타나지만 외부 특징만으로는 사상인을 정확하게 감별할 수 없는 한계가 있다. 아래는『동의수세보원』에 나오는 사상인의 변증을 중심으로 최근 알려진 사상인의 성격과 특징을 보완한 것이다.

– 소양인은 비대간소脾大肝小[65]로, 비장이 커서 더우며 활동적이고 외향적이나, 간이 작아서 차분하고 안정되고 합리적인 마음이 부족하다. 소양인은 양陽의 기운이어서 '늘 일을 벌이려고 하고 그만두려 하지 않는다.'라고 한다.

---

65)『동의수세보원』에는 신소腎小로 나오나 본서는 '간소'로 수정한다.

체형은 골반 부위에 비해 흉부가 크고 어깨가 벌어졌다. 또한 체력이 튼튼하며 위장이 좋아서 중년 이후에 배가 나오는 사람이 많다. 눈매가 초롱초롱하며, 땀은 태음인 다음으로 많이 흘린다. 그리고 목소리가 낭랑하며 밖으로 나가는 기운이 강하다. 가끔 몸이 작고 성질이 조용하여 겉보기에 소음인처럼 보이는 유형도 있으나, 열이 많은 체질이면 소양인이다.

- 소양인의 성격은 외향적이고, 감정이 풍부하고 밝아서 화를 거의 내지 않으며, 열성적이고 솔직담백하다. 그리고 일을 할 때에 이해와 타산을 따지지 않으며, 남을 위하는 봉사정신이 강하다. 단점은 한꺼번에 일을 벌여놓고 마무리를 하지 못하는 것이다. 소양인은 외향적이어서 개인적이거나 가정적 일은 등한시하고, 실질적인 마음을 추구하기도 하지만 남에게 보여주고 싶은 마음도 많다. 그만큼 소양인은 친구와 친한 동료가 많다.

- 태양인은 폐대신소肺大腎小[66]로, 폐가 커서 몸이 따뜻하고 발산하는 기운이 있어서 외부의 일에 호기심이 많고 창의력이 풍부하나, 신장이 작아서 고요하게 사유하는 마음이 부족하다. 태양인은 양陽의 기운이어서 '늘 나아가려 하고 물러서려고 하지 않는다.'라고 한다.

  체형은 골반 부위에 비해 가슴 윗부분이 발달하고, 목덜미에 기운이 있으며, 머리가 큰 편이다. 허리 아래는 약한 편이나, 몸에 흐르는 기운이 좋다. 성격은 활달하고 과단성이 있다. 그리고 목소리가 고음이나 쇳소리가 많고 밖으로 힘 있게 퍼져나간다. 또한 절대음감을 가지

---

66) 『동의수세보원』에는 간소肝小로 나오나 본서는 '신소'로 수정한다.

는 사람은 대부분 태양인이다. 태양인은 소양인과 비슷하나 소양인보다 과단성과 임기응변이 더 많고, 문제를 보는 시야가 더 크며, 자부심이 많은 만큼 친하게 지내는 친구나 동료가 많지 않다.

- 태양인의 성격은 고요하면서도 호기심이 많아서 집중력이 높으며 창조적이다. 그만큼 기운이 특이하여 주변 사람들과 잘 융화하기는 어렵다. 그리고 막힌 일을 시원스럽게 처리하고, 처음 만난 사람도 쉽게 사귀는 데 능하며, 무슨 일이든 마음에 품지 않고 부담 없이 생각한다. 단점은 남을 무시하는 안하무인격인 경향이 있고 방종하며 제멋대로 행동하는 면이 있어서 사회에 적응을 못하면 따돌림을 받기 쉬워 여기서 평생 헤어나지 못하는 경우도 있다.

- 소음인은 신대비소腎大脾小로, 신장이 커서 몸이 차가우며 고요하고 비활동적이며 온순하나, 비장이 작아서 소화가 잘 안 되고 성격도 내향적이다. 소음인은 음陰의 기운이어서 '늘 들어앉아 있으려 하고 밖으로 나가려 하지 않는다.'라고 한다.

  체형은 삼각형 형태로, 흉부에 비해 골반이 크다. 체격이 작고 말라서 약해 보이는 느낌을 주며, 이목구비가 크지 않고 다소곳한 인상을 준다. 위장이 작아서 중년 이후에도 배가 나오는 사람이 거의 없다. 피부가 부드럽고 땀이 적다. 그리고 목소리가 작고 공손하며 부드러우면 대부분 소음인이다.

- 소음인의 성격은 온순하고 섬세하며 머리가 좋고 재주도 많다. 내향적이어서 전문적인 분야에 몰입하는 경향이 있다. 용모와 말할 때의 기운과 동작이 자연스럽고 간편하며 꾸밈이 없다. 단점은 편안하고 안일한 것을 좋아하고, 남성적이고 적극적인 활동성이 적으며, 매사

를 너무 정확하게 하려다 보니 마음이 편할 날이 없고, 한 번 마음에 상처를 받은 일이나 기분 나쁜 일을 잘 잊지 못하며, 남의 간섭을 싫어한다.

- 태음인은 간대폐소肝大肺小로, 간이 커서 마음이 차분하고 안정적이며 합리적이나, 폐가 작아서 외부의 일에 대한 집중과 창의력이 부족하다. 태음인은 음陰의 기운이어서 '늘 고요하려 하고 움직이려고 하지 않는다.'라고 한다.

  태음인은 전체적으로 골격이 발달한 가운데 특히 허리 부분이 발달해 있고, 자세가 굳건하며 안정감이 있다. 골격이 크고 몸이 전체적으로 고루 비만한 유형은 대부분 태음인이다.

- 태음인의 성격은 책임감이 많고 마음이 안정되어 사회에 잘 적응하고, 일을 한 번 시작하면 꾸준히 추진하며, 모든 일을 현실적인 입장에서 기존 관행을 고려하여 신중하게 생각하고 믿음직스럽게 처리한다. 행동이 점잖고 의젓하나, 속마음을 거의 표현하지 않기 때문에 반려자들이 오히려 고민이 많다. 그리고 저음의 묵직한 성문聲紋을 가지는데, 이런 성문을 가진 사람은 대부분 간이 큰 태음인이다.

사상인에게 적합한 활동분야는 늘 자식을 가진 부모의 관심사이다. 이에 대해서는 사상인에 대한 지행론을 참조하여 자기 체질의 약한 점을 보완할 수 있는 분야를 가려 뽑았다. 또한 자식의 건강 문제도 늘 부모의 관심사이다. 이에 대해서는 건강상 늘 조심할 것은 무엇이고, 병으로 발전하는 징후를 선별하였다. 아래에 『동의수세보원』의 「변증론」을 참고하여 건강상의 성질을 정리하였으며, 사상인에게 적합한 활동분야는 여러 자료를 참고한 것이다.

- 소양인에게 적합한 활동분야는 소양인이 감성과 감정이 풍부하므로 사회적인 활동이 많은 정치계, 언론계, 홍보 및 영업계, 교직계, 사회 봉사계, 연예계, 예체능계 등이다.
  소양인은 대변을 잘 보면 건강하다. 대변을 잘 보지 못하면 가슴 부위가 반드시 뜨거워지는데 이는 큰 병이다[67]. 중년 이후에 살이 찌기 시작하면 건강에 주의하여야 한다.
- 태양인에게 적합한 활동분야는 태양인이 감성이 풍부하여 직관이 발달했으므로 대외활동이 많은 정치계, 금융계, 언론계, 공직계, 학계, 예체능계 등이다.
  태양인은 소변을 잘 보면 건강하고, 대변을 잘 보면 병이 없다. 하체가 빈약한 것이 원인인 열격, 반위, 해격증 등이 지병이다. 요통은 중병의 전조이며, 입안에 침이 많게 되면 큰 병이다.
- 소음인에게 적합한 활동분야는 소음인이 내향적이고 지성적이므로 대외활동이 많지 않고 전문적인 분야에 속하는 모든 분야이다. 학술계, 이공계, 의학계 등이 좋으나, 예체능계나 영업계는 적합하지 않다.
  소음인은 비위가 약하므로 음식물이 소화가 잘되면 건강하다. 소변이 원활하고 대변이 굳고 잘 나오면 건강하다. 설사가 멎지 않고 배꼽 아래가 얼음장 같이 차면 중병이다.

---

67) 소양인의 큰 병은 비장이 항진되고 신장이 허약해져서 생긴다. 여기서 대변을 잘 보지 못하면 큰 병이라 하였는데, 이로부터 대장이 신장과 관련이 있음을 짐작할 수 있다.

- 태음인에게 적합한 활동분야는 태음인이 차분하고 이성적이며 책임감이 강하므로 경제계, 학술계, 정치계, 이공계 등 거의 모든 분야에 능하다. 그러나 예능계, 종교계 분야는 적합하지 않다.

  태음인은 땀을 잘 흘리면 건강하다. 땀이 안 나오면 큰 병이며, 가슴이 몹시 두근거리는 것도 큰 병이다. 변비, 소변 과다, 갈증도 큰 병이다.

실제로 사상인을 감별할 때 위에 나오는 사상인의 변증을 참조하면 대략 열 사람 중에 다섯은 감별할 수 있다. 여기에도 주의할 것이 많이 있다. 먼저 소양인은 사람 수가 많아서 가장 가리기가 쉽다고 했다. 태양인은 가리기가 어렵지 않으나 다만 사람 수가 드물어서 가리기가 어렵다고 했다. 가끔 소양인 중에는 성질이 조용하여 겉보기에 소음인을 닮은 이가 있으나 병세인 한열을 보아 자세히 관찰해야 한다고 했다. 그리고 태양인은 열격이 있는데, 소음인 노인도 열격이 있으니 태양인으로 혼동하지 말아야 한다고 했다. 태양인 여자는 자궁이 부족하여 아이를 낳을 수 없다고 하였으니 참고할 일이다.

참고로 태음인과 소음인의 차이는 아래에 자세히 살펴본다.

태음인은 식은땀이 있으면 건강하나, 소음인은 식은땀이 있으면 큰 병이다.

태음인은 살이 견실하나, 소음인은 살이 부드럽다.

태음인은 본래 피부가 거칠한데 윤기가 있고 긴밀하면 큰 병이나, 소음인은 피부가 윤기가 있고 긴밀하면 건강하다.

소음인은 평소 호흡이 고르지만 가끔 한숨을 쉬는 일이 있으나, 태음인은 큰 한숨을 쉬는 일이 없다.

태음인은 오한이 날 때 찬 물을 마실 수 있으나, 소음인은 이때 찬물을 마실 수 없다.

태음인의 용모와 말투는 의젓하고 단정하며 사사로움이 없으나, 소음인은 용모와 말투가 자연스럽고 간편하면서도 조금은 교묘하다.

체질 감별에서 중요한 것이 있는데, 두 체질을 모두 지니는 체질이다. 이런 사람은 반드시 주 체질과 보조 체질이 있다. 이와 같은 경우에는 시간을 두고서 피검사자의 개인적인 경험담이나 주위 환경에 대한 생각을 문의하면서 주 체질과 보조 체질을 파악해야 한다. 주 체질과 보조 체질을 가지는 혼합체질에는 태음인과 소양인의 혼합 체질이 가장 많다. 이 경우에는 주 체질과 보조 체질을 구별하여 처방해야 하는데, 주 체질을 제일 이중裏症으로 보고 보조 체질을 제이 이중으로 본다. 경험으로 보면, 혼합형은 장부의 기 회로를 따라 앞과 뒤로 나타나는 장부들이 혼합되어 있다. 즉, 소음과 태양의 혼합형, 태양과 태음의 혼합형, 태음과 소양의 혼합형, 소양과 소음의 혼합형이 있다. 그러나 소양과 태양의 혼합형이나 소음과 태음의 혼합형은 찾아보지 못하였다.

외모와 병력 그리고 개인적인 환경에 대한 이야기를 충분히 들었다 하더라도 마지막에는 오링 테스트를 사용하여 자료를 축적하는 것이 바람직하다. 다시 한 번 강조하지만 오링 테스트를 사용하여 체질 감별을 하는 경우에는 피검사자와 검사자 사이에 신뢰가 있어야 정확한 결과를 얻을 수 있다. 이는 피검사자로부터 어떠한 선입견도 받지 않으며 어떠한 감정의 표현으로부터도 자유로워져야 한다는 뜻이다.

□오링 테스트 감별법

현대의 과학기술은 눈에 보이는 것들의 거의 대부분을 측정할 수 있게 되었지만, 눈에 보이지 않는 정신적인 것들, 예를 들어 진실과 거짓, 사랑과 두려움, 꿈과 절망 등에 대해서는 여전히 측정이 가능하지 않다고 생각한다. 그러나 1970년대 들어서 미국에서 외부의 물질이나 기운이 사람의 내면에 반응한다는 사실이 알려졌다.

존 다이어몬드John Diamond 박사는 "사람의 근육은 물질적인 자극뿐 아니라 감정적인 자극과 지적인 자극에 대해서도 반응한다."는 사실을 알았으며, 실험하는 주체와 상관없이 보편적인 결과를 얻는다는 사실도 발견하였다. 후자는 누구나 내면으로는 객관적인 사실을 인지하고 있다는 뜻이다. 다이아몬드 박사는 이와 같은 연구 분야를 '근력시험'이라고 불렀다[68].

근력시험의 원리는 외부의 기운이 나에게 필요한 기운이면 근육의 힘이 강해지고, 필요하지 않은 기운이면 근육의 힘이 약해진다는 것이다. 또한 진실한 말은 힘이 강해지고 거짓된 말은 힘이 약해진다. 근력시험을 이용하면 세상의 대부분의 진실을 알 수 있다. 다만 이와 같은 일들이 법적으로 사용되는 것은 바람직하지 않은데, 특정한 목적으로 근력시험을 하려하면 거의 대부분 선입견이 들어가기 쉽기 때문이다.

사람은 진실과 거짓이 근육반응에 영향을 주기 때문에 근력시험으로부터 알고 싶은 정보가 진실인지 거짓인지를 알 수 있다. 아래는 데이비드 호

---

68) 『보이는 것만이 진실은 아니다』, 장휘용 저, 한울림, 2003

킨스 의사의 근력시험에 대한 설명이다.

테스트 자체는 간단하고 신속하며 비교적 확실하다. 긍정적 근육 반응은 명백하게 참된 진술에 대한 반응으로 일어나고 부정적 반응은 피검사자에게 거짓진술을 제시할 경우에 일어난다. 이러한 반응은 주제에 대한 피험자 자신의 의견이나 지식과는 무관하게 일어나는데, 근육 반응은 어떤 인구집단에서든 문화를 초월하여 유효하고 세월이 흘러도 일관된다는 것이 증명되었다. 인류 역사상 최초로 이 기법은 진실과 거짓의 식별을 위한 객관적 기초를 제공한다. 이것은 무작위로 선정된 순진한 피검사자들을 상대로 언제든 온전히 검증될 수 있다.

다이아몬드 박사와 호킨스 의사가 어깨근육으로 반응을 재는 근력시험을 발견했다면, 미국 콜롬비아대 의과대학 의사였던 오무라 박사는 측정하기 쉬운 손가락의 힘을 사용하는 오링 테스트를 발견하였다. 당시 오무라 박사는 손이 다른 부위보다 더 기에 민감하다는 것을 알았다.

오링 테스트는 이명복 의사가 국내에 소개한 이후로 널리 알려졌는데, 사상인을 감별하는 방법으로도 널리 활용되고 있다. 일반적인 오링 테스트는 피검사자가 엄지와 검지를 둥글게 모아 힘주어 붙인 상태에서 검사자가 양 손으로 엄지와 검지를 둥글게 모아 힘주어 붙인 상태에서 엄지와 검지를 떼어놓는 데 드는 힘을 측정한다. 오링 테스트에서 계측하는 오링의 힘은 절대적인 수치가 중요한 것이 아니라, 상대적인 차이가 중요하며 이 차이로써 힘이 강한지 약한지를 감별한다.

오링 테스트로부터 객관적인 정보를 얻는다는 것은 우리 몸은 많은 외부 정보에 열려있고 그것들과 늘 교감하고 있다는 뜻이다. 오링 테스트는 우리의 몸이 필요로 하는 기운을 알려주는데, 이것으로 사상인을 감별한다.

오링 테스트에서 신뢰도를 높이려면 먼저 명상에 준하는 알파파 상태를 유지해야 한다. 이것은 피검사자와 검사자 모두 의도적인 마음의 활동을 멈추게 하여 시험에서 얻으려 하는 결과에 관해 아무런 선입견을 갖지 않도록 하기 위해서인데, 이와 같은 선입견은 방해파를 일으켜서 시험에 교란을 주기 때문이다. 이렇게 볼 때 오링 테스트는 상당한 수준의 명상상태를 요한다고 할 수 있다.

또한 피검사자의 몸에서 전자파를 일으켜서 시험에 영향을 줄 수 있는 시계, 반지, 장신구 등의 금속물질을 몸에서 제거하는 일도 오링 테스트의 신뢰도를 높여준다.

□ 사상인의 감별

사상인의 감별에 대해서는 오링 테스트가 널리 사용되어왔다. 오링 테스트에서 의미가 있는 결과를 얻기 위해서는 오링 테스트에 대한 올바른 인식이 필요하다. 누구나 전체의 정보와 통해있지만 누구나 특정 정보와 교감을 얻는 것은 아니므로, 특정 정보와 교감을 얻으려는 관심과 열정이 없으면 안 된다.

보통 사상인의 감별에는 야채나 과일을 가지고 측정하는 경우가 많으나, 인체의 장부의 기운은 방위와 색깔과 밀접한 관련이 있으므로 방위 또는 색깔로 오링의 힘을 측정할 수 있다. 방위나 색깔로 사상인을 감별하는 오링 테스트는 다음과 같은 순서로 진행한다.

① 오방색(흑색, 백색, 청색, 황색, 적색)의 색종이를 준비한다.

② 피검사자의 오른손의 엄지와 검지를 힘주어 붙여서 오링을 만들면 검
  사자가 오링에 걸리는 힘의 크기를 측정한다.
③ 피검사자는 방위나 색깔을 바꾸면서 오링에 걸리는 힘의 크기를 측
  정한다.

특정 방위나 색깔에서 측정된 오링의 힘이 상대적으로 크면 몸에 좋으
며, 측정된 힘이 상대적으로 작으면 몸에 좋지 않다. 오링 테스트를 통하
여 아래와 같이 사상인을 감별한다.

  – 태양인은 북방을 향하거나 흑색 종이를 들었을 때 오링의 힘이 강해
    진다.
  – 태음인은 서방을 향하거나 백색 종이를 들었을 때 오링의 힘이 강해
    진다.
  – 소양인은 동방을 향하거나 청색 종이를 들었을 때 오링의 힘이 강해
    진다.
  – 소음인은 남방을 향하거나 황색 종이를 들었을 때 오링의 힘이 강해
    진다.

여기서 피검사자가 북방을 향할 때 기운이 강해지는 것은 선천적으로 신
장의 기운이 작기 때문이고, 서방을 향할 때 기운이 강해지는 것은 선천적
으로 폐의 기운이 작기 때문이며, 동방을 향할 때 기운이 강해지는 것은 선
천적으로 간의 기운이 작기 때문이고, 남방을 향할 때 기운이 강해지는 것
은 선천적으로 비장의 기운이 작기 때문이다.

한의학에서 신장의 방위는 북이고, 폐의 방위는 서이며, 간의 방위는 동이고, 사상의학에서는 비장의 방위는 남이다.

우리나라 사상인의 분포도를 보면, 일반적으로 태양인은 가장 희귀하며 전체인구의 약 5%이고, 가장 많은 사상인은 태음인이며, 그리고 소양인이 다음을 잇고, 소음인이 세 번째 많은 것으로 알려져 있다[69].

한편 방위를 가지고 체질을 감별하는 오링 테스트에서 네 방위 외에도 네 방위의 중간을 택하여 시험해 보았는데, 중간 방위에서는 오링의 힘의 변화가 전혀 나타나지 않았다. 이것은 사상체질이 아니라 팔상체질이 있다 하더라도 이를 방위나 색깔로는 판별하기 어렵다는 뜻이다.

이 외에도 다양한 사상인 실험을 통하여 중요한 사실이 발견되었는데, 아래와 같다.

- 오링 테스트에서 같은 음인이나 양인끼리 만나면 서로 밀어내는 상충의 효과가 있고, 이와 반대로 음인과 양인이 만나면 서로 보하는 상보의 효과가 있다.

오링 테스트에서 같은 음인이나 양인끼리는 서로 밀어내는 상충相衝의 힘이 작용하고, 음인과 양인이 만나면 서로 이끄는 상보相補의 힘이 작용

---

69) 동무가 사상인을 창안한 당시 한국인은 태음인이 50%로 가장 많았고, 소양인 30%, 소음인 20%, 태양인 0.1% 미만이었으나, 경희대 이의주 교수 등이 2004년 423명을 대상으로 체질을 감별한 바에 따르면 태음인 35%, 소양인 31%, 소음인 30%, 태양인 4%의 순이었다. - 사상인진단 - 음성으로 한다 ; 한국경제신문 - 2008-01-09

하는 것은 사상의학의 지행론을 풀어가는 데에 큰 도움이 된다.

한편 오링 테스트 대신에 엘로드(L-rod: L자 모양의 탐사 막대기, 수맥봉) 시험도 유의미성이 높다. 오링 테스트에는 검사자와 피검사자 두 사람이 필요한데, 엘로드 시험[70]에서는 혼자서도 시험이 가능하다는 장점이 있다.

사상인의 장부적 특성은 오링 테스트로 감별되는데, 여기서 계측되는 강한 오링의 힘은 선천적으로 작은 장부에 반응하는 것이다. 그러나 "만일 피검사자의 어느 장부가 후천적으로 허약해졌을 경우에 대해서도 작용하는 것은 아닌가? 그래서 오링 테스트는 선천적으로 작은 장부 외에도 후천적으로 허약해진 장부에 대해서도 오링의 힘이 강하게 반응하는 것은 아닌가?" 하는 의문을 가질 수 있다. 그러나 수많은 오링 테스트 경험을 통하여 오링 테스트에서 반응하는 것은 선천적인 장부의 크고 작음에 대한 것임을 알 수 있었다. 비록 후천적으로 장부가 약해졌다고 하더라도 오링 테스트에서는 나타나지 않는다. 예를 들어 소양인이 후천적으로 신장이 허약해졌다고 하더라도 선천적으로 간이 작기 때문에 소양인이 동방을 향할 때 오링의 힘이 강해지는 것은 변하지 않는다.

□ 심 체질

사상인은 신폐간비 네 장부의 특성으로 체질을 구별하는데, 여기에는 심

---

70) 엘로드 시험L-rod test에서 검사자는 먼저 엘로드와 '내가 묻는 말이 맞으면 회전하고 그렇지 않으면 회전하지 말라'는 언약을 해야 한다. 다음에는 피검사자를 가리키면서 사상인에 대하여 한 체질씩 물어가면서 응답을 체크한다. 엘로드 시험은 오링 테스트보다 손쉬워 보이지만 편견이 더 많이 작용할 수 있으므로 마음의 평정이 더 요구된다.

장의 크고 작음이 빠져 있다. 심장은 스스로 대사 과정에 직접적으로 참여하는 것이 아니라 혈액순환을 통하여 신폐간비 네 장부가 전체적으로 잘 순환하도록 돕는 기능을 한다.

본서는 심장이 큰 체질을 감별하는 방법에 대해서도 논하는데, 심장이 크고 작음을 고려한다면 사상인은 팔상체질로 확장된다. 심장이 큰 체질은 소음인, 태양인, 태음인, 소양인을 가리지 않고 분포되어 있다. 심장에는 심心이 머물기 때문에 심장이 크면 주체적으로 생각하고 자신의 의도를 따르는 기운이 풍부하다.

심장의 크고 작음은 기존 사상인에 부가적으로 더해진다. 심장이 작은 경우에 별도로 이름을 붙이지 않고 심장이 큰 경우에 심心을 붙이면, 사상인 외에 소음심, 태양심, 태음심, 소양심 체질이 생긴다. 심을 붙인 것은 심장의 기운이 크다는 뜻이며, 심장이 크면 사상을 주도하는 주도형이고, 심장이 약하면 사상이 주도하는 순응형에 해당한다. 이와 같은 이유로 『동의보감』도 "심장이 작으면 근심으로 병들기 쉽고, 심장이 크면 근심하여도 병들지 않는다."라고 하였다.

심장이 크고 작음을 어떻게 아는가? 이것도 오링 테스트로 감별할 수 있다. 사람의 다섯 손가락에는 각각 오장의 혈血이 와 있는데, 엄지는 간, 검지는 심장, 중지는 비장, 약지는 폐 그리고 소지는 신장으로 통하는 혈이 있다.

손가락에 황색의 종이 가락지를 끼워서 오링의 힘이 상승하면 그 손가락에 해당하는 장부의 기운이 작고, 백색의 종이 가락지를 끼워서 오링의 힘이 상승하면 그 손가락에 해당하는 장부의 기운이 크다. 따라서 심장의 기운이 큰 사람은 검지에 백색 종이 가락지를 끼우면 오링의 힘이 상승한다. 그리고 심장의 기운이 작은 사람은 검지에 황색 종이 가락지를 끼우면 오링의 힘이 상승한다. 이와 같은 방법으로 심장이 큰 사람과 작은 사람을 감별할 수 있다. 심장이 강한 체질은 태양인과 같이 희귀한 편에 속하며, 전체 인구의 약 5퍼센트 정도의 소수자인 것으로 보인다.

시중에는 본서에서 다루는 심장을 포함하는 팔상체질 외에 다른 팔체질에 대한 연구가 있다. 이와 같은 팔체질은 본서에서는 다루지 않는데, 이것은 동무의 사상의학과는 원리와 체계가 다르기 때문이다[71].

4.3.2 사상의학의 치유법 요약

본서는 사상인의 근원을 자연 발생의 개념이 있는 신기혈정에서 찾았다. 그런데 이렇게 신기혈정으로 사상인을 나누는 것은 자연 발생적 차원에서 보는 것이므로, 인문학이나 철학을 배경으로 보는 것과 다르다.

본서는 장부와 신기혈정과의 관계를 바로잡고 신기혈정의 발생 순서에 따라 장부를 지나는 기 회로를 발견하였는데, '신장 → 폐 → 간 → 비장'이 그것이다. 이와 같은 장부의 회로로부터 새로운 사상인의 정의가 나왔는데, 기존에 나온 정의와 다름은 이미 언급한 바와 같다. 그리고 장부의

---

71) 팔체질에서는 '신 간 비 폐' 네 장부를 각각 '수 목 토 금'이라 하고, 장臟이 큰 사람이 음이고 부腑가 큰 사람을 양이라 하면, 모두 여덟 체질이 된다. 신장이 큰 사람은 수음水陰, 방광이 큰 사람은 수양水陽이고, 간이 큰 사람은 목음木陰, 담이 큰 사람은 목양木陽이며, 비장이 큰 사람은 토음土陰, 위가 큰 사람은 토양土陽이고, 폐가 큰 사람은 금음金陰, 대장이 큰 사람은 금양金陽이다. 이것이 팔체질이지만 실제 내용에서는 동무의 사상의학과 많이 다르다.

회로로부터 사상인에 대한 장부 치유법이 나왔는데, 기존 오행론과 비교하여 진일보한 것으로 보인다.

사상론의 치유법을 예로 들어본다. 신장의 기운이 성하여 감기에 걸리면 폐의 기운을 돕는 매운맛의 식품을 섭취하여 체내에 웅크린 기운을 발산시켜서 체내의 습기를 배출시키는 처방을 쓰는데, 이것은 신장의 하위 장부인 폐 기운을 활성화함으로써 신장의 항진된 기운을 사寫하는 것이다. 그리고 폐 기운이 항진되어 감성이 충만한 경우에는 간 기운을 보하는 신맛의 식품을 섭취하게 하여 의식을 각성시키는 가바를 활성화한다.

본서는 사상론의 치유법이 적합하다는 것을 증명하기 위하여 감정이 항진된 경우에 대한 사상인의 감정 치유법을 제시하였다. 치우친 감정을 치유하는 것은 먼저 허약해진 기운을 보함으로써 항진된 기운을 내리는 것이다. 그리고 상처 받은 마음에 대한 치유법을 함께 제시하였다.

본서의 사상인의 감정 치유법은 하위 장부의 감정을 활성화하여 기운을 바로잡는 것으로, 호연지기浩然之氣 수양법과 같다. 그리고 상처 받은 마음을 치유하는 마음 치유법은 마음속의 상처를 회피하지 않고 마음으로 껴안는 방법인데, 호연지리浩然之理 수양법과 같다.

대부분의 상처 받은 마음은 자연스런 감정을 이해하려고 하는 대신 나쁘다고 가르치고 혼내줘서 감정을 다스리려 한 사회의 탓이라 할 수 있다. 모든 사람은 선천적으로 모든 것을 알고 있는 신神을 지닌 하나의 자연체이다. 사람은 비록 아이라 할지라도 이미 신을 지니고 있다. 아이가 어릴 때 자신의 감정이 무시당하고 상처를 받게 되면, 그 아이는 자라서 남의 감정을 무시하고 남에게 상처를 주게 된다.

많은 사람들은 마음속에 잠복되어 있는 감정이 치밀어오를 때에 빨리 잊어버리려고만 하나, 빨리 잊어버린다고 해서 그 감정이 사라지는 것은 아니다. 오히려 미워하는 감정을 용기 있게 마음속으로 인정하고 받아들이는 것이 용기 있는 행동이고 마음 치유로 이끄는 길이다.

기존 한의학은 자연의 기운과 교감하는 것이어서 기 중심의 진단과 처방을 할 수밖에 없으며, 마음을 기운이나 감정으로 볼 수밖에 없는 이론이다. 그러나 사상의학은 인체가 자연의 성정과도 교감하는 것으로 보기 때문에 감정의 치우침을 바로잡고, 마음의 싫어하고 좋아함을 설명할 수 있다. 그래서 사상의학에서는 마음의 잘못을 돌이켜 몸의 기혈을 바로잡는 치유법이 나온다. 기존 한의학도 지나친 감정을 경계하며 이에 대한 감정 치유가 소개되고 있으나, 사상의학에 와서야 비로소 마음과 몸을 하나로 보고 몸에 생긴 병을 마음으로 치유하는 길이 열린 것이다.

진정한 의도醫道를 행하는 의원은 인체의 질병을 고칠 뿐 아니라, 병자들에게 질병이 생긴 이유를 알려주어 마음을 바로잡고 사람의 본성을 되찾도록 도와주는 것이라 할 수 있다.

제5장 사상의학의 심성론

사상의학은 한의학 분야에 크게 기여하였지만, 동양학의 발전에도 크게 기여한 공이 있다. 사상의학의 이론적 배경을 한마디로 요약하면, 모든 생명체는 신기혈정의 사상四象으로 이루어져 있으며 심心이 사상을 주재한다는 것이다. 이것이 사상·심론이며 오행론을 대체하는 일반론이기 때문에 뇌 과학과 동양학과 우주론에까지 확장하여 그 철학을 이해해 본다. 그리고 사상을 주재하는 심에 대한 심성론을 진실과 거짓 그리고 선과 악을 중심으로 살펴본다. 그동안 사상의학계가 중시하지 않은 분야가 우주론을 포함하는 사상·심의 철학과 심성론이다.

일반사람들은 지행을 통하여 얻은 성과에만 관심을 두지만, 사실상 이를 통해 얻은 앎이 더 중요하다. 앎이 곧 마음이고 마음과 앎을 하나의 시각으로 보는 것이 심성론心性論이다. 사상의학의 치유론이 치우친 감정과 마음을 바르게 하는 것이라면, 심성론은 알고 행하면서 앎을 확충하는 지행知行, 치우친 성정을 바로잡는 수양의 의미를 전체적인 시각에서 다룬다.

본서는『동의수세보원』와『격치고』에 나오는 수양론과 심성론을 기둥으로 하고, 뇌 과학적 지식, 동양 역학易學과 성리학 그리고 심학의 도움을 받아 심성론의 체계를 세웠다.

사상의학에서 발견된 사상四象과 심心의 철학은 원리적으로 볼 때 기존 오행론이나 주역과는 다른 독창적인 철학이며, 본서는 이를 뇌 과학과 동양학 그리고 우주론에 적용함으로써 그 가능성을 검토하였다.

먼저 사상·심의 철학은 뇌 과학에서 살펴볼 수 있다. 뇌는 모두 넷의 기능으로 나눌 수 있는데, 뇌 과학에서 가장 중요한 것은 "뇌에서 결정을 내리는 것이 누구인가?"이다. 뇌腦에서 결정을 내리는 자가 뇌의 주인이기 때문이다. 심주설은 심이 뇌의 활동을 주재하는 것이며, 본서는 뇌의 기능은 넷으로 나뉘며 각각 신기혈정의 기능을 지니는 것으로 본다.

동양학은 오랜 전통을 가지면서 수많은 대가들에 의하여 발전되어 왔지만, 사상·심의 개념으로 통찰할 수 있다. 여기서 사상의 덕성으로 도와 덕 그리고 의義와 예禮를 들지만, 무엇보다 중요한 것은 이들을 고루 갖춰서 절도에 맞게 나오는 중용의 심心이며, 이것이 성인이 세상 속에서 살아가는 마음이다.

인체의 사상·심의 개념을 일반 자연계에 적용한 것이 자연의 사상四象·심心인데, 자연은 이기수토理氣水土로 이루어지며 태극의 심이 이기수토를 주재하면서 자연이 운영되는 것이다.

사람은 누구나 마음이 열린 정도에 따라 다른 심성의 수준이 있는데, 이것이 선악을 바라보는 기준이다. 사람이 사는 목적은 더 높은 차원의 앎을 더 많이 회복하여 심성의 수준을 향상하는데 있는데, 이로써 더 넓은 차원의 삶을 경험할 수 있다. 사람들은 누구나 알고 행하는 지행知行을 하지만 깊은 지행을 하여야 심성의 수준이 향상된다.

유가의 수양론은 안으로의 수기修己와 함께 밖으로의 안인安人을 똑같이 중시하는데, 수기의 목적은 도덕적인 인간을 함양하는 데 있고 안인의 목적은 도덕적인 사회를 이루는 데 있다. 그러나 많은 책자는 아직까지 도덕적인 사회는 요원하며, 현재 인류는 심각한 이원성二元性의 문제에 부딪쳐 있다고 한다. 이원성은 하나는 옳고 다른 하나는 그름을 인위적으로 나누어서 옳은 것은 살려야 하나 그른 것은 없애야 한다는 생각이다. 현재까지 인류사가 심각한 이원성을 맞게 된 원인을 여러 가지 면에서 찾을 수 있지만, 본서는 근원적인 원인으로 암묵지와 명시지의 심각한 격차, 좌뇌와 우뇌의 분리, 그리고 풍부한 성정으로 지행을 강하게 거느리려 하는 풍토를 들었으며, 이를 극복할 수 있는 방안도 함께 살펴보았다.

5.1 사상·심의 철학

현상과 본질은 무엇인가? 사전적 의미로 '현상'은 관찰할 수 있는 사물의 형상이고, '본질'은 사물의 현상 뒤에 있는 실재이다. 현상과 본질은 서로 대조되는 개념인데, 이 둘은 서로 다른 별개로 존재하는가? 사상의학은 모든 생명체는 본질인 신神에서 시작하여 매개체인 기와 혈 그리고 현상인 정精까지 고루 갖춘 것으로 본다. 이는 모든 생명체는 자신 내부에 스스로 본질을 품고 있으며, 외부에 스스로 현상으로 드러나는 존재임을 말해준다.

인체에서의 사상·심의 개념을 뇌 과학으로 살펴본다. 최근 뇌 과학이 발달하면서 사람의 생각이 어디서 나오는지가 밝혀지고 있다. 인체의 뇌는 온몸을 움직이는 사령탑에 해당한다. 뇌에서 어떤 선택을 하기 위해서는 수많은 정보를 제공받아야 하며 조건반사를 제외한 모든 선택은 뇌에서 이루어지지만 심주설은 뇌에서 선택을 하는 존재는 심으로 보는 이론이다.

동양학의 역사는 매우 오래되고 방대하나, 사상의학에 나오는 사상·심의 개념에 비추어 동양학의 특징을 분류할 수 있다. 본서는 노자의 도, 장자의 덕, 공자의 의, 순자의 예 그리고 맹자의 심을 중심으로 간략히 살펴본다. 이들은 서로 비교해 보면 다르나 전체의 차원에서는 하나로 통하는 모습을 지니는데, 이것이 중용中庸의 모습이다.

본서의 신기혈정에 대한 이해로부터 시작하여 장부의 기 회로와 사상인의 정의가 기존의 한의학계의 견해와 다르므로 신기혈정의 의미를 근원적으로 이해할 필요가 생겼다. 신기혈정은 본래 자연 발생적 의미가 있기 때문에 역상易象으로 살펴보기로 한다. 그리고 이러한 신기혈정의 성정의 개념을 이해하여 인의예지의 특성을 분명하게 분별했다.

생명체에서의 사상四象과 심心의 개념을 자연계에 적용한 개념이 자연의 사상·심이다. 생명체의 신기혈정에 대응하는 것이 자연의 이기수토理氣水土이며, 인체의 심에 대응하는 것이 태극의 심이다. 자연계에서 태극의 심은 이기수토를 주재한다. 자연의 사상론이 오행론이나 주염계의 태극도설과 다른 것은 사상의학에서와 마찬가지로 기의 회로와 사상을 주재하는 태극의 심의 존재에 있다. 자연의 사상은 자연계에 있는 모든 존재들을 포함하는데, 이들은 모두 태어나고 소임을 다하면 사라지는 삶과 죽음을 반복한다. 그리고 태극의 심은 자연의 사상 속에 숨어서 이들을 주재하는 것으로 풀이된다.

5.1.1 자연의 앎과 소통

현대과학은 물질이 기본적 존재라는 가정에서부터 시작한다. 최근 물질은 곧 에너지임을 밝혀서 지금은 우주에는 물질과 에너지가 가득 차 있는 것으로 보고 있다.

최근의 일부 과학자들은 물질을 이루는 가장 작은 미립자는 지각 능력을 지닌 존재임을 조심스럽게 밝히고 있다. 이러한 실례로 식물도 또한 의식은 물론 감정도 지녀서 자신을 해친 사람을 기억하고는 공포를 느낀다는 사실을 들 수 있다. 식물이 지각 능력이 있다는 것은 식물이 지성과 감성을 지닌다는 것을 의미한다. 감성感性은 외부 대상과 교감하는 능력이고, 지성知性은 이를 통해 외부 대상을 지각하는 능력이다.

일반적으로 거짓말 탐지기는 용의자가 거짓말을 하는 동안에 몸이 송출하는 자기장의 이상 현상을 감지함으로써 그가 거짓말을 하고 있음을 안다. 거짓말 탐지기의 원리는 거짓말을 하는 사람의 말을 믿지 않고, 그의 몸에서 나오는 자기장의 신호를 믿는 것이다. 어떤 이가 거짓말을 한다는 사실은 거짓말 탐지기 외에 일반 사람도 스스로 주의하면 알 수 있는데, 이것은 사람의 의지가 작용하는 마음 너머에 다른 지각 능력이 있음을 말해 준다.

자연은 어떻게 소통하는가? 자연에 있는 미립자들은 모든 정보, 지혜, 감성, 기운을 다 가지고 있다. 이들은 감성으로 교감하면서 자연이 지니는 모든 정보를 공유한다. 식물도 지성과 감성을 지니는데, 식물은 언어나 글을 사용하지 않고도 훌륭하게 정보를 주고받는다. 식물은 감성으로 교감하면서 사람과 달리 암묵지暗默知로 정보를 교환한다. 우주의 배후에는 거대한 마음이 존재하고 거대한 정보가 들어 있는데, 이에 통하려면 전체와 통하는 감성이 있어야 하고, 이들을 지각하려면 그만한 지성이 있어야 한다.

모든 것이 자연으로 이루어진 우주에서는 서로 에너지를 주고받으면서 자신의 뜻을 전하고 받는다. 이들은 자연의 앎을 공유하는 것이다. 그러나 사람은 자연의 앎의 일부를 사용하는데 그치는데, 식물과는 달리 암묵지만으로 소통하는 것이 아니라 인간들만의 언어인 명시지로 소통하기 때문이다. 사람들이 일반적으로 자연의 앎에 접하는 방법은 현재로서는 거짓말 탐지기, 오링 테스트 그리고 엘로드 등이 있다.

본서는 오링 테스트로부터 나오는 결과를 많이 사용하는데, 혹자는 오링 테스트의 원리에 인위성이 있다고 의심하기도 한다. 오링 테스트에서 피시험자의 체질이 소음인으로 나오는 것과 소양인으로 나오는 것은 매우 큰 차이가 있는데, 이들의 병에 대한 처방이 완전히 달라지기 때문이다. 이러한 체질 감별의 중요성을 모르고 오링 테스트에 임해서는 체질에 대한 정확한 결과를 기대하기 어렵다.

□ 자연의 지성과 감성

사람은 외부 사물과 교감하고 그것을 지각하는 감성과 지성이 있다. 그렇다면 식물도 감성과 지성이 있는가? 1966년 미국의 거짓말 탐지기 연구가였던 클리브 백스터Cleve Backster는 여기에 최초로 답을 하였다. 그는 피시험자에게 그가 태어난 연도에 대하여 일곱 개의 연도를 제시하고 모두 '아니오.'라고 대답하라고 지시하면서, 식물에 거짓말 탐지기를 연결시켜 놓고 그 반응을 살폈다. 그런데 그 사람이 자기가 태어난 연도에 '아니오.'라고 대답하자, 그 식물이 즉각 반응을 보였는데, 놀랍게도 그가 거짓말을 한다는 반응이었다. 식물도 지성이 있음을 처음으로 발견한 것이다.

식물이 거짓말에 대해 반응을 한다는 것은 식물이 지성intelligence뿐 아니라 감성sensibility도 지니고 있다는 것을 의미한다. 감성은 외부 사물을 받아들이는 수용력perception이다. 외부 사물을 지각하려면 그 전에 그를 수용하는 능력이 있어야 한다. 식물은 대상을 지각하기 때문에 지성과 감성을 지닌다.

백스터는 고민 끝에 식물은 인간이 가지는 다섯 가지 감각 외에 '근원적인 지각知覺 능력'을 가지고 있을 것이라는 가정을 하고, 이것이 당시 과학자들과 심리학자들 사이의 논쟁거리였던 일종의 초감각적 지각(ESP: Extra-Sensory Perception)이라고 하였다. 초감각적 지각이란 인간의 오감을 초월한 지각perception이라는 뜻이며, 이것이 있기 때문에 식물은 감각기관이 없더라도 지각하는 것이다. 결국 백스터는 인간이 가지는 감각기관에 의한 지각이야말로 제한적일 수밖에 없으며, 식물들은 보거나 듣지 못해도 어떤 근원적인 기운을 느끼고 안다고 결론지었다.

최근에는 계속하여 식물도 감성을 가지고 정보를 주고받는 존재라는 증거들이 나타나고 있다. 피터 톰킨스[72]는 그의 저서에서 식물이 자신을 해친 사람을 기억하고는 공포를 느낀다는 사실을 말한다. 식물은 아무 것도 하지 않는 것처럼 보이지만, 사람처럼 감성과 지성을 지니고 있어서 감정feelings을 외부로 발한다.

과거에는 물질과 생명체를 구분하여 물질을 생명이 없는 것으로 보기도 하였으나, 『왓칭』에서 소개하듯이 현대과학은 만물을 이루는 미립자도 감성과 지성이 있음을 인정한다. 가제오 메그르의 『자연음악』은 나무와 바람과 수풀이 전하는 음률에 관한 기록이다. 이와 같은 책들은 우리에게 '자연

---

72) 『식물의 정신세계』, 피터 톰킨스 외 저, 정신세계사, 1993

은 살아있는 생명체이자 감성과 지성이 있는 의식체'라는 사실을 깨닫게 한다.

원칙적으로 인체는 외부의 모든 앎과 늘 통해 있으나, 사람의 마음은 대부분 자연의 앎과 분리되어 있다. 사람이 병고에 시달리고 고통의 감옥에서 산다는 것은 자연의 감성으로 연결된 앎과 단절되어 있다는 뜻이다. 따라서 병고에서 벗어나는 것은 자연과 통하는 감성을 회복하는 것이다. 전체라는 자연과 통하는 감성과 본성에 이르는 것이 도덕성이다.

□ 암묵지와 명시지

암묵지暗默知는 언어 등으로 표현될 수 없는 지식[知]이다. 사전에서는 암묵지를 아래와 같이 설명하고 있다.

암묵지tacit knowledge는 헝가리 출신의 철학자 마이클 폴라니의 조어이다. 지식의 한 종류로서, 언어 등의 형식을 갖추어 표현될 수 없는, 경험과 학습에 의해 몸에 쌓인 지식이다. 암묵지가 형식을 갖추어 표현된 것을 명시지라고 한다. 암묵지는 "지식이라는 것이 있다면 그 배후에는 반드시 암시 차원의 '안다.'라는 차원이 있다." 는 것을 보여준 개념이다. 학습과 체험을 통해 개인에게 습득돼 있지만 겉으로 드러나지 않는 상태의 지식을 뜻하며, 내재적 지식으로 개인 및 조직의 행태에 대한 관찰 등 간접적인 방법을 통해 획득될 수 있는 지식을 말한다. −『위키백과』

마이클 폴라니가 예로 든 자전거 타기처럼, 사람들은 한 번 자전거 타는 법을 배우고 익히면 평생토록 잊지 않는다. 이와 같은 기술은 타인에게는 명시적으로 설명하기는 어려우나 사람의 몸은 이미 암묵적으로 자전거를 타고 제어하는 복잡한 과정을 알고 있는 것이다. 암묵지는 한 번 알게 된 이후에는 그것을 자의적으로 제거하려고 해도 그렇게 되지 않는다.

자연은 어떻게 소통하는가? 자연에 있는 미립자들은 모든 앎, 정보, 지혜, 감성, 기운을 다 가지고 있다. 이들은 감성으로 교감하면서 암묵지를 공유한다. 우주의 배후에는 거대한 마음이 존재하고 거대한 정보가 들어 있지만, 전체와 통하는 감성이 있어야 이들과 교감할 수 있다. 전체와 통하는 성정이 도덕성이다.

도덕성은 선험적으로 부여받았지만, 대부분의 사람들은 이것이 있는 줄도 모른다. 도덕성은 지행을 하는 능력이다. 뇌에 뉴런이 생기는 때는 경험을 통하여 새로운 것을 인지한 경우이다. 도덕성도 이와 같이 머리로 이해해서 성장하는 것이 아니라 남들과 공감하고 행하면서 성장한다.

명시지明示知는 암묵지가 형식을 갖추어 표현된 것이다. 명시지는 암묵지를 안내하고 설명하기 위한 것이나, 이것만으로는 그 뜻과 앎을 다 전달할 수 없다. 일각에서는 암묵지를 결코 경험으로 얻을 수 없는 것으로 보기도 하나, 암묵지는 자전거 타는 예에서 보듯이 달인의 경지에서 통하는 앎이다.

명시지는 '명시적 지식explicit knowledge이란 말로 표현할 수 있고, 성문화할 수 있고, 특정 매체에 수록할 수 있는 지식이다. 백과사전에 수록된 정보는 명시적 지식의 좋은 예이다.'라고 한다.

암묵지는 감성으로 통하여 아는 앎이고, 명시지는 지식에 해당한다. 사람은 암묵지뿐 아니라 특정한 목적을 위하여 사람들이 만든 지식인 명시지도 함께 사용한다. 문제는 명시지에 너무 익숙해져있으면 명시지 이면에 있는 암묵지에 통하는 것이 어려워진다는 점이다.

도가나 선가禪家에서도 암묵지와 명시지의 차이를 분명히 하는 것을 볼 수 있다. 그들은 "누구든지 암묵지로 통하는 전체적인 세계를 잃어버리고 명시지로 통하는 세부적인 세계에만 집중하는 것은 위태롭고, 전체와 통하는 암묵지로 들어가야 비로소 진정한 앎으로 들어간다."라고 한다. 도道는 말이나 글로 표현할 수 없는데, 도는 암묵지에 속하기 때문이다.

□ 자연의 앎과 오링 테스트

자연은 '사람의 영향이 미치지 않은, 있는 그대로의 현상'을 뜻하는데, 이를 다루는 학문이 자연학이다. 그리고 자연에는 어떠한 법칙 또는 원리가 있는데, 본서는 이를 자연의 원리law of nature라 한다.

> 일반적으로 사회나 정신과 구별되는 의미에서 자연의 원리[73]라는 말이 쓰인다. 자연의 원리가 사회의 역사 법칙과 다른 것은 역사 법칙이 역사의 특정한 단계에서만 타당성을 갖는 반면 일정한 조건하에서의 자연의 원리는 항상 나타나는 '반복 가능한 관계'라는 것이다. ─『두산백과』

자연의 원리는 모든 곳에서 동일한 효력을 지니는 자연적 질서를 설명하므로, 사람이 생각하는 바와 관계없이 존재한다. 사람은 대부분 자연과의 교감을 상실한 채 살아가고 사람의 마음과 행위도 자연의 순리에 위배되기 때문에 몸에 질병이 생긴다. 사회적으로 옳은 것이 자연적으로 옳은 것과 일치하는 것은 아니기 때문이다.

---

73) 원문에는 자연의 법칙으로 나오지만 본서는 이를 자연의 원리로 쓴다.

오링 테스트는 자연에 내재하는 자연의 원리와 소통하는 수단이 아니라 자연의 앎과 소통하는 수단이다. 오링 테스트는 사람들이 궁금해 하는 여러 가지를 알려주는데, 우리의 몸이 건강한지 그렇지 않은지, 만약 건강하지 않다면 어디가 건강하지 않은지를 알려줄 수 있다. 오링 테스트에서 측정하는 오링의 힘이 바로 인체와 자연의 앎과의 교감에서 나오는 힘이다. 오링 테스트 결과가 실제로 유의미하다면, 이는 '개체는 원리적으로 누구나 전체의 정보와 소통하고 있다.'는 것이다.

그렇다면 사람들은 오링 테스트 없이도 질병의 징조를 알 수 있을까? 우리의 의식이 거짓말 탐지기에서 보듯이 누군가가 거짓말을 하는지 안 하는지 분별할 수 있는 존재이므로, 우리는 우리의 의식을 잘 발달시키면 자연에 내재하는 자연의 앎에 통해 무엇을 즉각 알 수 있다. 다만 그렇게 하기에는 너무 많은 시간이 걸리기 때문에 거짓말 탐지기나 오링 테스트를 사용한다.

그러면 오링 테스트의 원리는 무엇인가? 미국 정신과의사인 데이비드 호킨스David Hwakins의 말을 인용해본다. 그는 오링 테스트와 유사한 근력시험을 가지고 인간의 마음의 수준을 체계적으로 측정하여 『의식혁명』을 쓴 바 있는데, 이 책에 따르면 인류가 경험하는 모든 느낌, 생각, 행위는 잠재의식에 기록되어 영원히 사라지지 않는다고 한다. 그리고 이 잠재의식은 모든 것을 알고 있고 우리의 몸을 통하여 드러나는데, 말하자면 오링 테스트는 이 잠재의식과 교감하여 질문에 대한 해답을 얻는 것이다.

우주의 모든 것은 자신만의 독특한 파장을 방사해내고 있다. 인류가 경험하는 모든 느낌, 생각, 행위도 각각의 파장을 방출하고 있고, 이는 의식에 모자이크처럼 새겨져 영원히 남게 된다. 그런 점에서 이 우주 안에 비밀은 존재하지 않는다.

　우리의 잠재의식은 모든 것을 알고 있다. 그리고 그것은 우리의 육체를 통해 드러난다. 잠재의식 속의 진리와 자비와 사랑 같은 것들은 우리 몸의 근육을 강하게 하고, 수치심과 죄의식과 자만심 같은 것들은 근육을 약하게 한다. 우리는 이런 수치들을 아주 정확하게 측정할 수 있고, 이를 통해 긍정적인 것과 부정적인 것을 알아낼 수 있을 뿐 아니라 무엇이 진실인지도 알 수 있다.

오링 테스트는 자연의 앎과 교감하는 방법이다. 많은 사람들이 오링 테스트를 비과학적이라고 보는데, 이는 오링 테스트를 하는 방법을 잘못 이해했기 때문이다. 사람이 강아지와 교감하려 해도 강아지가 도망가는 이유는 강아지의 신뢰감을 얻지 못했기 때문이다. 오링 테스트도 이와 같이 사람은 누구나 자연의 앎과 통해 있지만 그러한 앎을 얻으려는 관심과 열정이 없으면 오링 테스트의 결과는 신뢰도를 잃어버린다. 그리고 오링 테스트를 하려는 대상과의 교감도 중요하지만, 대상을 통하여 자연계에 있는 앎과 교감하려는 자세도 중요하다. 따라서 오링 테스트를 하는 동안에는 　질문에 대한 해답을 알려고 하는 신중하고 진실한 마음의 자세가 선결조건이라 할 수 있다.

5.1.2 뇌 과학으로 보는 사상·심의 철학

사람은 꿈이 있어야 한다. 꿈이 있으면 이를 이루기 위한 열정도 있어야 하고 꿈을 이루기 위해 노력해야 한다. 꿈을 이룬 사람들은 대개 이런 불굴의 의지를 가졌다. 사상의학은 꿈과 열정 그리고 의지로 이루어지는 심心을 주인으로 본다는 점에서 오행론이나 역학과 다르다.

전통 한의학에는 인체를 주재하는 것이 뇌라는 뇌주설腦主設과 심이라는 심주설心主設이 공존한다. 심주설을 따르면 뇌를 움직이는 것은 심인데, 뇌는 모든 정보가 모이는 곳이므로 크게 보면 신神의 기능에 해당한다. 한편 뇌는 사상으로 나뉘기 때문에 신기혈정의 기능이 모두 갖추어져 있다.

뇌는 컴퓨터가 입력된 자료를 처리하는 것과 비슷한 방식으로 받아들인 생각을 처리한다. 그러나 뇌는 생각을 만들어낼 수 없다. 생각을 널리 퍼트릴 수는 있지만 생각을 창조하지는 못한다. 따라서 심이 주인이고 뇌는 이를 충실히 수행하는 손발의 역할을 하는 것이다.

현대과학의 일각에서는 뇌를 움직이는 것을 의식Consciousness으로 보는데, 그렇다면 의식이 실제로 뇌의 주인이라 할 수 있다[75]. 이렇게 본다면 의식이 한의학에서 말하는 심心이다. 의식이 만물의 근원이라는 생각은 인도의 형이상학자인 네빌 고다드(1905~1972)에서 찾아볼 수 있다. 그는 의식에 대하여 아래와 같이 말한다.[76]

의식은 만물의 근원이자 유일한 실체이다.
세상과 세상 속의 모든 것들은 의식의 상태가 외부로 모습을 드러낸 것이다.

75) 조 디스펜자, 『꿈을 이룬 사람들의 뇌』, 한언, 2009
76) 네빌 고다드의 부활, 네빌 고다드 지음, 서른세개의 계단, 2009

여러분의 세상은 여러분 자신에 대한 관념과 더불어 다른 이들에 대한 관념이 되돌아온 것이 합쳐진 것이다.

그는 의식을 만물의 근원으로 보는데, 이 의식이 본서에서 말하는 심心이다. 이에 비하여 마음이 있는데, 마음은 개별화된 몸에 기반하는 의식이다. 마음은 많은 경험을 통하여 형성된 특정한 유형을 지니는 상태로, 이 마음이 경험을 만들고 이 경험을 통하여 다시 마음이 확장된다. 뇌 과학에서 뇌를 실제로 움직이는 것은 마음이다.

 □ 뇌의 네 기능
사람의 뇌는 크게 세 부분으로 이루어져 있으며, 안에서부터 밖으로 각각 소뇌와 뇌간, 대뇌변연계, 대뇌신피질이 위치한다.[77]

 – 첫째 부위는 뇌간과 소뇌로 뇌의 가장 밑바닥에 있으며, 이들은 자신의 몸과 마음의 상태를 건강하게 유지해주는 기능을 한다. 이런 뜻에서 보면 뇌간과 소뇌는 대뇌신피질과 반대되는 기능을 한다. 대뇌신피질에서 특정한 동기부여를 주고 주의 집중을 하고 계획을 세우거나 결심을 하는 등의 목표지향적인 행위를 하는데, 이를 위해서는 많은 에너지가 소모된다. 이렇게 목표지향적인 일을 하느라 소모된 에너지는 잠을 자는 동안에 본래의 뇌간과 소뇌의 기능을 회복하여야 한다.

---

77) 뇌 과학 부분은 인터넷 상의 브레인 미디어의 편집부 저, 『뇌 과학으로 보는 감정』을 비롯하여 여러 지식을 바탕으로 하였으며, 여러 자료를 가지고 합리적으로 추론한 내용도 다소 들어 있다.

– 둘째 부위는 대뇌변연계로, 뇌간을 둘러싸고 있는 중간 뇌이며 감정
  과 본능의 원천이다. 대뇌변연계는 감정을 처리하기 위해 뇌 호르몬
  을 분비하는 곳이다. 뇌에서 위기상황에 빠지는 경우와 같이 비상시
  로 인식될 때, 아드레날린이나 엔돌핀 등을 분비하여 근육을 긴장시
  키고 주의를 위기상황에 몰입시켜서 외부의 자극에 대응하도록 한다.
– 셋째 부위는 대뇌신피질이며, 고등 포유류의 진화 마지막 단계에서
  발달하였다. 대뇌신피질은 이성적 사고, 고차원의 사고능력 그리고
  언어가 활약하는 부분이기 때문에 '이성의 뇌'라고도 부른다. 대뇌신
  피질이 발달한 덕분에 사람은 오늘날과 같은 인류 문명을 창조하였으
  며 동시에 많은 문제도 만든 것이다.

외부세계의 정보를 받아들이는 뇌는 뇌간과 소뇌[78]이다. 다만 이들 정보
가 대뇌신피질에 이르는 과정에서 평소 지니고 있는 편견이나 심욕이 작
용하여 외부세계에 대한 정보를 취사선택하고 편집하는데, 이러한 이유로
사람에 따라 보는 외부 세계의 정보가 조금씩 다른 것이다. 대뇌신피질은
중요한 결정이 이루어지는 곳이며, 여기서 결정된 사항을 현실로 이루어
지도록 하는 부분은 대뇌변연계와 뇌간이 공동으로 관여하는 것 같다.

  □ 좌뇌와 우뇌
  대뇌신피질은 이성의 뇌라고도 하는데, 좌뇌와 우뇌로 이루어지며 우리

---

78) 소뇌가 우주의 정보를 받아들이는 안테나와 같은 기능이 있다. – 『람타, 현실
  창조를 위한 입문서』, 아이커넥편집부 역, 2015

뇌의 대부분을 차지하고 있다. 우리 사람들의 언어능력, 추리능력, 상징화, 지능, 의지, 판단력 등과 같은 이성적 기능은 모두 대뇌신피질에서 다루는 것들이다. 뇌와 몸 전체를 조절하는 중추는 감정의 뇌에 속하는 시상하부이지만, 중요한 결정이 이루어지는 뇌는 대뇌신피질이다.

파충류는 후각을 중심으로 본능적으로 행동하지만 포유류는 파충류보다 발달한 변연계와 대뇌신피질로 인해 복잡한 반응이 가능하다. 대뇌신피질에서는 학습을 통해 사물, 사건, 상황과 연결하여 2차적 감정이 만들어진다. 치과의 집게만 봐도 겁이 난다든가 하는 것은 합리적이거나 판단이 개입하지 않고 발하는 주관적인 감정이다. 이렇게 주관적인 경험이 주가 되어 생긴 2차 감정들은 사람들로 하여금 정작 중요한 일은 소홀히 하고 중요하지 않은 일에는 몰두할 수 있게 하는 원인이 된다.

대뇌신피질은 이성의 좌뇌와 감성의 좌뇌로 이루어져 있으며, 사람의 정보를 받아들이고 생각하고 선택하는 중추에 해당한다. 좌뇌와 우뇌에 대한 이해는 오랜 역사를 가지고 있다. 뇌 과학이 획기적으로 발전하게 된 것은 좌뇌와 우뇌 사이에 있는 연결고리인 뇌량을 끊고 나서부터이다. 이것은 간질환자들을 위하여 더 이상의 전염을 막기 위한 임시 처방이었는데, 이 때문에 다른 문제가 발생한 것이다.

우뇌는 시각정보를 가지고 이미지로 아는데 비하여 좌뇌는 말이나 신호를 통하여 아는 것이다. 우뇌 기능을 잃은 사람과 좌뇌 기능을 잃은 사람에게 연필을 만져주고 이것이 무엇이냐고 물으면, 좌뇌 기능이 남은 사람은 연필이라고 말하는데 비하여, 우뇌 기능이 남은 사람은 연필이라고 말은 못하지만 그림으로 연필을 그려 보이기는 한다. 이러한 사실로부터 대뇌신피질은 좌뇌와 우뇌로 기능이 나뉜다고 보게 되었으며, 다만 뇌량을 통하여 서로 정보를 교환하기 때문에 이러한 차이를 모르는 것이다.

사람이 무엇을 인지할 때에는 그것을 감각기관으로 받아들이고 나서 이와 유사한 이미지를 우뇌에 있는 기억된 자료 중에서 가장 적절한 이미지를 고르고 좌뇌에서 이에 적합한 언어를 찾아서 표현한다. 이를 고려하면 마음은 경험적 지식이 쌓여있는 심상心象의 세계를 말하고, 생각은 여기 그리고 지금이라는 현재의 상황에 맞게 일을 처리하는 것이라고 할 수 있다. 따라서 우뇌는 잠재의식의 세계79)를 담당하며, 그리고 좌뇌는 현재 일어나는 일을 처리하는 현재의식을 담당하는 것으로 본다.

□ 한의학에서의 심과 신 그리고 뇌

심장은 직접적인 일을 하는 대신에 마음이 관여하는 혈맥을 통하여 나머지 네 장부를 간접적으로 도우므로 심心은 신기혈정 모두를 주재한다고 할 수 있다. 이러한 내용은 『동의수세보원』에 나온다.

오장 가운데 심은 가운데 태극太極이다. 폐간비신은 네 방향의 네 형상이다. 가운데 태극에 있어서 성인의 태극이 중인의 태극보다 높게 나타난다. 심心은 한 몸의 주재主宰이다.

한의학은 심心과 신神을 명확하게 분별한다. 심은 의도하고 생각하며 결

---

79) 질 볼트 테일러의 견해에 따르면, 우뇌는 너와 나라는 관념은 물론 시공간을 넘어서 시시각각 감각기관에서 받아들이는 정보를 처리하는 것이다. 그리고 하루야마 시게오가 쓴 『뇌내혁명』에도 "사람들의 우뇌에는 5백만 년의 감정과 정보가 기록되어 있다."고 말한다. 이것이 사람들이 경험하면서 얻은 인류의 지혜이며 본서에서 말하는 잠재의식이다.

정하고 행한 바에 대하여 평가를 함으로써 마음과 몸을 주재한다. 인체의 장부론에서 심이 함의하는 바를 살펴본다. 아래는 『동의보감』에 나오는 심과 신에 대한 설명이다.

> 심은 생명의 근본이고 정신이 변화하는 곳이다. 심은 신을 간직하고 온몸의 군주가 되어 칠정七情을 통솔하고 온갖 일을 다 처리한다.
> 신은 마음으로 두려워하고 걱정하며 지나치게 생각이 많으면 상傷한다. 신이 상하면 무서워하여 정신을 잃게 된다.

심心은 온몸의 군주가 되어 온갖 일을 다 처리하는데, 심은 신神의 순수 지성과 경험으로 쌓인 잠재의식을 통하여 많은 가능성 중에서 선택을 하는 것이다.[80] 그러나 심이 온갖 일을 처리하는 과정에서 심이 두려워하고 걱정하며 지나치게 생각이 많으면 신이 상하게 된다.

『내경』에 '신장은 골수를 생성하는데 골수는 뇌에 통한다.'고 하였듯이 신장은 뇌에 통하기 때문에 신장에는 신神이 거주한다. 뇌는 대외에서 들어오는 모든 정보가 모이는 곳이므로 여기에 그것을 인지하고 깨닫는 신이 거주하는 것은 당연하다.

신은 있는 그대로의 정보를 심에게 알려주는데, 신이 하는 일이 곧 뇌의 기능이다. 뇌 과학에서는 기능에 따라 뇌의 부위를 넷으로 나눈다. 제2.2.3

---

80) 원문에는 "영혼의 기능은 자신의 바람을 강요하는 것이 아니라 보여주는 것이다. 마음의 기능은 여러 가지 대안들 중에서 선택하는 것이다. 몸의 기능은 그 선택을 실천하는 것이다. 몸과 마음과 영혼이 조화롭게 하나가 되어 함께 창조할 때, 신은 현실 속에 구현된다." - 『신과 나눈 이야기 1』 중에서, 닐 도날드 월쉬 지음, 아름드리미디어, 2000

절 '뇌 과학과 성정'에서 살펴보았듯이 신, 기, 혈, 정에 해당하는 뇌 부위는 차례로 부교감신경, 우뇌, 좌뇌, 교감신경이며, 이것이 뇌의 사상이다.

그러나 심은 마음과 몸을 담당하나 실제로는 마음이 심을 대신하므로 마음이 아는 것은 신이 아는 것과 다르다. 원칙적으로 마음과 신은 서로 조화로운 상태에 있어야 하나, 실제 생활에서 대부분 마음은 신이 가리키는 바와 다르게 선택한다. 그리고 이러한 잘못된 선택은 마음이 신으로부터 멀어졌기 때문이며 모든 스트레스나 질병 또한 이로부터 생긴다.

□ 뇌주설과 심주설

현대의학에서는 몸을 주재하는 것은 뇌라는 뇌주설腦主說이 지배적이다. 뇌에서 인지하고 사유하고 선택하는 등의 생각이 이루어지기 때문이다. 뇌주설은 뇌 과학자들의 전유물처럼 되어 있다. 그러나 심주설心主說을 따르면, 뇌는 정보를 수집하고 원하는 바를 이루도록 안내하고 결정된 사항을 실행하지만, 실제로 그렇게 하는 것은 심이다.

뇌주설은 모든 생각은 뇌가 선택하는 것으로 보나, 심주설은 모든 생각은 심心이 선택하는 것으로 본다. 먼저 뇌주설을 주장하는 두뇌 신경과학자인 다니엘 에이멘Daniel Amen의 말을 들어본다.

뇌는 우리가 하는 거의 모든 것을 안내하고 지시하는 기관이므로, 우리가 어떻게 생각하고 느끼며 행동하고 다른 사람과 얼마나 잘 지내는지를 비롯하여 심지어 우리의 신앙까지도 뇌 기능의 영향을 받는다.

심주설을 주장하는 뇌 과학자인 레이시 J와 레이시 B 및 닥 췰드리와 하워드 마틴의 말을 차례로 들어본다. 심장은 독자적인 정보 수집 능력을 가지고 있어서 스스로 생각하고 의도를 품는데, 뇌가 이를 수신하여 구체적인 생각을 한다는 내용이다.

  심장이 자체의 신경 시스템을 가지고 있고 소뇌편도와 시상 그리고 대뇌 신피질에 영향을 미치는 '뇌'를 가지고 있으며, 나아가 심장도 두뇌에 신호를 보내는데, 그 신호를 두뇌가 이해할 뿐 아니라 복종하는 것 같다.[81]
  심장이 우리의 육체에서 정서를 조절하는 가장 강력한 기관이라는 것을 발견했다.[82]

  심주설을 뒷받침하는 예시로 심장에서 발생하는 전자기장을 든다. 심장은 인체에서 가장 큰 진폭의 전자기장을 발생시키는데, 여기에 사람의 각 장부에서 나오는 감정 정보가 들어있는 것으로 분석되었다. 심장에서 방사되는 감정의 파장이 뇌에 영향을 주어 뇌 호르몬을 발생시킨다. 뇌파도 거꾸로 심장에 영향을 주겠지만, 뇌파는 심장파에 비하여 거의 100분의 1밖에 안 되기 때문에 그 영향은 매우 작은 것으로 본다. 이것이 심주설을 뒷받침하는 중요한 증거이다. 그러므로 심주설은 심이 주인이고 뇌는 심이 선택할 수 있도록 많은 가능성을 제공하는 수단이라는 사실을 일깨워 준다.
  유가에서는 생각하는 기관을 귀와 눈과 같은 감각기관이 아니라 심心으로 본다. "생각하면 얻고 생각하지 않으면 얻지 못한다. 이것은 하늘[天]이

---

81) 『동무 이제마의 철학사상』, 허훈, 심산, 2008
82) 『스트레스 솔루션』 하영목 역, 들녘미디어, 2004

우리에게 준 것이다."[83]라고 말한다. 심은 어떻게 하여 생각하는가? 심은 본성과 감정을 종합적으로 사용하여 생각한다. 다시 말하면 심心은 인의 예지와 희로애락을 주재한다. 이러한 내용에 대하여 주자는 『주자어류朱子語類』에서 "심이 본성과 감정을 거느린다[心統性情]"고 하였다. 여기서 '통統'은 거느린다는 뜻이며, 사람의 심이 본성과 감정을 거느리는 것이다. 동무는 여기에 더하여 심은 본성과 감정을 거느려서 알고 행하는 지행知行을 하는 주체라고 본다.

> 횡거 선생이 말씀하신 것이 가장 좋은데, "심이 본성과 감정을 거느린다."
> 고 하였다. 맹자孟子가 "가슴 아파하는 마음은 인자함의 실마리이다. 부끄러
> 워하고 싫어하는 마음은 의로움의 실마리이다."라고 말한 것도 본성과 감정
> 과 마음을 매우 잘 표현하였다.

그러나 대부분의 사람들은 심이 감정을 거느리지 못하고 감정에 휘둘리는 삶을 사는데, 아직 본성에 눈뜨지 못하였기 때문이다. 그러나 심은 본성과 감정을 거느린다는 심통성정은 심주설과 같이 심이 사상을 주재하는 것으로 보는 사상의학과 뜻이 같다.

사상의학에서 심心은 본성[性]과 감정[情]을 거느리며 지행을 하는 주체이다. 마음은 심에 심욕心慾이 더해진 것이며, 사상의학은 전편에 걸쳐 심욕을 다스려 마음의 불균형을 바로잡고 이를 통해 몸의 병도 치유한다는 개념을 견지하고 있다.

---

83) 『동양적 마음의 탄생』, 문석윤 저, 글항아리, 2013

5.1.3 동양학에서 보는 사상·심의 철학

동양학은 유구한 역사와 방대한 학술을 자랑한다. 현대 동양학자인 풍우란(馮友蘭, 1894~1990)과 모종삼(牟宗三, 1909~1995)은 송명대宋明代 유학을 심학과 이학으로 나누는데 이는 전통적으로 주자를 신유학의 완성자로서 장횡거, 정명도, 정이천 등의 사상을 집대성한 것으로 보는 것과는 다르다. 그리고 이들은 심학心學의 선구로 정명도를 들며, 이학理學의 선구로 정이천을 드는데 의견을 같이한다. 그러나 풍우란은 우주자연을 이성적으로 보고 본성을 궁구하는 이학을 중국철학의 정통으로 보는 데 비하여, 모종삼은 우주자연을 깨달음으로 보려는 심학을 정통으로 본다.[84]

심학은 심心을 중심으로 보는 철학이고, 이학은 리理 즉 신神을 중심으로 보는 철학이다. 과거에는 리理를 중시하였다면 최근에는 심心을 중시하는 경향이 있다. 본서는 심학과 이학을 포함하면서 동양학을 신기혈정과 심의 개념으로 나누고 대표적인 학자를 들고 간단히 그의 학문을 살펴본다.

먼저 신과 정에 해당하는 덕성은 도와 덕이다. 노자는 "도는 만물을 낳고, 덕은 만물을 기른다. 그러므로 만물은 도를 높이고 덕을 귀히 여긴다."[85]라고 하여 도와 덕을 만물의 근본으로 여긴다. 그리고 기와 혈에 해당하는 덕성은 인의예지에서 각각 의와 예이다. 『동의수세보원』에는 현실문제를 합리적으로 해결하는 정명正命의 도를 행한 대표적인 사람으로 유하혜를 들고, 도리道理를 귀히 여기는 지성至性의 덕을 행한 대표적인 사람

---

84) 『장재와 이정 형제의 철학』, 이현선 지음, 문사철, 2013
85) 졸저, 『초간본 노자로 보는 무위자연의 길』

으로 백이를 든다. 이를 인의예지로 보면 유하혜의 행은 현실을 중시하여 서로 겸양하는 예에 속하고, 백이의 행은 이상을 중시하여 마음을 바르게 하는 의에 속한다.

신기혈정과 심에 대응하는 동양학의 개념은 차례로 도, 의, 예, 덕 그리고 심이며, 이들 학문을 대표하는 학자를 들어본다. 도를 대표하는 이는 노자이고, 덕을 대표하는 이는 장자이며, 의를 대표하는 이는 공자이고, 예를 대표하는 이는 순자이다. 그리고 가운데 심을 대표하는 것은 맹자이다. 노자와 공자 그리고 맹자에 대하여는 이론의 여지가 없겠으나, 장자의 덕과 순자의 예를 든 까닭은 다음과 같다. 즉, 장자는 하늘의 도와 일체가 되어 자유롭게 사는 삶을 중시했기 때문이고, 대부분의 동양학자들이 이상세계를 구현하는 인의仁義를 강조하는 데 비하여 순자는 사람들로 하여금 현실세계에서 삶을 합리적으로 살도록 했기 때문이다.

동양학을 사상과 심으로 나누어 보는 이유는 대부분의 동양학자들이 하나 혹은 둘 정도의 견해에 치중하는 데 비하여 사상의 덕인 도와 덕 그리고 의와 예 모두를 고루 갖추어 치우침이 없이 절도에 맞는 중용中庸을 잘 이해하기 위함이다.

동양학을 사상·심의 개념에서 보면 노자의 도, 장자의 덕, 공자의 의, 순자의 예, 그리고 맹자의 심이 된다. 이것이 그림 5.1 나)에서 보는 '본서에서의 동양학의 사상도'이다.[86] 한편 그림 5.1 가)는 『격치고』에 나오는 도덕의 사상도이며, 건리감곤의 위치가 그림 5.1 가)와 180 차이가 있는데, 신기혈정의 사상도를 따랐기 때문이다.

---

86) 동양에서는 방위를 잡을 때 북방이 기준인데, 본서에서는 북방을 위로 잡는다.

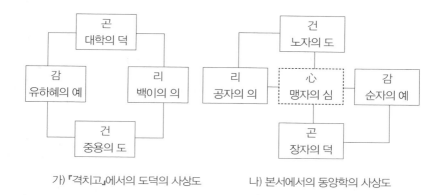

가) 『격치고』에서의 도덕의 사상도   나) 본서에서의 동양학의 사상도

그림 5.1 동양학의 사상도(신 → 기 → (심) → 혈 → 정)

그림 5.1 나)에서 보는 동양학의 사상도에는 도가의 자연철학과 유가의 인본주의 철학이 서로 조화롭게 공존한다. 여기서 중요한 것은 중용의 심心으로, 유가에서 말하는 성인이 세상 속에서 살아가는 마음이다.

사상의학은 심을 중심으로 보기 때문에 세상이 나에게 무엇을 해주는 것이 아니라 내가 세상에서 무엇을 할 것인지 생각하는 입장에 있다. 유가는 언제나 수신제가 치국평천하라는 커다란 공동선을 지향한다. 그렇기 때문에 학문을 하는 지식인들이 세계의 운명을 버리고 자신의 마음에만 몰두하거나, 나라나 가정 일에 관심 없이 마음만을 추구하거나, 나라의 일은 잊어버리고 오직 내 가정만을 이롭게 하는 것과는 다르다.

도가는 선천적으로 주어지는 성정에 해당하는 도와 덕을 중시하고, 유가는 지행에 해당하는 의와 예를 중시하였다면, 사상의학은 이들을 종합하여 본다. 즉, 성정은 지행을 하는 힘이며 사상인에 따라 성정이 다르고 지행도 다르나, 이를 잘 거느리고 잘못 거느리는 것은 심에 달렸다. 심에는 다양한 심성의 수준이 있는데, 성정이 절도에 맞게 나오는 것을 이상으로 본다. 따라서 시중에서 사상의학은 도가道家 계열의 한의학이 아니라 유가儒家 계열의 한의학이라고 하지만, 사상의학은 도가를 중심으로 이어온 자연철학과 유가를 중심으로 전개된 인본주의 철학을 조화롭게 수용한 것은 물론이고 깨달음을 중심으로 하는 심학을 중심으로 보는 것과 같다.

□ 노자의 도

노자 사상은 도道가 만물을 낳고 만물은 다시 도로 돌아가는 순환에 기반을 두므로, 도를 자연의 본질로 하는 본체론이다. 이 사상의 계보는 노자로부터 시작되고 장자와 왕필을 거쳐 도가사상으로 이어진다.

노자는 하늘과 땅이 있기 전에 이미 도가 있다는 것을 깨달았다. 도는 무無이나 천지만물은 유有이다. 결국 무에서 유가 나온 것이다. 나중에 왕필은 도를 그의 저서『논어석의論語釋疑』에서 이렇게 말했다.

도는 무를 일컫는다. 만물은 이를 통하지 않음이 없고 이를 거치지 않음이 없다. 비유하여 말하면 도는 고요하여 아무런 형체가 없으므로 형상[象]으로 나타낼 수 없다.

사람들이 보고 듣고 잡을 수 있는 유형의 세계는 이들을 가능하게 해주는 무형의 존재가 있기 때문임을 말한다. 그리고 노자의『도덕경道德經』은 유형이 무형으로부터 비롯함을 아래와 같이 비유하여 말한다.

벽을 세워 방을 만들지만 그 안에 생겨난 공간이 가장 중요하다. 그릇은 진흙으로 만들지만 그 안에 생겨난 공간이 가장 쓸모 있다.

이와 같은 "유는 무에서 생긴다.[有生於無]"는 사상은 후대에 유가계통의 학자들에 의하여 많은 비판을 받은 바 있는데, 이를 잘못 이해하면 이 세상에서 추구하는 것을 허무한 것으로 오해할 수 있기 때문이다.

그러나 최근에 밝혀진 바와 같이 사람의 본질인 의식이 무無와 같다거나, 현재 눈에 보이는 것들이 우주가 태어나기 이전에는 존재하지 않았음을 이치적으로 따진다면, 무에서 유가 생겼다는 말이 거짓이 아니다. 원인이 있어서 결과가 있다는 법칙을 상기하면 "최초로 물질이 생겼다."는 사건이 있기 전에 "그 물질을 생기게 한 무언가가 있어야" 하는 것이며, 노자와 왕필은 이것을 보이지 않는 도道로 본 것이다.

노자의 사상은 사람들은 자연의 원리에서 절대 벗어날 수 없으므로 그들로 하여금 자연의 원리를 잘 이해하고 따르도록 하기 위한 것이다. 자신을 낮추고 부드러운 삶으로 자연의 순리에 따르도록 하여 세상 사람들과는 달리 자유롭고 행복한 삶을 살 수 있도록 한다.

도를 따르는 사람은 세상 사람들과 달리 선악을 분별할 수 있다. 노자는 "세상 사람들이 모두 아름답다고 하는 것을 아름다움으로 알고 있는데, 이것은 추한 것이다. 세상 사람들이 모두 선하다고 하는 것을 선함으로 알고 있는데, 이것은 선하지 않은 것이다."라고 하여 사람들이 본성으로 선과 악을 직접 알려고 하지 않고 남들이 선과 악이라고 하는 것을 따르는 풍토를 꼬집는다. 그리고 "사람은 육신이 있기에 고통을 받는다. 만약 육신이 없다면 고통을 받을 수 있겠는가?"라고 하여 사람은 그의 혼보다 육신에 신경을 쓰게 되면 고통을 받는다는 사실도 일깨워준다.

□ 장자의 덕

노자는 생명의 근원을 도道로 보았다면, 장자는 『장자莊子』「소요유逍遙遊」편에서 사람이 누릴 수 있는 절대 자유의 경지가 있음을 말하였고, 「양생주養生主」편에서는 모든 얽매임에서 벗어나 본성을 따르는 자유로운 삶을 주창했는데, 이것이 덕德이다.

동양학은 도는 타고난다고 하여 하늘의 도로 보고, 덕은 살면서 늘 얻는다고 하여 땅의 덕으로 본다. 도와 덕은 사물의 안팎과 같이 서로가 있어야 완성되는 그런 관계이다. 다만 덕은 대가를 바라지 않는 마음[無爲心]으로 행하여야 얻을 수 있으며, 대가를 바라고 하는 마음[有爲心]은 경계한다. 덕에 대하여 왕필(王弼, 226~249)이 『노자주老子註』에서 말한다.

덕의 본질은 얻음[得]에 있다. 이것은 덕이 늘 얻기만 하고 잃음이 없으며 이롭기만 하고 해를 끼침이 없음을 의미한다. 그래서 덕이라고 부른다. 그렇다면 사람은 무엇으로부터 덕을 얻는가? 도를 통해서 얻는다. 또 사람은 무엇을 통해 덕을 실현하는가? 무를 통해서이다. 무를 쓰게 되면 싣지 못할 것이 없게 된다. 이것을 사람의 경우에 적용시켜 보면, 만약 그들에게 무를 쓰게 되면 어느 한 사람도 그것을 경유하지 않음이 없게 된다. 그러나 만약 그들에게 유를 쓰게 되면 누구도 삶의 굴레에서 벗어나지 못하게 된다. 이런 까닭에 천지가 비록 광대하여도 무로 그 마음을 삼고, 성인이 비록 위대하여도 허정虛靜으로 그 중심을 삼는다.

여기서 덕은 도를 씀으로써 얻어지는 것인데, 대가를 바라면서 쓰는 것도 얻음이 있으나 삶이라는 굴레에서 벗어나지 못한다고 하며, 따라서 대가를 바라지 않으면 걸림이 없이 얻는다고 한다.

노자는 도를 처음 말했지만 덕에 대해서도 그 뜻을 분명하게 하였다. 그러나 덕은 아는 것만이 아니라 행하는 데에 그 쓰임이 있다. 유유자적하게 덕을 노래한 대표적인 사람으로 장자를 드는데, 그는 스스로 세상 사람들의 관습이나 생각의 굴레로부터 벗어나서 무위자연無爲自然의 삶을 살았다. 장자는 '옳음도 하나의 무궁한 변화이고 그름도 무궁한 하나의 변화이다. 그러나 옳고 그름에 치우치지 않는 밝음만 같지 못하다.'고 하였다. 밝음은 오직 부정성을 포용하고 이해할 때만이 얻어지는 것으로, 마음속에 깊이 들어있는 본성에서 나온다.

장자는 『장자』에서 생기가 넘치고 발랄하게 많은 비유를 들어 도와 덕을 칭송하는데, 아래는 『장자』「덕충부德充符」편에서 옮긴 것이다.

그러므로 덕이 충실한 사람은 형체를 잊게 된다. 사람들은 잊어도 되는 건 잊지 않고 잊어서는 안 되는 건 잊는데, 이것을 '까맣게 잊음[誠忘]'이라 말한다.

그러므로 성인은 자유로이 노니는 마음이 있어 지혜를 번거로운 것이라 하고, 규약을 아교와 같이 사람을 구속하는 것이라 하고, 소득을 남들과 연결하여 속박하는 것이라 하였으며, 기교를 남에게 물건을 파는 것과 같다고 여겼다.

성인은 일을 꾀하지 않는데 어찌 지혜를 쓰겠는가? 물건을 자르지 않는데 아교 같은 것을 어디에 쓰겠는가? 잃는 것이 없는데 어찌 소득을 얻으려 하겠는가? 이익을 추구하지 않는데 어찌 물건을 팔겠는가? 이 네 가지는 천연의 보육이다.

천연의 보육이란 하늘이 먹여주는 것이다. 이미 하늘로부터 먹을 것을 받고 있는데, 어찌 또 사람을 필요로 하겠는가? 성인은 사람의 형상은 하고 있지만 사람이 가지는 사사로운 정은 지니고 있지 않다. 사람의 형상을 하고 있기 때문에 사람들과 어울리고, 사람이 가지는 사사로운 정이 없기 때문에 시비가 생기지 않는다. 아득히 작은 것은 사람의 일에 속하고 덩그러니 큰 것은 홀로 하늘과 하나가 된다.

□ 공자의 의

동양사상의 종주로 노자와 더불어 공자孔子를 빼놓을 수 없다. 노자의 사상이 하늘의 도에 바탕을 두고, 장자의 사상이 땅의 덕을 노래하는 것이라면, 공자의 사상은 하늘과 땅의 혜택 속에서 살아가는 사람들이 가정과 세상을 지키면서 가져야 하는 바른 마음가짐[義]과 사람들 사이에 있어야 하는 도덕적인 예禮에 관한 것이다. 그는 세상에 의와 예가 갖추어진다면 사람들이 다투지 않으면서 나라를 다스리고 천하를 안정시킬 수 있다고 보았다. 사상의학은 공자의 인의와 예가 마음속의 지혜와 관련이 있기 때문에 공자사상의 중심을 의義로 본다.

공자의 가르침은 노자의 가르침과 많이 다를 것으로 보이나, 두 분 모두 타율보다는 자율을 따르게 하고, 규범에 의존하게 하기 보다는 스스로의 본성을 따르게 하는 것이 나라를 다스리는 최선의 방법으로 본다는 점에서는 같다. 나중에 사마천은 노자와 공자가 추구하는 정치를 도덕정치라고 하여 진시황의 가혹한 법치보다 오히려 백성들을 편안하게 하고 관리들을 바르게 이끌었다고 칭송한다.

공자의 사상에서 가장 중요한 것은 인본주의이다. 공자의 사상은 백성을 중시하고 사람의 본성인 덕성을 존중한다. 공자가 생각하는 최고선은 사람들이 자기의 본성인 덕성을 먼저 자신에게 실천하고, 다음에 가족에게 실천하며, 다음에 사회와 온 인류에게 실천하는 것이다. 이와 같이 덕성을 실천한다는 면에서 법가의 법치주의와 다르며, 인본주의를 중시하는 측면에서는 노자나 다른 제자백가와도 다르다고 할 수 있다. 중국의 현대 철학자 모종삼은 공자의 사상을 한마디로 인학仁學으로 규정하고, 인도주의와 민본주의의 요소를 내포하는 중국의 대표사상으로 보았다.

그러나 공자는 덕으로 가는 가장 가까운 길을 인仁으로 보면서도 바른 마음인 의義를 무엇보다 중시하였다. 공자는 백성을 사랑하되 사람이 마땅히 살아가야 하는 마음속의 길을 더 중시한 것이다. 공자가 생각하는 선善은 먼저 자신의 덕성을 닦고 다음에 백성에 실천하여 인의仁義를 이루는 데 있다.

도가는 도와 덕을 말하고 덕의 실천을 통하여 도를 깨달으라고 권하면서도 덕치주의를 표방하지는 않았다. 공자는 다른 제자백가에 비하여 덕치주의라는 이상을 결코 포기하지 않으면서도 현실을 충분히 고려했는데, 이 때문에 공자의 사상은 합리적이라는 평가를 받는다. 공자는 제자들에게 인仁을 터득하여 학식과 함께 인격적인 덕을 겸비하는 군자가 되도록 하면서도, 그들에게 정치에 나아가서 욕심 많은 권신들에게 휘둘리는 정치를 바로잡도록 가르쳤다. 어지러운 정치를 무력이나 전쟁이 아니라 덕德에 의한 교화와 애민愛民이라는 본성에 호소하여 바로잡으려 한 것이다. 공자의 이와 같은 합리주의는 선한 목적을 이루기 위하여 폭력적 수단을 정당화하는 일반인들의 상식과는 다른 것이었다.

□ 순자의 예

동양사상에서는 마치 유기체론과도 같이 나와 전체는 서로 밀접하게 연결되어 있다는 공동체적 사상이 지배적이다. 예를 들어 묵가墨家와 법가法家도 전통적인 공동체적 사상과 관련이 있다. 묵가는 합리주의를 배제하면서 이상적인 사회를 만들려는 사회운동에 가까우며, 법가는 부국강병이라는 목표 때문에 많은 왕조에 의해 채택되었으나 그 통치하는 법이 가혹해서 합리주의와는 거리가 멀다. 여기에 유일하게 공동체적이면서 합리주의를 띤 사상가가 있으니, 유가의 기반을 허물지 않으면서 법가의 씨앗을 뿌린 순자荀子이다. 그리고 순자의 합리주의는 인仁보다는 지智를 추구하는 사람들의 길잡이가 된다.

맹자는 지智를 경험적 지식이 아니라 도덕적 인식능력으로 본다. 그러나 순자荀子는 사람이 갖추고 있는 경험적 인식능력을 지知라 하고, 그러한 능력을 이용하여 획득한 인식결과로서의 경험적 지식을 지智라 하여 중시하였다. 순자의 사상은 한마디로 세상을 현실 위주로 보며 지식을 중시하기 때문에 합리적이다. 순자는 제자백가를 가리켜 "전일하지 못하고 투철하지 못하며 순수하지 못한" 학문으로 보았다. 그러나 공자는 "어질고 지혜로웠으며 가려 막히지[蔽] 않았다."고 보아서 존숭하였다. 맹자가 공자의 덕에 치중하였다면, 순자의 공자의 학문에 치중하였다[87]고 할 수 있다.

순자는 예를 중시하였지만, 공자가 말한 예와는 다르다. 공자는 사람의 내면에 있는 예를 말하며 예를 바탕으로 사회 속에서 인간적인 공감대를 유지하려 했다면, 순자의 예는 사회적 질서를 위한 예를 말하며 도덕적인 사람이 아니라 도덕적인 사회를 구현하려 하였다.

순자는 전국시대에 살면서 전란을 방지하고 사회 안정을 중시하며 공정한 사회의 건설에 관심을 가졌다. 이를 위해 순자는 먼저 현실 군주를 중심으로 신분에 기초한 예의를 통해 사회 질서를 확립하고, 나아가 예가 통

---

87) 『중국철학사』, 풍우란, 까치, 1999

하는 나라를 만들려고 하였다. 또한 그는 하늘에 기대는 습관에서 벗어나서 사람들 스스로 악한 본성을 교화하고 폐단을 해소하며 사회적인 화합을 이루어야 한다고 보았으며, 이를 위해 예라는 질서가 중심에 있어야 한다고 하였다.

순자가 형이상학적 경향을 가지는 음양오행론이나 맹자의 천인합일론을 비판하고 사람의 본성이 악하다(성악설)고 주장한 것은 사실 그가 형이상학을 이해하지 못하였기 때문이다. 대신에 사람은 다른 존재와 달리 사회를 이루기 때문에 위대한 존재로 여기고 사회 문제의 해결에 많은 노력을 기울였다. 순자는 묵가와 반대로 신분의 차별성을 인정하고, 평등보다는 현명한 사람을 숭상하며, 이상을 주장하는 자보다 능력이 있는 자를 등용하고, 신상필벌을 분명히 하는 등 매우 현실주의적인 입장을 가졌다. 그리고 이의 구현을 위해 법치주의가 필요하다고 하였다.

다만 순자의 합리적인 사상은 성악설 때문에 후대에 많은 비판을 받아야 했다. 이런 이유로 그의 사상은 거의 이어지지 않았는데, 이는 유일한 동양의 합리주의가 비도덕적이라는 이유로 버림받은 것이다.

□ 맹자의 심

심학心學은 선진유학에서는 맹자로 거슬러 올라가며 정명도 이후에는 육상산, 왕양명으로 이어진다. 이에 비하여 이학理學은 선진유학에서는 순자로 거슬러 올라가며 송명유학에는 주염계(周敦頤, 1017~1073)가 뒤를 잇고, 정이천을 거쳐 주자(朱熹, 1130~1200)에 이른다. 심학은 천인합일과 만물일체와 같이 일원론적인 사상인데, 여기서는 인학의 전통을 충실히 계승하여 대체로 생명본체에 대한 깨달음을 강조한다. 한편 이학은 리理를 중시하여 철학적으로 자연의 이치와 사람의 본성을 궁구하는 것을 우선으로 여긴다.

사상의학은 수양론을 중시한다. 동양학에서는 성즉리性卽理와 심즉리心卽理가 오랜 동안 대립했지만, 사상의학은 성즉리와 심즉리를 모두 중시하고 통합적으로 본다. 성즉리는 세상의 이치를 구하는 것인데, 심즉리는 이 이치를 등불로 삼아 현실의 세계를 알고 행하는 힘으로 삼는다. 심즉리는 심이 사상을 주재하는 의미와 유사하다.

그러나 본질을 탐구하는 것은 마음의 내부만을 탐구해서는 안 되고, 마음의 외부인 자연도 마땅히 탐구 대상이 되어야 한다. 이와 같은 관점에서 볼 때 사상의학이 사람과 자연을 모두 사상으로 보고 외부 대상과 소통하는 길을 찾는 것은 성즉리와 심즉리를 크게 하나로 보는 입장인 것이다.

맹자孟子는 전국시대 추나라 사람이다. 그의 일생은 공자와 마찬가지로 그의 뜻을 실현하기 위하여 여러 제후들을 찾아다녔으나, 실패한 후에 고향으로 돌아와서 제자들을 양성하였다. 그는 공자의 '인仁' 사상을 계승하였는데, 전국시대의 강압적이고 가혹한 정치를 덜기 위하여 인의정치仁義政治를 제창하였다. 그는 "백성이 가장 귀중하고, 사직이 그 다음이며, 군주는 중요하지 않다."라고 하여 군주는 백성을 사랑하고 그들의 지지를 받아야 한다는 점을 강조하였다.

맹자는 또한 심학의 창시자로 마음을 학문의 중심으로 나오게 했다. 그는 사람에겐 사단의 마음, 곧 양심良心이 있다고 하였다. 그리고 그것을 확인하고 보존하며 확충하는 것을 학문의 중심으로 보았다. 그는 학學이란 "밖으로 나간 마음을 구하는 마음[求放心]"이므로, 마음을 다하여[盡心] 성性과 천天에 통하라고 하였다. 맹자가 『맹자孟子』「진심장하盡心章下」에서 마음과 본성에 대하여 말한다.

　자신의 마음을 다하는 사람은 자신의 본성을 알게 되고, 자신의 본성을 알
게 되면 하늘을 알게 된다.
　자신의 마음을 보존하고 본성을 기르는 것이 하늘을 섬기는 방법이다.
　만물이 모두 나에게 갖추어져 있다. 자신을 반성하여 참되면 즐거움이 이
보다 더 큰 것이 없고, 힘써 남을 배려하면 인仁을 구하는데 이보다 더 가까
운 방법이 없다.

　맹자는 사람은 측은지심, 수오지심, 공경지심, 시비지심을 가지고 태어
나는데, 이것이 인, 의, 예, 지의 단서가 된다고 보았다. 그리고 물이 아래
로 흐르듯 하늘이 부여한 자연스러운 본연지성本然之性은 지극히 선하지만
기의 작용으로 선한 본성이 훼손될 수 있다고 보았다. 맹자의 인정은 이와
같은 성선설과 동일한 맥락에서 나온 것이다. 맹자는 마음을 중시하였지
만, 후대로 내려가면서 점차 인과 지 중에서 지를 우위로 두는 학문이 성
행하게 된다. 주자가 완성한 성리학도 태극을 리理로 보고 세상의 이치를
복잡하게 설명하여서 사람들이 실천하기가 어렵게 된다.

5.1.4 우주론에서 보는 사상·심의 철학

　한의학에서 우주의 발생과 운행에 관한 원리들은 인체의 마음과 몸에 그
대로 적용되는데, 이것이 인체는 자연과 유기적으로 교감하고 있다는 천
인상응론이다. 여기서는 사상의학에 나오는 신기혈정과 심의 기능과 원리
를 자연계에 적용하여 살펴본다.

자연계에서 만물은 이기수토理氣水土라는 차원이 서로 조합하여 만들어진 것이므로 정확하게 리, 기, 수, 토는 단독으로 존재하지 않는다. 인체가 신기혈정으로 이루어지듯이 만물은 이기수토로 이루어지는데, 다만 이 중에서 하나의 특성이 크고 다른 하나의 특성이 작을 것이다.

현상으로 드러나는 모든 사물은 이기수토의 특성을 지니며, 이 중에서도 특히 방위, 계절, 한열습조, 맛은 이기수토의 기운의 크고 작음으로 설명할 수 있다. 그리고 이들 기운의 내적 특성인 인의예지, 희로애락도 이기수토의 성정의 크고 작음으로 설명할 수 있다.

자연의 사상론에서 태극의 심을 유추하는 방증으로 심주설을 들 수 있다. 유가는 심이 주인이라는 심주설을 따르는데, 이에 의하면 뇌는 정보를 수집하고 제공하더라도 이들 정보를 종합하여 선택하는 이는 심이다. 이를 미루어 보면 자연계도 스스로 운영되고 있는 것처럼 보여서 "자연은 본래 그러하다."고 말하는 사람들이 많지만, 실제로는 눈에 보이지 않는 태극의 심이 있어서 그렇게 운영된다.

□ 새로운 사괘도

모든 생명체를 이루는 네 차원의 요소인 신기혈정을 역상으로 단순화하여 보면, 그 가운데에 심이 있다. 역상을 대표하는 것은 건리감곤乾離坎坤이다.

인체에서 신기혈정은 방위 특성을 가지는데, 이 방위에 따라 사상을 배열하여 건리감곤의 사괘도를 그린다. 건리감곤의 사괘도는 의미 그대로 신기혈정의 사상도이기도 하다. 신기혈정의 사상도에서는 소음과 소양은 상과 하에 배치하며, 태음과 태양은 좌와 우에 배치한다.

그림 5.2는 건리감곤의 사괘도를 보이는데, 여기서 건리감곤은 차례로 신기혈정이다. 여기서 신과 기는 의식계를 형성하고 혈과 정은 현상계를 형성한다. 그리고 현상계는 공간을 바탕으로 시간이 흘러가는 데 비하여, 의식계는 공간이 없어서 시간만이 의미가 있다. 현상계는 공간을 기준으로 시간이 흘러가기 때문에 지구와 같이 시계방향으로 기운이 지나간다. 그러나 의식계는 공간의 의미가 없기 때문에 태양 주위를 도는 행성과 같이 시계 반대 방향으로 기운이 지나간다.

먼저 신과 기를 살펴본다. 신은 모든 존재의 근원이기 때문에 북으로 기준을 잡는다. 이에 상대하여 기는 시간을 따라 움직여서 서에 위치한다. 신과 기는 형상이 나타나기 이전인 의식계를 나타낸다. 사상의학의 지행론에 천시가 나오는데, 천시는 '하늘의 때는 잠복하여 있다가 때가 되면 드러난다.'는 뜻이다. 천시는 시간을 중심으로 본다.

혈과 정은 각각 생명체를 이루는 물과 생명체를 의미하기 때문에 시간도 있고 공간도 갖춰져 있다. 공간이 있는 곳에서는 혈이 먼저 나타나므로 동에 위치한다. 이에 상대하여 정은 시간을 따라 움직여서 남에 위치한다. 혈과 정은 형상이 나타난 이후인 현상계를 나타낸다. 사상의학의 지행론에 지방地方이 나오는데, 지방은 '땅은 생명체가 거처하고 생계를 유지한다.'는 뜻이다. 지방은 공간을 중심으로 본다.

그림 5.2에는 건리감곤 네 괘가 그리는 동그라미의 안쪽과 바깥쪽이 구분되어 있다. 동그라미의 바깥은 하늘이고 마음의 영역이며, 동그라미의 안은 땅이고 몸의 영역이다. 여기서 건괘는 북에 있고 리괘는 서에 있으며, 감괘는 동에 있고 곤괘는 남에 있다.

그리고 건리감곤 네 괘를 몸과 마음으로 나누어 각각 형상이 있음과 없음으로 본다. 건은 마음과 몸이 모두 없는 신에 대한 괘상이며, 리는 마음은 생겼으나 몸은 아직 정해지지 않은 기에 대한 괘상이고, 감은 몸은 생겼으나 마음은 아직 정해지지 않은 혈에 대한 괘상이며, 곤은 마음과 몸이 모두 형성된 정에 대한 괘상이다.

건리감곤을 괘로 표현한다. 상象은 두 개의 효爻로 이루어지나 괘卦는 세 개의 효로 이루어진다. 아래는 건곤감리에 대한 해석인데, 기존의 사괘의 해석과 다르다. 참고로 아래에서 마음은 세 효의 가운데에 있고, 몸은 세 효의 바깥에 있다. 여기에서 마음에 형상이 없으면 마음이 하나이고, 마음에 형상이 있으면 마음이 무수히 나누어진다.

그림 5.2 건리감곤의 사괘도(건 → 리 → 감 → 곤)

- 새로운 건괘는 ☰로 표시하는데, 안과 밖에 마음도 없고 몸도 없는 상태이다. 마음도 없고 몸도 아직 생기지 않았으니 형이상이고 하늘이며 신이다. 건괘의 상징은 진리인데, 여기서 진리는 사랑과 생명과 지혜 모두를 존재하게 하는 것으로 우리들 삶에서 가장 근원적인 것이다. 가족으로 보면 할아버지[88]를 의미하며 할아버지는 진리와 통하는

지혜로 가족을 이끈다.

- 새로운 곤괘는 ☷로 표시하는데, 안에는 개별적인 마음이 있고 밖에는 개별적인 몸이 있다. 마음도 몸도 모두 형상화되었으니 형이하이고 땅이며 정이다. 곤괘의 상징은 사랑인데, 여기서 사랑은 생명에 대한 원천적인 감정이다. 가족으로 보면 할머니를 의미하며 할머니는 순수한 사랑으로 가족을 이끈다.

- 새로운 리괘는 ☲로 표시하는데, 안에는 마음이 무수히 나뉘어졌고 몸이 없는 상태이다. 마음만 있고 몸이 없으니 따뜻한 불이고 빛이며 기이다. 리괘의 상징은 지혜인데, 여기서 지혜는 시공을 초월한 마음이다. 가족으로 보면 딸을 의미하며 딸은 여성을 상징한다.

- 새로운 감괘는 ☵로 표시하는데, 안에는 마음이 나뉘지 않았고 밖에는 몸이 있는 상태이다. 마음이 없이 몸만 있으니 차가운 물이고 혈이다. 감괘의 상징은 생명인데, 여기서 생명은 시공간에서 생장수장하는 마음이다. 가족으로 보면 아들을 의미하며 아들은 남성을 상징한다.

그림 5.2에 있는 건리감곤의 사괘도에서 보면 가운데에 태극이 있는데, 태극은 사상, 팔괘로 나뉘더라도 사라지는 것이 아니라 중앙에 존재한다. 이것은 인체에 네 장부가 있지만 그 가운데에 심이 존재하는 것과 같다.

건리감곤의 사괘도에서 하늘은 음인가, 아니면 양인가? 여기서는 기존의 역학에서와는 달리 하늘은 만물의 형이상인 음이고, 땅은 만물의 현상

---

88) 보통 가족에서는 건을 아버지로, 그리고 곤을 어머니로 본다. 그러나 사상인의 수양론에서는 건을 '치국평천하'로 보며 건이 노년기에 해당하기 때문에, 본서는 건이 할아버지를 그리고 곤이 할머니를 상징하는 것으로 본다.

이므로 양으로 본다. 따라서 건은 하늘이기에 음이고, 곤은 땅이기에 양이다. 이에 따라 음양의 부호도 반대로 표기하여, '━'은 음陰이고, '--'은 양陽으로 표기한다. '━'은 아직 형상이 분화되기 이전의 본질이므로 하나이고, '--'은 본질에서 형상이 나와서 둘로 나뉘는 의미로 본다. 이와 같은 표기는 기존의 역학과 다르다.

현존하는 역은 모두 셋이 있는데, 복희팔괘, 문왕팔괘, 그리고 정역팔괘가 그것이다. 표 5.1에는 본서의 건리감곤의 사괘를 복희팔괘의 사괘의 특성과 함께 보였다. 본서의 건리감곤의 사괘에는 태극의 심도 함께 있다.

표 5.1 새로운 사괘와 복희사괘의 비교

		사상	신	기	혈	정	심
새로운 사괘	괘	건乾(☰)	리離(☲)	감坎(☵)	곤坤(☷)	태극(☯)
	사상	소음	태양	태음	소양	심
	방위	북	서	동	남	중
	의미	하늘	빛	물	당	심성
	오색	흑색	백색	청색	황색	적색
복희팔괘	괘	건乾(☰)	리離(☲)	감坎(☵)	곤坤(☷)	–
	사상	태양	소음	소양	태음	–
	방위	남	동	서	북	–
	의미	하늘	불	물	땅	–
	오색	적색	청색	백색	흑색	–

복희팔괘는 본서의 새로운 사괘에서 보면 하늘과 땅이 반대로 바뀌었는데, 그 원인은 복희팔괘에서는 사상을 기운으로 보았으며, 본서의 새로운 사괘에서는 본질로 보았기 때문이다. 즉 복희팔괘는 모든 괘를 기운으로

보기 때문에 불 리와 하늘 건 그리고 물 감과 땅 곤은 차례로 생장수장하는 기운을 나타낸다. 그래서 가장 기운이 왕성한 것이 하늘 건이고, 기운이 수축되어 가장 작은 것이 땅 곤이다. 그러나 오행론의 경우처럼 여기서도 발산하는 기운인 불 리는 봄의 수렴하는 기운과 맞지 않고, 수렴하는 기운인 물 감은 가을의 발산하는 기운과 맞지 않다.

이에 비하여 새로운 사괘는 건리감곤이 본질에서 시작하여 최종 현상까지 이르는 발생의 개념으로 보므로 하늘은 그 시작이 되는 본질이며, 기氣와 혈血을 거쳐 최종적으로 만물을 나타내는 곤에 이른다. 여기서 가을은 발산하는 기氣이며, 봄은 수렴하는 물이다. 그리고 여름은 생명 활동이 왕성한 곤에 해당하고, 겨울은 생명 활동이 휴식하는 건에 해당한다. 따라서 새로운 사괘에서는 기운으로 보아도 음과 양이 자연의 기운과 일치한다.

□ 신기혈정의 성정

신기혈정을 역상易象으로 볼 때 형이상의 본질인 신이 곧 하늘인 건乾이며, 마음의 차원인 기가 곧 불인 리離이고, 물[水]의 차원인 혈이 곧 물인 감坎이고, 몸의 차원인 정이 곧 땅인 곤坤이다. 결국 우리가 알고 있는 건리감곤은 모든 생명체의 발생과 존재 차원을 설명하는 신기혈정과 같은 뜻을 지닌다.

건리감곤의 네 괘卦는 차례로 신기혈정을 역상으로 표현한 것이다. 건리감곤에 대한 성정을 아래에서 요약한다.

– 건은 마음이 없기 때문에 '있는 그대로 아는' 지성이 우월하다. 지성은 감각을 초월하여 아는 것이다. 마음이 나누어지지 않아서 감성이 부

족하고, 개별적인 몸이 나타나지 않아서 감정과 교류가 부족하다.

- 리는 개별적인 마음을 지니므로 '교감을 통해 느끼는' 감성이 우월하다. 감성은 교감하면서 느낌으로 통한다. 개별적인 몸이 나타나지 않아서 감각이 관여하는 이성이 부족하다.

- 감은 마음이 나뉘지 않아서 '있는 그대로 아는' 지성이 있다. 개별적인 몸을 지니므로 감각 정보가 풍부하다. 지성에 감각 정보가 더해졌으므로 '감각을 통해 느끼고 이를 합리적으로 사고하는' 이성이 우월하다.

- 곤은 개별적인 마음을 지니므로 '교감을 통해 느끼는' 감성이다. 개별적인 몸을 지니므로 감각 정보가 풍부하다. 감성에 감각 정보가 더해졌으므로 '교감을 통해 느끼고 교감으로 행하는' 감정이 우월하다.

이렇게 살펴본 건리감곤의 성정은 곧 신기혈정의 성정이기 때문에 아래와 같이 정리한다. 여기서 신과 기는 시공을 초월하여 있는 개념이고, 혈과 정은 시공간의 영역에 있는 개념이다. 그리고 신과 혈은 지성이 주도하고 기와 정은 감성이 주도한다.

- 신의 성정 : 있는 그대로 아는 순수지성
- 기의 성정 : 교감하여 느낀 정보를 직관으로 아는 감성
- 혈의 성정 : 감각으로 느낀 정보를 현실의 입장에서 사고하는 이성
- 정의 성정 : 교감하여 느끼고 교감으로 행하는 순수 감정

신기혈정의 성정에서 신과 정이 본성과 감정을 의미하며 변하지 않는 날

줄[經度]이라면, 기와 혈은 잠재의식과 현재의식을 의미하며 변화하는 씨줄[緯度]이다. 사람들은 외부의 환경에 순응하여 현재의식과 잠재의식을 확장하고 더 나은 방향으로 변화해 나아가는데, 이는 본성과 감정을 근원으로 하는 것이다.

□ 하늘의 의미

동무의 사상의학은 하늘을 동적인 기와 같은 뜻으로 보아서 사심신물의 사事를 하늘처럼 자연의 기운이 왕성한 것으로 이해한다. 그런데 이러한 해석이 동무의 사상의학을 본질과 다르게 이해하도록 한다. 그리고 이렇게 하늘을 기운으로 보는 것은 이기와 음양 그리고 하늘과 땅에 대한 주자朱子의 이해와 같다. 아래에 보인 이탤릭체는 잘못된 이해로 보고 후에 수정한다.

형이상은 자연의 리理이고, 형이하는 자연의 기氣이다.
리는 태극이고, 기는 음양이다.
하늘은 양이고, 땅은 음이다.

기는 현상이므로 음양으로 표현할 수 있지만, 하늘은 태극과 같이 무형의 리에 속하기 때문에 음양으로 논할 수 없다. 그러나 굳이 따지자면 하늘은 리이고 성이며 순수지성이므로 음의 극한이라고 해야 한다. 따라서 위의 이탤릭체 부분은 아래와 같이 수정하여야 한다.

하늘은 음이고, 땅은 양이다.

본서는 주자의 견해와 달리 하늘을 본질이며 고요한[靜] 성질을 들어서 음으로 본다. 하늘은 모든 것이 나오는 원천인 무형의 존재인데, 어떻게 동적인 성질이 있겠는가? 오히려 땅을 살아 숨 쉬는 생명체이고 동적[動]인 성질을 들어서 양으로 본다. 이것이 본서에서 하늘의 기운을 받은 사상인이 소음인이고, 땅의 기운을 받은 사상인이 소양인으로 보는 이유이다.

□ 우주의 발생도

사상四象은 원래 『주역』에 나오는 용어로, 하나의 생명체를 이루는 서로 다른 넷의 차원이다. 사상은 본래 하늘과 땅, 물과 불을 건곤감리라고 하여 널리 알려져 있으나, 사상의학은 사상으로 자연 발생의 네 차원의 요소인 신기혈정을 든다.

신기혈정은 모든 생명체를 이루는 단위 질료와도 같은데, 생명체에 있는 신기혈정을 우주 만물을 대상으로 적용해본다. 인체에서 신기혈정에 대응하는 말은 자연계에서는 이기수토理氣水土이다. 이기수토는 만물을 이루는 네 차원의 요소이다. 여기서 기는 만물의 근본이 되는 가장 기본적인 미립자이자 우주를 구성하는 질료에 해당하고, 리는 기를 이루는 원인이다.[89] 수(물)는 생명계를 상징하는데, 물이 있어야 비로소 생명계가 작동하기 때문이다. 물은 생명체에 영양을 공급하는 동시에 노폐물을 배출하여 생명활동을 순환시킨다. 그리고 토(흙)는 만물을 구성하는 질료이다.

---

89) 성리학은 천지 만물의 요소를 기氣로 보며, 천지 만물을 있게 하는 이치를 리理로 본다. 주자는 리와 기에 대해 이렇게 말한다. "사람과 사물이 생성될 때 리는 반드시 본성[性]이 되고 기는 반드시 형체가 된다."

성리학은 우주론을 도교의 영향을 받아서 중시하는데, 성리학의 문을 연 주염계는 『태극도설太極圖說』에서 이렇게 말한다.

무극이면서 태극이다[無極而太極]. 태극은 운동하여 양을 낳고 운동이 극에 달하면 고요에 이르고 고요함으로써 음을 낳는다. 고요가 극에 달하면 다시 운동한다. 한 번 운동하고 한 번 고요하니 서로 각각의 근원이 되며, 음으로 갈리고 양으로 갈리니 음양의 양의兩儀가 수립된다. 양과 음이 변하고 합하여 수, 화, 목, 금, 토의 오행을 낳고, 오행의 기운이 순리롭게 펼쳐지면서 사계절이 운용된다. 오행은 하나의 음양이고, 음양은 하나의 태극이며, 태극은 본래 무극이다.

주염계의 『태극도설』을 그림으로 그린 것이 태극도인데, 그림 5.3 가)에 보였다. 이것은 무극과 태극, 이로부터 나온 수화목금토라는 오행, 그리고 사람과 만물의 생성까지를 간략하게 그린 우주의 발생도라 할 수 있다. 여기서는 태극이 움직여 양의를 낳는데, 양의는 한 번 운동하고 한 번 고요한 것이 뿌리가 되어 음과 양으로 나뉘고, 음양은 수화목금토를 낳으며, 이 다섯 기가 퍼져 만물을 이룬다고 본다. 무극과 음양 그리고 오행이 묘하게 응결하여 건도乾道는 남성을 이루고 곤도坤道는 여성을 이룬다는 뜻이다.

그림 5.3 나)는 사상의학으로 보는 우주 발생도를 보여준다. 즉, 무극에서 리와 기가 공존하는 태극을 거쳐 차례로, 리, 기, 수, 토의 사상이 나왔으며, 태극의 심이 이기수토 사상을 주재한다는 내용이다. 여기에는 무극이 검은색으로 그려져 있는데, 이것은 태초에 아직 아무런 움직임도 나타나지 않은 상태를 뜻한다. 태극은 만물의 발생과정에서 맨 처음 나온 것으로, 검은 무극에서 한 줄기 빛이 생긴 것으로 표현하였다.

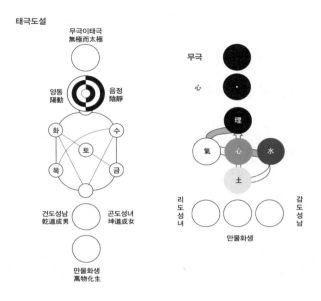

가) 주염계의 태극도[90]   나) 본서의 우주의 발생도

그림 5.3 주염계의 태극도와 본서의 우주 발생도

본서의 우주의 발생도에 의하면 만물의 본질로부터 시작하여 만물의 기본적인 물질이 되는 토에까지 이르고, 이기수토로 합쳐져서 만물의 화생을 이룬다.

또한 기존의 태극도는 양의 건도가 남성을 이루고 음의 곤도가 여성을 이루는 것으로 보는 데 비하여, 본서의 우주 발생도는 빛의 리도가 여성을 이루고 물의 감도가 남성을 이루는 것으로 본다. 한편 건도는 하늘을 뜻하

---

90) 『두산백과』 「태극도설」에서 인용.

며, 곤도는 땅을 뜻한다.

□ 태극의 심

우주계에서는 형이상의 본질과 형이하의 현상이 끊임없이 서로를 낳고 낳는다. 우리가 보는 것은 자연의 현상이지만, 그 속에는 자연의 본질을 포함하는 사상이 모두 갖추어져 있다.

천지가 창조되기 이전에는 아무 것도 없었지만, 유일하게 존재한 것이 순수의식이다. 이 순수의식은 눈에 보이지 않고 코로 냄새도 맡을 수 없으며 어떤 기미도 지니지 못하는데, 이것이 만물과 우주를 생성시킨 근원이다. 이 순수의식이 도가에서 말하는 도道이고, 무無이자, 심心이다. 무에서는 의식을 지닌 존재들이 서로 간에 어떠한 내적인 연결도 없고 전체적으로 아무런 계획도 없이 그냥 존재하는 상태이다.

순수의식이 아무 것도 없는 상태에서 무한한 지혜와 사랑으로 지금의 우주와 만물을 창조한 것은 실제로 생각과 감정으로 그들을 구현하려는 심원한 꿈을 품었기 때문이다.[91] 순수의식은 분화되어 그렇게 이루어진 모든 만물의 안에 갖추어져 삶을 영위하는데, 이것이 심心이다. 마찬가지로 우주의 안에 갖추어져 우주를 영위하는 존재는 태극의 심이다.

전통적으로 성리학은 태극을 만물의 리理로 보아서 만물을 생성하는 원

---

91) "모두의 시작은 조물주의 생각이야. 그의 꿈이 살아있는 물物로 나타난 거야. 사람의 행위에도 마찬가지로 우선 사람의 생각이 있고 꿈이 선행하는 거야. 세상 사람 모두의 짓는 능력은 동등해. 다만 사람들마다 자기 능력을 달리 사용하는 것뿐이야. 여기에서도 사람에게는 완전한 자유가 주어졌어. 자유가 있어!" – 『아나스타시아 4권』, 블라지미르 지음, 한병석 옮김, 한글샘, 2010

리로 본다. 그러나 사상의학은 만물을 생성하는 원리를 순수지성의 의미가 있는 신神으로 보고, 만물의 삶을 영위하는 주체를 순수의식의 의미가 있는 태극 또는 태극의 심心으로 본다. 이와 같은 관계는 표 5.2에 보인다.

표 5.2 태극과 사상 그리고 자연의 사상 · 심

	본서	격치고	태극도설
태극	심	심	리
사상/오행	이 기 수 토	사 심 신 물	수 화 목 금 토
사상·심	이 기 심 수 토		

　자연의 사상·심으로 이루어지는 자연의 사상론이 기존의 오행론과 다른 점이 기의 순환과 심의 역할이다. 자연의 사상·심도에서 기의 순환은 그 발생과정의 의미로부터 '리 → 기 → 수 → 토'가 되며, 심은 전체를 지원하는 역할을 한다. 자연의 사상·심론은 오행론에 가려서 밝혀지기가 어려웠는데, 한의학에서는 사람의 장부에 속하는 문제이기 때문에 장부의 기능과 관련하여 새로운 해석이 가능했다.

　그림 5.4는 사상·심을 오색으로 보인다. 이기수토는 만물을 이루는 네 차원의 요소인데, 이들은 방위, 색깔, 인의예지와 희로애락 등 많은 성질을 지닌다. 일례로 색깔을 살펴본다. 하늘은 흑색으로 땅은 황색으로 보는데, 이것은『천자문千字文』의 "하늘은 검고 땅은 누르다.[天地玄黃]" 는 말과 같다. 흑색은 아무 것도 발생하지 않은 무극의 상태이다. 흑색인 하늘로 시작하여 백색의 기와 청색의 물을 거쳐서 황색의 땅이 생긴 것이다. 만물은 땅에서 자라기 때문에 땅은 만물의 살아있는 터전이다. 그리고 만물은 이기수토를 모두 포함한다.

한편 오행론에서는 북방의 흑색을 물의 색으로 보고, 동방의 청색을 나무의 색으로 보며, 남방의 황색을 불의 적색으로 보는데, 이는 아직 이기수토라는 만물의 네 차원의 요소를 몰랐기 때문이다.

그림 5.4에서 적색은 태극의 심을 상징하고, 흑색과 백색은 신과 기의 세계인 의식계를 상징하며, 청색과 황색은 물과 흙으로 이루어진 현상계를 상징한다. 여기서 태극의 심은 의식계의 생의生意를 생명계로 송출하고, 현상계의 생기生氣는 그 생의를 의식계로 도로 회수한다. 심장이 중앙에서 전체의 기운을 조절하는 역할을 한다는 발견은 우주론적으로도 획기적인 발견에 속하며, 이는 사상의학의 장부의 기 회로로부터 알려지게 된 것이다.

그림 5.4 태극의 심의 운용도

한편 비록 사람이 마음에 심욕이 있어서 전체 사상을 두루 살펴보지 못하더라도 여전히 마음이 몸을 주재하는 것이 사실이다. 자연의 사상을 주재하는 심 역시 크거나 작거나 또는 선하거나 악하거나 간에 생명계에 역할을 한다. 이러한 관점이 본서의 사상론이 기존의 오행론과 다른 점이고, 또한 태극의 존재가 나타나지 않는 복희팔괘를 비롯한 기존 역학과 다른 점이다.

자연의 사상론이 중요한 이유는 태극을 중심에 두고 사방으로 건리감곤을 배치하는 우리나라 태극기가 이것을 그대로 상징하기 때문이다. 우리나라 태극기에 이렇게 심오한 이론이 들어 있다는 것은 사실상 동무가 발견한 사상의학에서 비로소 밝혀진 것이다.

5.2 사상의학의 심성론

사상의학의 지행론에서 얻은 성과는 사상인에게 자신의 미약한 성정으로 부드럽게 행하는 지행은 성과도 좋고 건강에도 이롭지만, 자신의 풍부한 성정으로 강하게 행하는 지행은 성과도 좋지 않고 건강에도 해롭다는 것이다. 사람들은 지행을 통하여 앎을 얻지만 지행으로 장부의 기운과 성정이 또한 치우치기 때문에, 지행으로 인해 치우친 성정을 바로잡는 것이 수양론이다. 그리고 지행과 수양의 전체적인 의미를 아는 것이 심성론이다.

세상은 경험적으로 볼 때 매우 불공평할 수 있으나, 다른 한편으로 모든 사람이 동일한 성품과 능력을 받았기 때문에 선험적으로는 공평하다고 볼 수 있다. 불공평한 것은 세속에서 추구하는 가치의 면에서 본 것이지만, 공평하게 보는 것은 심성론의 측면이다. 나의 심성은 내가 이루어가는 것이기 때문에 누구를 탓할 수가 없으며, 알고 행함을 귀히 여길 때 심성이 성장한다.

사람들이 행하면서 경험하는 감정과 정보는 잠재의식 속에 저장되어 기록되는데, 이를 인류의 심성이라 할 수 있다. 인류의 심성은 이미 완성되어 불변의 상태로 존재하는 것이 아니라 계속하여 성장하고 진화한다. 개인의 심성은 잠재의식과 연결되어 있는 개별적인 현재의식인데, 이것이 객관적으로 보는 진정한 자신의 모습이다. 심성은 자신이 스스로 이루면서 형성되므로, 심성은 지행하면서 성장하고, 수양하면서 진화한다고 할 수 있다.

　사상의학은 심성이 성장하는데 있어서 지행과 성정을 중시하는데, 이러한 견해는 기존에 알려진 명상이나 기도, 참선과는 차이가 있다. 동무는 사람들이 지행하는 데 있어서 감성과 지혜가 갖춰진 지성의 덕과 도덕성이 갖춰진 정명의 도를 함께 말하기 때문에 현재 경험하는 앎을 인류가 경험해온 앎에 비추어 보라는 뜻이다. 그리고 사람들이 수양하는 데 있어서 대학 8조문을 예로 들었는데, 여기선 개인적인 수양뿐 아니라 사회에 대한 실천도 똑같이 중시한다. 따라서 사상의학에서의 지행과 성정 그리고 수양은 앎과 실천, 현재와 과거 그리고 개인과 사회에 이르기까지 잘 조화를 이룬다고 할 수 있다. 특히 사상의학의 성정과 지행에 대한 체계적인 기술은 유학 사상 처음 있는 일이며, 기존 학술계나 종교계에서도 찾아보기 힘든 높은 경지의 것으로 보인다.

5.2.1 심성론

　심성은 지행을 통하여 성장한다. 지행은 자연의 성정과 소통하는 것이고 이를 통해 앎이 확장되고 심성이 성장한다. 뇌 과학으로 볼 때도 같은 사건에 대해 더 나은 자각이 있거나 더 나은 체험을 할 때 이전의 기억이 새로운 기억으로 교체된다. 이 때문에 머리로만 알아서는 안 되고 지행을 하면서 체험하는 것이 중요하다.

대부분의 사람들은 도덕성이 있는 줄 모른다. 도덕성은 지행을 하는 능력이다. 뇌에 뉴런이 생기는 것은 경험을 통하여 새로운 것을 인지한 경우이다. 따라서 도덕성도 이와 같이 머리로 이해해서 성장하는 것이 아니라 가슴으로 공감하고 베풀고 행해야 성장한다.

선과 악은 지행하는 데 있어서 힘이고 기준이다. 그러나 무엇이 선이고 무엇이 악인가? 사람들은 저마다 선악에 대해 판단을 내리지만 이들이 다 맞는 것은 아니다. 노자도 "세상 사람들이 모두 아름답다고 하는 것을 아름다움으로 알고 있다면 이는 추한 것이다."라고 하였는데, 선과 악에도 이처럼 세상 사람들이 선하다고 하는 것과 본래 선한 것과는 차이가 있다. 선과 악이라는 개념은 올바름과 올바르지 않음에 바탕을 두고 있으나, 사람들은 이와 달리 특정한 입장에서 선과 악을 바라본다. 이러한 문제에 대하여 노자는 특정한 입장에 서서 보려 하지 말고 자연스런 본성에 비추어 보라고 한다.

심성의 수준은 다른 말로 표현하면 감성 및 인지의 수준이라고 할 수 있다. 스스로 판단할 수 있는 경험이 부족한 사람들은 대부분 나를 전체의 자연에서 분리해 보면서 자기 경험 위주로 사고한다. 그러나 점차 남들과 교감하고 소통하는 경험이 쌓이면서 이웃을 생각하게 되고 자신이 속한 집단, 민족, 국가, 그리고 더 나아가 인류와 우주를 보는 눈이 생긴다. 이렇게 다른 개념을 수용하고 포용하면서 이와 함께 감성 및 인지의 수준도 상승하는데, 이것이 곧 심성의 수준이다.

사람은 누구나 자신이 옳다고 믿는 바대로 보고 행하는데, 이는 선악을 보는 눈이 다르고 자연의 앎에 차이가 있기 때문이다. 선악을 보는 눈이 넓어지고 깊어지면서 심성의 수준도 성장하는데, 본서는 심성의 수준을 사상의학에 나오는 인의예지와 중용의 의미에 부합하는 다섯 단계와 이들의 아래와 위에 있는 둘을 더하여 모두 일곱 단계로 나누었다.

한의학은 신神과 심心 그리고 마음을 구별하는데 이를 간단히 요약하면, 심성이 신의 수준에 이른 것이 곧 심이고 심성이 신神의 수준에 이르지 못한 것이 곧 마음이다.

□ 마음속의 뜻

사람은 타고난 성정의 힘으로 지행을 하지만, 사람이 하는 지행은 마음속에 품은 뜻[意]을 따라간다. 사람은 지행을 통하여 앎을 얻기 때문에 결국 앎을 얻는 것은 마음속에 뜻을 품었는지에 달려있다. 수양론은 거짓 없는 마음에 이르기 위해 성誠과 경敬을 중시하는데, 지행을 하는 뜻에는 진정성이 있는지가 중요하기 때문이다.

아래는 『격치고』에 나오는 내용이다. 여기서 성性은 심성과 본성의 두 가지 뜻으로 풀이할 수 있는데, 앎이 쌓이는 곳은 심성이고, 마음을 다하여 최종적으로 도달하는 곳은 본성이다.

마음속의 뜻[意]은 일상생활에서 경험하여 앎을 얻으며, 심성은 이 앎이 쌓이는 곳이다. 마음속의 뜻은 외부 대상으로 나가서 구하여 얻은 앎을 자신의 심성에 돌이킨다. 때문에 앎을 얻는 것은 마음에 품은 뜻이지만, 실제로 얻는 것은 심성을 기르는 것이다. 앎을 저장하는 것은 심성이지만 쌓여있는 앎을 버리는 것은 거짓된 뜻[邪意]이다.

배우고 묻는 길은 별다른 것이 없고, 마음속에 뜻을 품어서 앎을 구하는 것일 뿐이다. 생각하고 분별하는 길은 별다른 것이 없고, 나의 심성에 앎을 간직하는 것일 뿐이다. 이 때문에 마음속의 뜻을 진실하게 하면 중용을 선택하여 본성을 따르는 것이다. 마음을 다하면 어떤 행위를 하더라도 자연히 뜻이 진실하게 된다. 마음을 다하는 사람은 그 본성을 아는 것이다.

윗글에 따르면 마음속의 뜻[意]으로 인하여 앎[知]을 얻으며, 앎이 쌓인 것이 심성[性]이다. 모든 것을 좌우하는 것은 마음속의 뜻인데, 그 뜻이 진실한 것과 거짓된 것과는 차이가 많다. 그 뜻에 진정성이 있으면 앎이 쌓여서 순수한 본성으로 향하게 되나, 마음속에 거짓을 품으면 앎이 쌓이지 않고 오히려 앎이 내 것이 되지 못하고 허공에 떠 있게 된다.

사상의학은 신기혈정 모두를 주재하는 심心을 중시한다. 심心과 신神이 하는 일을 나누어보면, 신은 지知의 능력을 갖춘 것이며, 심은 실제로 지知와 행行을 행하는 것이다. 사상의학은 지와 행 모두 중시하지만 무엇보다 지행을 통하여 앎을 경험하고 확장하며 진화하는 심성을 중시한다.

□ 선악과 심성

사람들은 대부분 자신의 생각대로 살아가지 못하고 살아가는 대로 생각한다. 이것은 마음이 아직 본성과 감정을 거느리지 못하여, 심성의 수준이 아직 선과 악을 분별하는 단계에 이르지 못했기 때문이다.

선과 악은 심성에서 어떠한 의미가 있는가? 선은 전체와 내가 하나가 되어 안정되고 행복한 느낌이고, 악은 전체의 자연과 내가 분리되어 있어 충동적이고 불안한 느낌이다. 사람에게 갈등이 생기고 질병이 생기는 원인을 따져보면 결국 선악을 분별하지 못하고 악에 휩쓸리기 때문이다.

그러나 선악은 일반사람들이 쉽게 분별할 수 있는 것이 아니다. 사람들이 알고 있는 선과 악은 실제와는 다른 경우가 많다. 사람들이 알고 있는 선은 명시지를 통해 배운 것으로, 정확하게는 사람들이 선이라고 하는 것이다. 그러나 선은 배워서 알 수 있는 것이 아니고, 행하여 아는 것도 아니다. 사람은 지智의 본성에 통달하여야 비로소 선악을 분별할 수 있다.

그러나 선악의 존재는 사람들이 심성을 단련하고 성장시키는 데 필요하다. 선을 이해하기 위하여 악이 필요하고, 선을 행하기 위하여 악을 경험해야 한다. 그래서 선과 악이 섞여있고 진실과 거짓이 섞여있는 것은 이들을 분별하기 위한 것이다. 선악은 분별하지 못하면 괴로움을 당하기도 하지만, 심성의 수준이 높아지면서 점차 악을 알아채고 악의 시험에서 벗어날 수 있다.

사람들은 밖에는 선과 악이 섞여있고 안에는 진실과 거짓이 섞여있는 환경에서 살아가야 하는데, 여기서 가장 중요한 것이 진정성이다. 마음속의 뜻이 진실하지 않으면 비록 앎을 얻는다고 해도 그 앎은 거짓이 들어있는 앎이다. 그러나 그 뜻이 진실하면 진실한 앎이 쌓여서 이윽고 선하고 순수한 본성을 온전히 성취하게 될 것이다.

사상의학은 사람이 근본적으로 선하기 때문에 범인凡人일지라도 이미 선을 좋아하여 선을 따르며[順], 이미 악을 싫어하여 악을 거스를[逆] 줄 안다고 한다. 『동의수세보원』에 나온다.

> 좋은[善] 소리는 귀에 편안하고[順], 나쁜[惡] 소리는 폐에 거슬린다[逆].
> 좋은 냄새는 코에 편안하고, 나쁜 냄새는 간에 거슬린다.
> 좋은 색은 눈에 편안하고, 나쁜 색은 비장에 거슬린다.
> 좋은 맛은 입에 편안하고, 나쁜 맛은 신장에 거슬린다.

사람들은 선과 악을 선천적으로 분별하는 능력이 있어서, 범인일지라도 선을 좋아하고 선을 따를 줄 알며, 악을 싫어하고 악을 거스를 줄 안다고 한다. 그러나 감정이 앞서고 심욕이 많으면 무엇이 선이고 악인지를 분별하기 어렵다.

선과 악을 분별하는 수양법으로 격물치지와 성의정심의 조화를 들 수 있다. 이를 수양하는 마음으로 삼아서 거짓이 없고 심욕이 발동하지 못하게 하면 자연스럽게 선을 좋아하고 악을 미워하는 분별심이 생긴다. 이것이 개인적인 수양인 수기修己이며, 마음으로 선악을 분별하는 것이다. 유가는 내면으로 선악을 분별할 수 있더라도 이를 세상에 실천하는 삶을 중시하는데, 이것이 세상 사람들을 편안하게 하는 안인安人이다. 그래서 개인의 수양이 내면에 머무르지 않고 실천을 통해 내면의 마음과 외부 대상이 하나로 통하도록 한다.

유가는 사람들이 거짓과 악에 빠졌더라도 이를 악으로 보지 않고, 그들이 일시적으로 기질지성에 빠져서 길을 잃은 것이라 여기며 그들이 다시 선으로 돌아오도록 노력한다. 맹자의 성선설을 믿기 때문이다.

□ 심성의 수준

사람의 심성의 수준[92]을 측정하는 것이 가능한가? 그렇다면 현재 지구상에 있는 사람들의 평균 심성의 수준은 어떠한가? 실제로 이를 계측한 사람이 나타났는데, 미국 컬럼비아 대학의 정신과 의사인 데이비드 호킨스

---

92) 데이비드 호킨스 저 『의식혁명』에서 발췌하였다. 여기의 의식수준이 본서의 심성의 수준이다.

이다. 그는 지난 20년간 수천 명을 대상으로 오링 테스트와 유사한 근력 시험을 통하여 사람의 심성의 수준을 수치로 표현하였다. 그는 사람의 심성의 수준을 밝은 정도를 나타내는 럭스(lux) 지수로 나타내어 0부터 1,000까지 감성의 특성에 맞도록 수치로 분류하였다. 여기서는 빛이 없는 상태를 0으로 하고, 예수, 부처의 심성의 수준을 1,000으로 보았다.

데이비드 호킨스는 그의 저서 『의식혁명』에서 사람의 심성의 수준을 측정하는 원리에 대해 "진리와 자비와 사랑은 우리 몸의 근육을 강하게 하고, 수치심, 죄의식, 자만심과 같은 것들은 근육을 약하게 한다. 우리는 이런 수치들을 아주 정확하게 측정할 수 있고, 이를 통해 긍정적인 것과 부정적인 것을 알아낼 수 있다."라고 말한다.

사상의학에 나오는 심성의 수준은 인의예지와 중용의 의미에 맞는 다섯과, 이들 다섯의 아래와 위로 하나씩 더하여 모두 일곱으로 표 5.3에 소개한다. 이 일곱 단계에 해당하는 심성의 수준을 『의식혁명』에서 골라서 표에 함께 보였다.

표 5.3 심성의 수준

데이비드 호킨스		람타	불교	사상의학	
럭스 지수	감성의 깊이	일곱 단계	일곱 단계	심성의 수준	심성의 감성
1000	영성靈性	내가 곧 창조주	부처	태극의 심	성정지행에 통달
700	견성見性	모든 생명은 하나다	여래	중용	성정에 통달
600	평화	드러나는 사랑	보살	치국평천하	내면의 평화
500	감성	느끼는 사랑	신계	성의정심	지혜가 열림
400	이성	힘	아수라	격물치지	생명을 자각
310	자발성	번식과 생존	사람	수신제가	감정에 진실
200 미만	부정성	지옥	축생	부정성	역행보살

표 5.3에 나오는 심성의 수준은 쉽게 말하면 감성이 열린 정도 혹은 성정에 통달한 정도이다. 심성의 수준에서 '용기'의 수준인 200이 분기점이 되는데, 200 미만은 부정성이 지배하고 지배의 근원을 부정성의 물리력 force으로 표현한다. 이 부정성의 물리력과 반대되는 힘은 긍정성의 잠재력power으로 표현한다.

선악을 보는 수준이 곧 심성의 수준이므로, 본서는 심성의 수준으로 인의예지와 중용을 키워드로 보았고 심성의 감성을 인의예지와 결부시켰다.

- 감정에 진실한 것은 불쌍한 것을 보고 측은함을 아는 마음과 통한다.
- 생명을 자각하는 것은 남의 입장을 배려하고 양보할 줄 아는 마음과 통한다.
- 지혜가 열리는 것은 옳음과 그름을 아는 마음과 통한다.
- 내면의 평화에 통하는 것은 진실을 얻어서 진실과 거짓을 아는 마음과 통한다.
- 중용中庸은 위의 네 차원의 성정을 두루 갖추어서 절도에 맞게 사는 성인聖人의 마음이다.

감정에 진실한 수준은 310으로, 자신의 감정에 충실하여 자발적으로 생존하는 것인데, 남들의 입장을 이해하여 조화를 찾는 단계에 이르지는 못한다.

생명을 자각하는 차원은 400으로, 생명체에 함유되어 있는 사랑에 눈뜨고 사랑의 감정을 귀하게 여기는데, 이것이 몸 차원의 이성이다. 이 단계에서는 대립되는 의견이나 갈등에서도 하나의 극단을 택하지 않으며, 다른 사람들도 자신과 똑같은 권리를 갖고 있다고 믿고 평등의 가치를 인정한다.

지혜가 열리는 차원은 500으로, 모든 생명은 하나임을 자각하고 행하는 단계인데, 이것이 마음이 통하는 차원의 감성이다. 이 단계는 『람타』에서의 '드러나는 사랑'에 해당하며 자연의 감성인 조건 없는 사랑을 깨닫고 생각과 말과 행으로 표현하는 단계이나, 행으로 표현하지 않는 이들은 도달하기 어렵다.

내면의 평화에 이르는 차원은 600으로, 평화는 이 세상이 존재하는 본모습에 해당한다. 이 차원에서는 이 세상에 존재하는 모든 것들이 모두 하나의 태극의 심에서 나온 것을 아는 것이다. 여기에서는 더 이상 내면에서의 저항을 버리게 되며 일반적인 세상일에 매달려 살려고 하지 않으며, 인류의 평화를 위해 일하는 단계이다.

심성의 수준 700은 '모든 생명은 하나'라는 큰 깨달음을 얻는 것으로 언어의 관념을 벗어나 시간과 공간을 초월하여 나에 대한 관념이 사라지는 단계이다. 불가에서는 이를 견성見性이라 하며 세상을 보는 눈이 바뀌어서 '산은 산이 아니고 물은 물이 아닌' 단계이다.

심성의 수준 700 이후부터는 비록 견성한 이후이지만 아직 과거의 습관들이 몸과 마음에 잠재하고 있으므로, 이러한 부정적인 기운들을 지행知行을 통하여 완전히 사라지게 하는 단계라고 볼 수 있다. 여기는 세상을 보는 눈이 다시 바뀌어서 '산은 여전히 산이고 물은 여전히 물인' 단계이다.

어느 수준에서도 사람들이 주의하고 극복해야 할 것은 '나는 다른 사람과 다른 대단한 존재'라는 자만심이다. 자만심은 나와 남들 사이에 흐르는 소통 회로를 닫게 만들며 더 이상의 심성의 진화를 가로막는 방해물이다.

사람들은 높은 심성의 수준을 향하여 앞으로 나아가야 하는데, 세상에는 악역을 하는 자들, 즉 역사를 거꾸로 돌리고 선한 사람들을 괴롭히는 역행보살들이 엄연히 존재하고 있다. 그들이 하는 일이 자연의 섭리에 어긋나는 것은 사실이지만, 크게 보면 더 많은 사람들의 심성의 성장과 진화를 위하여 필요한 악역의 일을 하는 것이다. 그들의 행위는 비록 악할지라도 다른 한편으로 다른 사람들에게 선과 악을 분별할 기회를 주는 좋은 면도 있다.

현 인류 평균의 심성의 수준은 용기의 수준을 다소 상회하는 수준으로, 부정성을 극복하고 자발성을 향하여 나아가는 것으로 본다. 그리고 남한은 가장 높은 일부 선진국들의 수준인 이성의 수준에 도달한 것으로 본다.

□ 신의 느낌과 중용

심성의 수준에서 감성 지수 600의 '내면의 평화'는 진실에 통하여 진실과 거짓을 아는 단계로, 이것이 신기혈정 중에서 신神에 통달하는 단계이다.

한의학은 신神에 통달하는 단계를 어떻게 설명하는가? 한의학에서 신은 사람이 선천적으로 가지는 밝음과 순수지성을 가리킨다. 『내경』「팔정신명론八正神明論」에 신神에 대한 기술이 있다.

신神은 신령스러운 것으로서 귀로 들을 수 없고 눈으로 볼 수 없는데, 마음을 열고 뜻을 밝게 함으로써 명확하게 홀로 깨달을 수 있으나 입으로는 말할 수 없다. 함께 보더라도 혼자만이 볼 수 있고, 조금 전에는 마치 어두워 보이지 않는 것 같다가 확연하게 혼자에게만 밝아져서 마치 바람이 불어 구름이 걷히는 것과 같으므로 신이라 한다.

사람들은 사물을 인식할 때 다른 사람에게서 배우거나 들은 것에 의존하는 것이 대부분이지만, 그러나 사람은 누구나 스스로 직접 마음을 열고 뜻을 순수하게 하여 마음으로 깨달아 알 수 있는데, 이것이 마음속의 신神과 통하는 것이다. 이것이 '신의 느낌'이며, 거짓과 진실을 분별할 수 있는 절대적인 기준에서 순수지성을 찾은 것이다. 내면의 신을 찾으면 그때부터 내면의 저항을 버리게 되어 일반적인 세상일에 매달려 살려 하지 않으며, 인류의 평화를 찾게 된다.

신의 느낌은 신에 통달하는 것이고, 신에 그치지 않고 정精에까지 통달하는 것 즉, 성정性情에 통달하는 것이 중용이다. 중용中庸은 내면에서 신의 느낌을 찾은 상태에서 한 걸음 더 나아가 감정이 한쪽으로 치우치지 않고 절도에 맞게 나오는 것이다. 사람이 성정性情에 통달하는 느낌이 불가의 '모든 생명은 하나'라는 깨달음이고 견성見性이다. 견성은 언어의 관념을 완전히 벗어나 시공을 초월하여 나에 대한 관념이 사라지는 단계이다.

식물이나 미립자는 암묵지로 소통하는데, 암묵지는 염화시중의 미소처럼 직접 공감하여 앎이 전해지는 것이다. 사람이 성정에 통달하는 느낌이 명시지로부터 암묵지의 세계로 들어가는 것과 같다. 암묵지로 들어가기 위해서는 명시지로부터 벗어나야 하는데, 암묵지의 세계는 성정에 통달하여 순수하고 자연의 삶에 합치되는 세계이다.

성리학이 본성은 순선하고 감정은 맑고 흐림이 같이 있는 것으로 보는 데 비하여, 사상의학은 본성과 감정 모두 순선하다고 본다. 다만 성인은 희로애락의 감정이 없는 것이 아니라, 세상과 사람을 아는 것을 어렵게 생각하고 가볍게 여기지 않기 때문에 인의예지의 본성과 희로애락의 감정이 절도에 맞게 나온다. 이것이 성정性情에 통달하는 중용이다.

▢ 영혼과 심성

사람들이 행하면서 경험하는 감정과 정보는 잠재의식 속에 저장되어 기록되는데, 이를 인류의 심성이라 할 수 있다. 인류의 심성은 이미 완성되어 불변의 상태로 존재하는 것이 아니라 계속하여 성장하고 진화하는 것이다. 그리고 사람들이 알고 현재에 사용하는 잠재의식의 일부가 개인의 심성이다.

개인의 심성은 잠재의식과 연결되어 있는 현재의식인데, 이것이 객관적으로 보는 진정한 자신의 모습이다. 심성은 자신이 스스로 이루면서 형성되므로, 심성은 지행하면서 성장하고, 수양하면서 진화한다고 할 수 있다. 심성은 영혼과 의미가 같으나 다만 영혼보다 주체적이고 현세적이다. 『동의수세보원』은 신영혼백神靈魂魄에 대해 아래와 같이 말한다.

> 이해泥海에 신을 간직하고, 막해膜海에 영을 간직하며, 혈해血海에 혼을 간직하고, 정해精海에 백을 간직한다.

먼저 혼과 백을 살펴본다. 『내경』에 "폐에 백을 간직하고 간에 혼을 간직한다."라고 나오지만, 오행론에서는 폐와 간의 기능을 바꾸어 보았으므로 이를 바로잡으면, "폐에 혼을 간직하고 간에 백을 간직한다."가 된다. 혼은 기억을 저장하고 있다가 사람이 죽으면 하늘로 올라가고 백은 죽으면 땅으로 돌아가기 때문에, 혼은 신기혈정에서 기에 해당하고, 백은 혈에 해당한다.

그리고 본서는 이해는 신장과 관련이 있고, 정해는 비장과 관련이 있는 것으로 보기 때문에 아래와 같이 신폐간비는 차례로 신, 혼, 백, 정을 간직한다. 여기서 신은 깨달아 아는 능력이며, 정은 몸을 움직이는 에너지이다.

신장에 신을 간직하고, 폐에 혼을 간직하고, 간에 백을 간직하고, 비장에 정을 간직한다.

우리나라는 전통적으로 영혼靈魂이라는 말을 많이 사용한다. 영은 영어로는 spirit으로, 성스럽다는 뜻이고 유일하다는 의미이므로 영은 생명의 근원인 심心의 의미로 본다. 그리고 혼은 마음의 배후에서 마음에게 지혜와 창의력을 주는 개별적인 잠재의식이다. 이에 비하여 백은 몸을 운영하고 처리하는 현재의식이다. 혼과 백을 사상의학의 지행론에 나오는 지식을 원용하면, 경험의 지는 지知의 유형에 속하여 혼의 기운에 해당하고, 경험의 행은 행行의 유형에 속하여 백의 기운에 해당한다.

사람이 죽으면 혼은 하늘로 올라가는 기氣이기 때문에, 논리적으로 볼 때 혼은 불가에서 말하는 윤회의 주체라 할 수 있다. 과거에는 뇌를 잠재의식을 저장하는 장소로 알았으나, 최근에는 몸에 있는 유전자가 기억하는 장소라는 주장도 있다.[93] 이에 비하여 백은 몸을 움직이는 정보로, 사

---

93) 최근에 사람이 얻은 지식, 정보, 과거의 경험이 뇌가 아닌 생체기장에 저장된다고 주장하는 과학자가 있다. 중국 출신 의학박사인 장칸젠은 모든 생물체가 나름대로 생체기장을 방사하고 있다며 이를 실험을 통해 입증한 바 있다. 그동안 학계는 유전 정보가 DNA의 분자들 속에 담겨있고 그 정보 또한 DNA에 의해 전달된다고 여겨왔다. 그러나 장 박사의 견해에 따르면 DNA는 다만 정보가 기록되는 카세트테이프일 뿐이고, 그 정보를 실지로 전달하는 것은 생체기장에서의 신호라고 한다. 이 생체기장이 영혼이고 영혼 차원에서 아는 것은 모

람이 목숨을 다하면 지상에 남아 있는 기운이다. 그래서 백의 기운은 계속 지상에 남아서 사람들이 생각하고 행하는 습관에 영향을 주는 것으로 보인다.

5.2.2 심성 진화의 철학

내면에 신을 찾으면 더 이상 내면의 저항을 버리게 되며 일반적인 개인적인 일에 관심을 두기 보다는 인류의 평화를 궁구하게 된다. 사람들의 삶에 인류의 평화는 너무 중요하기 때문이다.

지금의 인류의 문명은 어디에 와 있으며, 앞으로 어디로 가는가? 지금의 문명을 평화와 풍요의 문명으로 볼 수도 있으나, 미래를 생각하면 오히려 심각한 이원성의 문제에 부딪쳐 있다. 인류의 문명이 이렇게 된 것은 선악을 본성에 비추어 분별하지 않고 집단의 요구대로 행사하는 행태 때문이다.

이러한 이원성의 문제의 원인으로 좌뇌 중심의 사고방식을 든다. 두뇌를 좌뇌에 치우치게 사용하는 사람은 감정이 메마른 건조한 생활을 하며 남들을 물리적으로 통제하려 한다. 좌뇌 방식의 사고방식은 지나치게 투쟁적이어서 최근 우뇌를 활성화하는 방안이 소개되고 있다. 그러나 우뇌를 중심으로 사고하고 생활하는 사람들이 있는데, 바로 우리의 아이들이다. 아이들은 모두 감성으로 알고 배우고 모방하면서 성장한다. 아이들은

두 신체의 DNA에 기록된다는 뜻이다. 이렇게 볼 때 혼이 다름 아닌 생체기장이므로, 따라서 혼이 영원히 죽지 않는다면 윤회도 가능하다는 생각이 든다.

별다른 노력도 하지 않고 어른들보다 우뇌를 훨씬 더 잘 사용한다. 그래서 우뇌를 사용하는 법을 배우는 데는 아이들이 사는 모습을 잘 관찰하면 도움이 된다.

신기혈정으로 성정을 보면 기가 혈의 상위에 있듯이 감성의 우뇌는 이성의 좌뇌의 상위에 있으므로 이성은 특정한 감성 아래에서 작동하는 것이다. 따라서 이성의 좌뇌와 감성의 우뇌를 조화롭게 두는 것이 좌·우뇌의 갈등을 해결하는 방안인데, 이를 위해 격물치지와 성의정심의 조화 그리고 잠재의식의 사용을 든다. 좌·우 뇌의 갈등은 좌뇌는 말이나 문자로 표현되고 우뇌는 뜻과 이미지로 표현되므로 서로 소통이 되도록 조화롭게 사용하여야 하며, 이것이 잠재의식을 사용하는 것이며 이러한 예시로 몰입을 든다.

이원성의 문제는 좌뇌 중심의 문화의 특징이며, 획일성으로 나타난다. 이원성과 획일성을 지양하는 길은 깊은 지행을 하는데 있고, 깊은 지행을 하는 길은 세상의 일이나 사람을 아는 것을 "가볍게 여기지 않는" 수기修己에 있다. 그리고 사상의학은 세상의 사람들을 편안하게 하는 안인安人이 이루어지지 않음을 수기의 동기로 삼는데, 이것이 일반의 정신수련과 다른 것이다. 『동의수세보원』에서 이렇게 말한다.

성인의 마음은 천하가 다스려지지 않는 것을 깊이 근심하므로 다만 욕심이 없을 뿐만 아니라 자기 한 몸의 욕심을 생각할 겨를이 없으니, 이러한 사람은 반드시 배우기를 싫어하지 않고 가르치기를 게을리 하지 않는다.

□ 분리의 좌뇌

좌뇌는 분석적이고 명시적인 이성적 사고를 주관하며, 이와 반대로 우뇌는 직관적이고 암묵적인 감성적 사고를 주관한다. 두뇌 구조의 이원성은 동양인과 서양인의 인식 패턴에도 영향을 미치는 것으로 보인다. 대부분 동양 사람들의 마음은 기억된 과거의 감성에 밝지만, 현재의 이성적인 마음에 밝지 못하다. 그러나 대부분의 서양 사람들은 무한한 감성과 잠재의식에는 눈뜨지 못한 채 현재의 이성적인 마음에만 밝다.

『주인과 심부름꾼』의 저자인 신경심리학자 이언 맥길크리스트는 우뇌는 우리가 경험하는 모든 정보를 주관하지만, 새로운 지식이나 기술이 익숙해지면 주관처는 좌뇌로 넘어간다고 말한다. 좌뇌는 우뇌의 주관 하에 있어야 하지만 사람들이 경험이 쌓이면서 좌뇌 위주로 생각함에 따라 좌뇌가 심지어 두뇌 전체를 지배하기에 이르렀으며, 이에 따라 서구 문명은 좌뇌 중심의 문화가 되었다는 것이다.

좌뇌의 가장 큰 위험은 "좌뇌 모드에 들어가면, 좌뇌의 방식이 유일하며, 다른 방식, 즉 우뇌 모드는 그저 틀린 것이라고 생각한다."는 데 있다. 그리고 이것이 현대문명을 주도하는 대부분의 견해이기도 하다. 좌뇌는 논리적으로 추론하고 사물을 범주화하는 데 능하지만, 우뇌는 세상을 상호 연결된 가능성들로 충만한 것으로 보므로 이것과 저것이 모두 진실일 수 있다고 생각한다.

전체 속에서 개체를 살피는 것이 우뇌의 기능이지만, 현대사회는 창의적인 우뇌를 제쳐놓고 세부적인 문제에 국한하도록 좌뇌적 사고를 중심으로 이루어지고 있다. 맥길크리스트는 좌뇌가 득세하면서 인류의 문명이 대립으로 치닫고 있으며, 심지어 오늘날의 금융위기[94]도 좌뇌로 인해 촉발되었다고 말한다. 그리고 지나치게 이기적인 좌뇌가 현대사회를 지배하는 것을 막기 위해서는 우뇌의 중요성을 인식하고 좌·우뇌가 긴밀하게 소통할 수 있어야 한다고 말한다.

오늘의 문제는 좌뇌 위주로 빛나는 문명을 만들었음에도 불구하고, 사람들은 그 문명의 하수인이 되어서 결국 건강과 행복을 잃었다고 할 수 있다. 이것은 대뇌신피질이 내리는 판단이 자율신경계가 가리키는 것과 멀리 떨어지면서 정서가 불안해지고 촉급한 감정이 발하게 된 결과이다. 이것이 인류가 당면한 좌뇌가 우뇌로부터 분리되어 있는 문제이다.

결국 사람들이 주로 대뇌신피질을 사용하면서부터 점차 자율신경계의 판단으로부터 멀어진 것이다. 사람은 자율신경계의 판단을 무시하고 독자적으로 자신의 경험에 맞게 편집하고 스스로 판단할 수 있다. 사람들이 동물에게서 배울 것은 자율신경계를 존중하고 그것이 내리는 판단을 따르는 것이다.

『동의수세보원』「성명론性命論」에는 선을 행하는 지행과 악을 싫어하는 지행이 나온다. 선을 행하는 지행은 『맹자』에 나오는 '양심을 지켜서 본성을 기르는[存其心養其性]' 것이고, 악을 행하지 않는 지행은 '몸을 닦아서 명을 세우는[修其身立其命]' 것이다. 성은 마음으로 통하는 것이니 선을 좋아하고, 명은 몸으로 통하는 것이니 선을 좋아할 뿐 아니라 악을 싫어한다. 오늘날의 인류 문명의 위기가 된 '분리의 좌뇌'의 문제는 사상의학은 명을 잘 이해하지 못해서 생긴 문제이며, '양심을 지켜서 본성을 기르는' 즉 성의정심을 통한 수양을 통하여 극복할 수 있다. 그리고 이러한 성의정심의

---

94) 2008년 9월부터 시작된 세계 규모의 경제 위기를 말한다. 미국 부동산의 버블 붕괴와 이에 따른 모기지론의 부실화 그리고 모기지론의 증권화가 결합되어 발생했다.

수양은 또한 개인적인 차원에 그치지 않고 사회적인 차원에 까지 통하도록 하여야 한다.

□ 격물치지와 성의정심

수양론에서 살펴보았지만 성의정심과 격물치지는 서로 대조되는 것으로 격물치지는 분석적인 과학과 같이 좌뇌의 기능에 속하고, 성의정심은 직관적인 철학과 같이 우뇌의 기능에 속한다. 과거 동양은 우뇌 중심으로 사고했기 때문에 성의정심에 치중하여 직관적인 철학이 발달하였다면, 현재 서양은 좌뇌 중심으로 사고했기 때문에 격물치지에 치중하여 분석적인 과학이 발달하였다고 할 수 있다. 그리고 지금은 이들을 조화롭게 사용할 수 있는 상황에 이르렀다.

격물치지는 만생 만물이 있는 시공간에서 현재 풀어야 하는 능행能行의 문제로서 지혜를 쌓는 몸의 수양법이라면, 성의정심은 시공간을 초월하는 깨달음[慧覺]의 문제로서 지혜를 사용하는 마음의 수양법이다.

주자는 리理에 이르는 길이 격물치지에 있다고 보았다. 주자가 말하는 격물格物은 사물에 나아가서 이치를 궁구하는 것이다. 사물에 나아가서 이치를 궁구하는 것은 바로 각각의 사물 속에서 깊은 이치를 구하는 것이다. 아래는 주자가 말하는 격물치지를 『주자어류朱子語類』와 『대학혹문大學或問』에서 가려 뽑은 것이다.

만일 사물과 접촉하지 않는다면 어디에 근거하여 앎을 얻을 수 있겠는가?
만일 앎이 아직 이르지 못함이 있으면 자기에게로 돌이킨 것이 참되지 못함이 많아서이니, 어찌 곧바로 돌이켜 자신에게서 구할 수 있고 밖에서 구할 필요가 없다고 하며, 만물의 이치가 모두 나에게 갖추어져 있어서 참되지 않음이 없다고 말할 수 있겠는가?

아래는 『격치고』 「반성잠反誠箴」에 나오는데, 여기선 군자가 소인들의 간사한 계산과 속이려는 계획을 완전히 파악하는 것이 소인들과 더불어 살면서도 그들에게 속지 않는 법을 배우는 것으로 본다. 예문이 다소 길지만 격물치지를 하는 마음의 자세이기도 하여 그대로 옮긴다.

귀와 눈, 손과 발은 군자와 소인이 조금도 다르지 않지만, 마음 씀씀이의 높고 낮음은 군자와 소인이 하늘과 땅처럼 다르다. 세세한 능력과 작은 기술은 소인의 힘이 널리 효과를 나타내고, 간사한 계산과 속이려는 계획은 군자의 마음에는 언제나 모자란다. 따라서 군자로서 소인과 함께 계획하려는 사람은 묻기를 좋아하고 가까운 말을 살피기를 좋아하여 나쁜 점은 숨기고 좋은 점은 드러내어 그 양 끝을 잡고, 소인이 가진 기술과 능력을 자세히 알며, 간사한 계산과 속이려는 계획에 대해 완전히 파악하여 중도를 취해야 한다. 소인의 기술과 능력을 자세히 알지 못한다면 무엇으로 소인의 장점을 취할 수 있으며, 간사한 계산과 속이려는 계획을 완전히 파악하지 못한다면 무엇으로 소인의 단점을 버릴 수 있겠는가? 이와 같으면 소인은 스스로 복종할 것이다. 한 소인이 스스로 복종하면 소인의 무리들은 한 소인이 복종하는 것을 보고 올바름으로 자신을 바로잡아 마침내 전체 무리가 모두 군자에게 돌아오게 된다. 이렇기 때문에 군자가 다른 사람과 더불어 선을 이루는 것을 무엇보다 크다고 한다. 이는 듣고 보는 방법과 계책의 방법 등을 말한 것이다.

격물치지는 수양이기보다는 지행을 하는 방법이다. 따라서 격물치지를 깊이 하면 그 분야에서 달인達人의 경지는 되겠지만, 그 분야를 벗어나면 아무 것도 모르는 바보가 된다. 사람은 스스로 한 분야만 잘 아는 기능인으로 살기를 바라지 않고, 가족과 기타 인간관계 속에서 원만한 삶을 살기를 바란다. 이를 위해서는 먼저 가족과 기타 인간관계 속의 사람들과 감성이 통하여야 하는데, 이는 성의정심을 통하여 얻을 수 있다.

격물치지가 세부적인 분야의 앎을 얻는 것이라면, 성의점심은 뜻을 진실하게 하고 마음을 바르게 하여 다른 존재들과 마음을 통하도록 하는 것이다. 성의정심 수양법의 근원을 『중용中庸』과 장횡거의 『정몽正蒙』에서 옮긴다.

오직 천하의 지극히 정성스러운 사람이라야 능히 자기의 본성을 실현할 수 있고, 자기의 본성을 실현하면 다른 사람의 본성도 실현시킬 수 있다.
자기 마음을 확대하면 천하 만물을 몸으로 여길 수 있다. 일체가 되지 못한 사물이 있으면 마음에 차별이 생긴다. … 성인은 자기 본성을 완전히 발휘하여 견문의 지식으로 자기 마음을 얽어매지 않는다. 그는 천하의 한 사물이라도 '나 아닌 것'은 없다고 여긴다. … 덕성을 통한 지식은 견문에서 싹트지 않는다.

성의정심의 본뜻은 감성의 확장에 머무르지 않고 나와 하늘이 하나임을 자각하는 데 있다. 이율곡李栗谷(李珥, 1537~1584)은 『천도책天道策』에서 나와 하늘이 하나라고 하였는데, 아래에서 살펴본다.

사람이 곧 천지의 마음입니다.
사람의 마음이 바르면 천지의 마음이 또한 바르고, 사람의 기가 순하면 천지의 기氣가 또한 순하게 되는 것입니다.

성의정심이 없는 격물치지는 감성이 없는 지식과 같아서 자신의 이익만을 추구하기 쉬우며, 심욕이 사라지지 않은 상태에서 격물치지가 열리면 가슴이 없는 기능인이 되어 세상을 어지럽게 할 위험이 있다. 그리고 격물치지의 뒷받침 없이 성의정심을 얻는 문제점은 세상에서 문제를 해결하는 능력이 부족하다는 것이다.

최근 사회의 현장에는 많은 달인이 보도되고 있는데, 이들은 격물치지가 열린 상태, 즉 일종의 몰입의 상태에 들었거나 암묵지에 이른 것으로 보인다. 달인의 경지에 대해서는 많은 연구가 필요하겠지만, 대부분의 달인들은 자신의 이익만을 위하지도 않고 가슴이 없는 기능인도 아니어서 오히려 세상에 도움을 주는 모범 시민들이다.

사상의학의 수양법에서 격물치지는 태양인의 수양법으로 그리고 성의정심은 소음인의 수양법으로 보았지만, 그러나 심성의 성장을 위해서는 사상인과 상관없이 누구나 격물치지와 성의정심을 조화롭게 수양해야 하는 수양법으로 본다.

□ 잠재의식과 몰입

사상의학에는 성명性命의 개념이 나오는데, 무엇이 성性이고 무엇이 명命인가? 『동의수세보원』에는 "남의 선을 좋아하면서도 나 역시 그 선을 행하는 것이 지성至性의 덕이다. 남의 악을 싫어하면서도 내가 반드시 악을 행하지 않는 것이 정명正命의 도이다."라고 하여 성과 명을 구별한다.

본서는 성 또는 지성의 덕은 우뇌의 잠재의식으로 이해하며, 명 또는 정명의 도는 좌뇌의 현재의식으로 이해한다. 사람들이 지행을 통하여 자신이 마땅히 해야 할 일을 하는 것이 명이다. 그리고 지행을 통하여 얻는 경험과 지혜 그리고 감성이 성이다. 성은 인류 공통의 잠재의식에 더해지고, 인류 공통의 잠재의식은 개별적인 사람들이 살아가는 지혜로 활용되며, 명은 사람들이 지행하는 기준이 된다.

우뇌가 잠재의식과 통하는 것으로 보는 것은 많은 뇌 과학자들의 견해를 따른 것인데 특히 하루야마 시게오가 쓴 『뇌내혁명』은 "사람들의 우뇌에는 5백만 년의 감정과 정보가 기록되어 있다."라고 한다. 이것이 사람들이 경험하면서 얻은 인류의 지혜이며 본서에서 말하는 잠재의식이다.

보통 사람들은 좌뇌와 우뇌를 사용하는 데 있어서 비록 한쪽 뇌로 치우치기는 하여도 완전히 다른 쪽 뇌를 사용하지 못하게 할 수는 없다. 그런데 뇌 과학자인 질 볼트 테일러는 좌뇌의 기능이 정지되고 우뇌만이 작동하는 경지에 들어가 본 경험이 있다. 이 경험담은 『긍정의 뇌My Stroke of Insight』에 실려 있다. 그녀는 그의 저서에서 우뇌와 좌뇌의 차이에 대하여 다음과 같이 말한다.

우뇌에는 현재 순간 외의 시간이 존재하지 않으며, 매 순간이 지금 들어오는 감각들로 채워진다. 출생이나 죽음조차도 지금 이 순간에 일어난다. 기쁨의 경험 역시 지금 이 순간에 일어난다. 우리 자신보다 거대한 존재를 지각하고 그것과 연결되어 있다는 경험 또한 지금 이 순간에 일어난다. 우뇌에서는 '지금 이 순간The momentum of now'만이 끝없이 계속 이어진다.

좌뇌는 이해관계를 따지는, 자기중심적인 세계관을 형성하여 자기만의 세계에서 살도록 한다. 그러나 좌뇌는 내가 외부 대상과 소통할 때 사용하는 도구이며, 좌뇌의 좋은 역할은 자신의 생각과 믿음대로 계획할 수 있는 것이다.

우뇌는 분리가 아닌 모든 것이 하나로 통하는 꿈과 이상 속의 세계이며, 모든 것과 하나임을 느끼고 극도의 평화와 행복을 경험할 수 있다.

물론 우뇌만으로는 자신의 생각과 믿음대로 계획할 수 없다. 우뇌의 행복감과 구성원과의 일체감을 가지고 모든 것이 다 연결되어 있는 세상을 보는데, 만일 지상에서 어떤 꿈을 이루려면 좌뇌의 계획 능력뿐 아니라 구체적인 실천방안을 도움 받아야 한다. 사람들이 좌뇌와 우뇌를 동시에 활용해서 꿈과 이상을 지상에 설계하는 것이 전전두엽을 활용하는 것이다. 전전두엽은 특정한 문제에 주의를 집중하여 여러 정보를 자유롭게 해석하고 상상하면서 미래의 계획을 세우는 등 사람의 자유로운 활동을 한다.

좌뇌와 우뇌를 사용하는 차이는 집중concentration과 몰입flow이라고 말할 수 있다. 집중은 관심을 두는 것 외에는 관심을 가지지 않는다. 이렇게 하여야 좌뇌를 사용할 수 있다. 여기서는 이것이 맞고, 저것이 틀리다는 믿음 하에서 집중을 하는데 문제는 좌뇌를 사용할 때는 긴장을 수반한다는 것이다.

미국 피터 드러커 경영대학원의 심리학자 칙센미하이Csikszentmihalyi가 개념화한 몰입이란 어떤 활동에 깊이 빠져서 시간이나 공간, 타인의 존재나 심지어 자신에 대한 생각까지도 잊는 심리 상태를 의미한다. 운동이건 독서건 너무 빠진 나머지 시간이 가는 줄도 몰랐던 경험과 같은 것이다. 이것이 몰입이며 아무런 긴장 없이 물이 흐르듯이[flow] 자연스럽게 빠져 들어가서 원하는 것과 교감하는 것이다.[95]

95)『꼭 알고 싶은 심리학의 모든 것』, 강현식 저, 소울메이트, 2012

몰입은 보통 '어떤 활동에 완전히 몰두할 때 일어나는 최적의 심리적 현상'이라고 정의된다. 몰입하는 동안 사람들은 시간의 흐름도 잊고 자기 자신도 잊는다. 아시아권에서 '무아無我의 경지'라고 부르는 현상이 바로 몰입이다.

몰입은 다른 정보를 차단하지 않고 흐름에 맡기면서 특정한 일에 주의를 쏟는다. 주의attention는 한 곳에 집중하지만 아무 것도 배제하지 않는 것이다. 그리고 주의가 깊은 경지에 이른 경우가 몰입이다. 여기서 중요한 것은 좌뇌가 빠지기 쉬운 이익을 따지고 명예를 생각하는 일을 버려야 비로소 몰입의 상태로 들어갈 수 있다는 것이다.

예를 들어, 우리가 생명이 위협당하는 위험한 순간에 처했을 때 그 순간을 일종의 슬로모션처럼 자세히 기억한다거나, 상대방 자동차와 충돌하던 순간 그동안 살면서 겪었던 일들이 주마등처럼 스쳐지나가는 일이 일어난다. 이것이 일종의 몰입인데, 지금이라는 시간을 초월한 상태에서 대상을 보는 것이다.

몰입이 특정 대상에 의도하고 주의를 모으는 것과는 달리, 명상meditation은 지금 이곳에 나타나는 것이 무엇이든, 그것이 소리이든 신체 감각이든 나타나는 그것에 초점을 두고 알아차리는 것이다. 즉 감각 경험에 주의를 기울이는 것이다. 마음속에 어떤 생각을 일으키지 않고 오직 지금 이곳에 나타나는 것만 살피는 것이다. 명상은 나의 의도와 주의를 넘어서서 시공간에서 일어나는 대상을 보는 것이다.

따라서 명상은 단점이 있다. 명상에 익숙해지면 관찰자적 입장에 빠지게 되어 사람이라면 당연히 해야 할 사회적인 업무 분담에 소홀해지게 된다. 과거 명상이 기존 문화를 대체할 것으로 전망하기도 했으나, 현실 문제를 등한시하는 등의 문제점도 많다.

우뇌는 외부 대상에 대한 무한한 정보가 들어있는 잠재의식에 연결되어 있다. 우뇌는 대단히 많은 정보의 보고이나, 현실의 문제를 해결하는 입장에서 우뇌를 활용하는 것이 중요하다. 그리고 현실의 문제를 처리하는 것은 좌뇌이기 때문에 몰입은 좌뇌를 통한 우뇌의 활용과 같으며, 이것은 현실에서 필요한 문제를 해결하는 데 무한한 지혜를 사용하는 것과 같다. 따라서 몰입은 현실과 이상, 이성과 감성, 그리고 서양 문화와 동양 문화의 차이 등의 문제점을 극복할 수 있는 장점이 있다.

□ 과학과 영성

사람은 누구나 잠재의식의 위대한 지혜를 갖추고 있음에도 불구하고 이를 활용하기 어려운 이유는 사람의 두뇌가 좌뇌와 우뇌로 이원적으로 양분되어 있고 사람들이 아는 앎도 좌뇌를 사용하는 명시지와 우뇌를 사용하는 암묵지로 나뉘어 있기 때문이다. 두뇌 구조의 이원성은 동양인과 서양인의 인식 패턴에도 영향을 미친다.

전통적으로 서양학은 좌뇌를 사용하여 분석과 논리 그리고 검증만으로 만들어진 거대한 인공지능과 같은 학문체계이다. 이와 같은 서양학은 거리를 재고, 도로를 놓고, 다리를 건설하며, 배를 만들어 물에 띄우는 데 빼어난 능력을 발휘한다. 그러나 서양학은 눈에 보이지 않는 본성과 감정의 분야를 다루는 데에는 익숙하지 않다.

서양학이 알파고처럼 좌뇌에 치중하여 감정의 경험이 없는 세계에서 우월한 능력을 발휘하였다면, 전통적으로 동양학은 세상을 감성으로 보는 우뇌를 사용하는 문화를 꽃피워 왔다. 동양학은 우뇌의 지혜로 정리되어 있으며 경험과 감정이 연결되어 직관과 통찰로써 세상을 보는 학문체계라 할 수 있다. 세상을 우뇌로 볼 때 사람은 늘 전체 자연계와 통해 있으며, 세상은 모두 서로 연결되어 있다.

사상의학의 수양법은 수신제가와 치국평천하를 똑같이 중시한다. 현대라는 시점에서도 치국평천하는 중요한데, 지금의 천하는 한 나라나 한 대륙에 머물지 않고 전 세계로 확장되어 있기 때문이다.

이제까지 서양은 좌뇌 위주의 과학기술문명을 만들어왔고, 동양은 우뇌 위주의 정신문화를 만들어 왔다면, 만일 우뇌의 동양문화와 좌뇌의 서양 문화가 서로 화합하고 조화한다면 어떻게 될 것인가? 본서는 이 둘 사이의 문화를 조화롭게 하는 것이 현대판 치국평천하를 이루는 길로 본다. 이렇게 볼 때 동양학과 서양학은 이제 서로를 이해해가는 과정에 있으며, 과학적인 분석 기능과 철학적인 직관 기능을 조화롭게 하는 사상의학의 수양론이 중요한 역할을 할 것이다. 그리고 이 길은 언제나 시공의 현실을 통하여 무한한 이상의 세계로 가는 몰입과도 같을 것이다.

최근 과학과 영성이 대립하는 것이 아니라 양립하는 것으로 보는 서양 의학자가 있는데, 하버드대 신경외과 의사인 이븐 알렉산더이다. 그는 자신이 우주와 소통하고 대화한다는 사실을 경험으로 깨달아서 『나는 천국을 보았다』를 펴냈다.[96] 그는 우리가 살아있는 동안에 높은 차원의 앎을 회복하여야 한다고 말하는데, 아래에 옮긴다.

우리는 뇌의 필터가 허용하는 것만을 볼 수 있다. 우리의 뇌는, 특히 언어

---

96) 『나는 천국을 보았다』, 이븐 알렉산더, 고미라 옮김, 김영사, 2013

와 논리를 관장하는 좌뇌는 합리성에 대한 감각과 개인 또는 자아라는 인식을 발생시키는데, 이것이 바로 우리가 더 높은 차원을 알고 경험하는 것을 방해하는 장애물이다. 나는 우리의 삶이 지금 매우 중요한 시점에 와 있다고 생각한다. 우리는 우리의 뇌가 온전히 작동하고 있는 동안에, 즉 지상에 살아 있는 동안에, 높은 차원의 앎을 더 많이 회복해야 한다. 내가 평생을 바쳐 연구한 과학과 내가 저 너머에서 배운 것은 서로 모순되지 않는다. 하지만 아직 너무나 많은 사람들이 이 둘이 모순된다고 믿고 있다. 유물론적 세계관에 고착된 과학계 일부 구성원들은 과학과 영성이 양립할 수 없다고 고집스럽게 주장하고 있다. 그들은 잘못 알고 있다.

제6장 사상의학의 한의학적·철학적 성과

　동무는 태양인 특유의 직관을 발동하여 한의학사 및 동양학사에 빛나는 발견을 하였다. 그러나 그의 직관은 그의 이론들을 알기 쉽게 체계화하지는 못하였는데, 이것이 그의 사상을 세상에 널리 펼치는 데 장애가 되어 왔다.

　일반적으로 사람들은 사상의학이라고 하면 사상체질의학으로만 이해하는 측면이 있으나, 사상의학은 사상체질에서 시작하여 사람의 성정性情이 어떻게 체질별로 다르며, 이에 따라 지행知行이 어떻게 다르며, 그리고 수양은 어떻게 다른지에 대한 통찰이 주류를 이룬다. 그래서 사람의 성정을 자세히 관찰하여 그 사람의 성정을 유추하고 치우친 성정을 바로잡는 데에 의미를 둔다.

　사람마다 타고나는 체질에는 네 장부인 신폐간비의 기능에 크고 작음이 있음을 말하는데, 이는 몸의 치료에 관계된다. 그리고 사상체질은 크고 작은 성정 즉 인의예지와 희로애락을 지니는데, 이는 마음의 치유에 관계된다. 이처럼 사상의학은 마음과 몸이 하나로 통하도록 본 첫 번째 의학이자 철학이다.

　그러나 사상의학의 원전이 되는 동무의 『격치고』와 『동의수세보원』이 이해하기 어려웠던 가장 큰 이유는 사상체질을 나누는 사상四象에 있다고 해도 과언이 아니다. 기존에는 사심신물事心身物에 따라 사상체질을 나누었으나, 사심신물의 특성이 뚜렷하게 분별되지 않았기 때문에 결과적으로 사상과 사상체질의 특성이 잘 연결되지 않았다. 예를 들어, 태양인은 사에 해당하고 소음인은 물에 해당하는 것으로 보나, 사상의 의미로부터 살펴보면 소음인이 사에 해당하고 태양인은 심에 해당한다.

　사상의학은 오행론이 아니라 사상론을 기반으로 한다. 사상론은 신기혈정이 자연 발생의 의미를 지녀서 인체뿐 아니라 생명체를 이루는 네 차원의 요소이고 신기혈정의 특성에 대한 이론이다. 여기에 신기혈정을 주재하는 심을 더한 것이 사상·심론이다. 사상론이나 사상·심론 모두 사람들의 철학이나 예술, 종교 등과는 달리 자연의 앎에 속한다.

　본서는 사심신물이 아니라 자연에 속하는 신기혈정神氣血精으로 사상체질을 표현하고 장부와의 관계 그리고 본성과 감정의 관계를 밝혔다. 그리고 신기혈정에 대한 이해를 바탕으로 사상의학의 성정론과 지행론 및 수양론과 장부론을 이해할 수 있었다. 결국 사상의학 때문에 신기혈정의 의미가 밝혀졌으며, 신기혈정은 모든 생명체를 이루는 네 차원의 요소임도 밝히게 된 것이다.

　신기혈정의 의미로 보더라도 사람은 기氣 차원에 머무는 존재가 아니며, 사람은 누구나 선천적으로 마음 속 깊이 순수지성인 신神을 지니는 존재이다. 이를 바탕으로 사람은 누구나 심心으로 자신의 의사를 결정하며 살아간다. 사람은 누구나 순수지성을 지니고 누구로부터도 침해받을 수 없는 의사결정권을 지니기 때문에 자신 외에 제삼자에게 판단력이나 의사결정권을 양도해서도 안 되고 다른 이의 그것들을 빼앗으려 해도 안 된다. 오히려 의원醫員은 병자의 질병뿐만 아니라 마음까지도 치유하여 스스로의 의사결정권을 회복하도록 도와야 할 위치에 있다.

지금까지 한의학과 동양학은 오행론을 중심으로 설명되어왔으나, 오행론에서 보는 장상론은 장부의 기운과 장부의 기 회로에 문제가 있다. 또한 오행론은 모든 현상을 기운으로 보기 때문에 기운 너머에 있는 이치에 해당하는 마음의 문제를 살펴보기에는 한계가 있다.

　　본서는 신기혈정의 사상도를 따라서 장부의 기 회로를 발견하였는데, 이는 '신장 → 폐 → 간 → 비장'을 따르며, 방위로는 '북 → 서 → 동 → 남'을 따른다. 이것은 사상의학을 연구하는 중에 발견한 것이며, 기존 한의학에서는 보고되지 않은 장부의 8자 기 회로이다.

　　그리고 장부의 8자 기 회로로부터 사상인의 장부적 성질이 나오는데, 기존의 사상인의 정의와는 일부 다른 것을 발견한 것이다. 그리고 신기혈정이 지니는 의미로부터 신폐간비가 지니는 기운적 특성 즉 계절과 방위적 특성을 정립하였다.

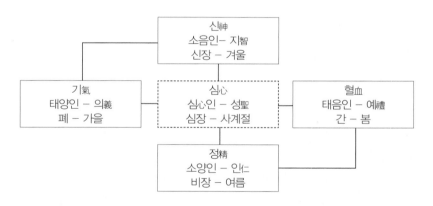

그림 6.1 본서의 신기혈정의 8자 회로

그림 6.1은 신기혈정으로 사계절과 사방, 인체의 장부와 사상인 그리고 본성을 그린 것이다. 이것이 본서에서 찾은 사상의학의 기반을 이루는 사상론에 대한 개념이며, 신기혈정의 8자 회로이다.

신기혈정의 사상도는 오행론과도 차이가 있고 복희팔괘와도 차이가 있는데, 본서는 이와 같은 차이를 분명하게 이해하기 위하여 신기혈정을 역상易象으로 풀이하고 신기혈정의 성정을 이해하였다. 이 그림은 기존의 대부분의 사상의학 해설서와 차이를 보인다. 신기혈정의 사상도로 대표되는 사상·심론으로부터 그동안 진리로 알아오던 오행론이 기운 중심의 불완전한 모델이라는 것도 알 수 있다.

사상의학에서 치유의 원리는 자연의 성정에서 볼 때 허약해진 감정은 보하고 항진된 감정은 사하는 것이다. 이는 기존에 치유의 기준으로 삼았던 오행론의 치유의 원리와는 사실상 많이 다르다.

본서에서 이해한 치유의 원리가 적합하다는 것을 증명하기 위하여 감정이 항진된 경우에 대한 사상인의 감정 치유법을 비롯하여 장부 치유법과 마음 치유법을 제시하였다.

사상의학은 한의학뿐 아니라 동양학에도 괄목할만한 성과를 얻었다. 기존의 동양학은 많은 빼어난 통찰력에도 불구하고 서양의 과학기술이 가지는 '과학적 분석과 검증'이 부족하다. 그러나 한의학은 그 자체로 실증적인 학문이므로 동양학의 장점인 직관과 통찰은 물론 서양학의 장점인 과학적인 분석과 추론도 함께 구비한 것이다.

사상의학이 알려주는 가장 중요한 정보는 성정론에 있다. 사람의 본성은 유가의 전통을 따라 인의예지로 보나 사상인 별로 인의예지가 풍부하고 부족함에 대해서는 알려지지 않았다. 본서는 자연의 성정과 신기혈정의 역상 및 칼 융의 심리유형을 참조하고 인지방법을 더하여 종합적으로 살펴보았다.

본서는 지행론에서 사상인이 지행知行에 널리 통달하고 널리 통달하지 못하는 조합을 바로잡았으며, 그 원인도 명확하게 하였다. 사상인이 자신의 풍부한 성정을 가지고 실제로 지행을 잘하는 것은 풍부한 성정에 해당하는 일이 아니라, 미약한 성정에 해당하는 일이다.

사상의학은 사람의 도덕성으로만 알고 있는 인의예지를 지각 능력으로 보며, 희로애락이라는 감정을 행위를 하는 힘으로 본다. 사상의학에서 논하는 본성과 감정 그리고 알고 행하는 것은 사실상 윤리 차원에 속하기 이전에, 근본적으로는 사람이 누구나 자연과 사회 속에서 살아가는 데 없어서는 안 되는 능력과 자산이다. 사람들의 지혜와 너그러움은 본성과 감정을 고루 갖추어서 절도에 맞게 알고 행할 때 비로소 나온다.

본서는 뇌 과학적 지식, 동양 역학易學과 성리학 그리고 심학의 도움을 받아 사상의학의 심성론을 정립하였다. 사람은 선험적으로 본성을 지니지만, 실제로 알고 행하는 데 있어서 주체는 심성心性이다. 심성론은 알고 행하면서 앎을 확충하는 지행知行과 치우친 성정을 바로잡는 수양의 의미를 전체적으로 다룬다. 사람의 심성은 거짓과 진실 그리고 선과 악을 분별하지 못하여 많은 괴로움을 겪기도 하지만 이들을 분별하면서 성장한다. 사람들은 선악을 자의적으로 나누어 세상을 둘로 나누지만, 선악을 분별하면서부터 세상을 하나로 보게 된다.

또한 개인의 심성은 잠재의식과 연결되어 있는 현재의식이며, 사람이 살아가는 동안에 현재의식이 주체가 되어 잠재의식과 교감하면서 교감을 폭을 넓고 깊게 하는 것이다. 심성은 자신이 스스로 이루면서 형성되므로 개인의 심성이기도 하지만, 인류 공통의 잠재의식을 공유하므로 사회의 심성이기도 하다.

사상의학의 심성론은 거짓과 진실 그리고 선과 악을 분별하는 것이다. 사람들의 심성은 선과 악의 갈림길에서 진화하는 운명이라고 할 수 있다. 사람들은 선악을 자의적으로 분별하지 못해서 세상을 둘로 나누지만, 선악을 분별하면서부터 세상을 하나로 보게 된다.

사상의학은 또한 동양학의 우주론에도 기여하였다.

사상의학의 이론적 배경을 요약하면, 모든 생명체는 신기혈정의 사상四象으로 이루어져 있으며 심心이 사상을 주재한다는 것이며, 이것이 사상·심의 철학이다. 자연의 사상·심의 철학이 오행론이나 주염계의 태극도설과 다른 것은 기의 회로가 다르고 사상을 주재하는 태극의 심의 역할에 있다. 여기서 사람은 더 이상 자연에 부속하는 존재가 아니라 본래 자연과 교감하면서 자연을 주재하는 주체이다. 비록 사람에게 심욕이 들어선다 하더라도 사람의 존재는 근원적으로 하늘과 땅과 대등한 존재로 보는 것이다. 사상의학의 사상론을 확장하여 보면, 우주계는 더 이상 사람의 지행의 대상에 머무는 것이 아니라 사람의 심과 마음 그리고 진실한 뜻과 영원히 함께하는 존재이다.

자연의 사상론은 태극을 중심에 두고 사방으로 건리감곤을 배치하는 우리나라 태극기를 그대로 상징하는 것이기도 하다. 여기에는 사상을 주재하는 심이 존재하는 것이 기존의 오행론이나 복희팔괘를 비롯한 역학과 다르다. 동무가 발견한 사상의학에 의해서 비로소 우리나라 태극기에 들어 있는 심오한 사상을 이해할 수 있다.

오행론으로 대표되는 기존의 우주론은 개체가 전체적인 기의 흐름 속에서 끊임없이 순환하는 것이다. 그래서 개체들을 전체적으로 조망하는 눈이 없으며 이에 따라 기존 한의학에서는 절대적인 도덕성을 언급하지 않는다. 그러나 사상론을 기반으로 하는 사상의학은 중앙에 태극의 심이 있어서 개체라는 사상을 전체의 입장에서 조망할 수 있으며, 성정이라는 절대성을 관찰할 수 있을 것이다.

동무가 발견하고 본서에서 재해석한 사상의학은 한의학뿐 아니라 동양학에서도 가치가 높다. 특히 지행론과 치유론은 과학에 속하지만 성정론과 심성론은 영성철학이라 할 수 있어서, 기존 서양철학이나 동양학에서도 찾기 어려운 빼어난 학술이다. 사상의학의 가치는 이제 발견하기 시작한 상태에 불과하고 그의 인체와 자연에 대한 빼어난 통찰은 동양학을 새로 쓰는 수준의 것일 수 있다.

■ 참고문헌

『동의수세보원 영인본』, 행인출판, 1996

『동의보감』「내경편」 동의과학연구소, 2002

『황제내경』「소문편」, 전통문화연구회, 2004

『격치고』, 박대식 역주, 청계, 2000

『사상의학』, 전국 한의과대학 사상의학교실 엮음, 집문당, 1997

『기초한의학』, 배병철 지음, 성보사, 2005

『한의학대사전』, 한의학대사전편찬위원회, 정담, 2001

『동무의 철학사상』, 허훈 저, 심산, 2008

『음양이 뭐지』, 전창선·어윤형 지음, 와이겔리, 2009

『보이는 것만이 진실은 아니다』, 장휘용 지음, 양문, 2001

『자연음악』, 리라그룹자연음악연구소 편저, 이기애 옮김, 삶과꿈, 1997

『의식혁명』, 데이비드 호킨스 지음, 백영미 옮김, 판미동, 2011

『긍정의 뇌』, 질 볼트 테일러 지음, 장호연 옮김, 월북, 2010

『왓칭』, 김상운 지음, 정신세계사, 2011

『아나스타시아 4권』, 블라지미르 메그레 지음, 한병석 옮김, 한글샘, 2010

『신과 나눈 이야기 1』, 닐 도날드 월쉬 지음, 아름드리미디어, 2000

『람타, 현실 창조를 위한 입문서』, 아이커낵편집부 역, 2015

『식물의 정신세계』, 피터 톰킨스 외 저, 황금용 옮김, 정신세계사, 1993

『칼 융의 심리유형』, 칼 구스타프 융 저, 정명진 옮김 부글북스, 2014

『동양적 마음의 탄생』, 문석윤 지음, 글항아리, 2013

『사람을 살리는 식품, 사람을 죽이는 식품』, 최철한 저, 라의눈, 2015

『스트레스 솔루션』, 닥 칠드리 외 지음, 하영목 역, 들녘미디어, 2004

『뇌내혁명 1~3』, 하루야마시게오 지음, 심정인 옮김, 사람과책, 1996

『뇌 과학으로 보는 감정』, 브레인 편집부 저, 브레인 미디아

『마음과 철학 - 유학편』, 서울대학교 철학사상연구소, 서울대학교출판문화원, 2013

『장재와 이정형제의 철학』, 이현선 지음, 문사철, 2013

『동양철학사 상·하』, 풍우란 저, 박성규 옮김, 까치, 1999

『표준 새번역 사서』, 석동신 역주, 종려나무, 2017

『노자 평전』, 쉬캉성 지음, 유희재 외 옮김, 미다스북스, 2002

『『초간본 노자』로 보는 무위자연의 삶』, 송인행 역저, 문화의힘, 2013

『장자』, 김학주 옮김, 2010

『노자 도덕경과 왕필의 주』, 김학목 옮김, 2000

『문자』, 지은이 미상, 이석영 옮김, 홍익출판사, 2002

『황극경세서』, 소강절 저, 노영균 역, 2002

『대학 · 초간 오행』, 양방웅 저, 이서원, 2014

『주자어류 영인본』, 조용승, 1978

『순자 교양강의』, 우치야마 도시히코 저, 석하고전연구회 역, 돌베개, 2013

『이제마, 사람을 말하다』, 정용제 저, 정신세계사, 2013

『뇌 체질 사용설명서』, 에릭 R 브라이버맨 저, 윤승일 역, 북라인, 2009

『칼 융의 심리유형』, 칼 G 융 저, 정명진 역, 부글북스, 2014

『주인과 심부름꾼』, 이언 맥길크리스트, 김병화 역, 뮤진트리, 2014

『입체음양오행』, 박용규 태광출판사 2005

『밤에 졸리고 아침에 깨고… '24시간 생체시계' 비밀 풀다』, 김철중, chosun.com, 2017

『남자의 밥상』, 방기호 저, 위즈덤하우스, 2013

『칸트사전』, 사카베 메구미 외 저, 이신철 역, 도서출판b, 2009

『자치통감』, 사마광 저, 권중달 역, 도서출판 삼화, 2007

『당신 전생에서 읽어드립니다』, 박진여 저, 김영사, 2015

『생물전자기장을 밝힌다』, 장칸젠, 미내사 주최 장칸젠 박사의 강연, 1997

『자연의 원리Law of Naturer』, 인터넷 강의영상, 마크 패시오, 2014

『마음을 내 편으로 만드는 법』, 김빛추 저, 미다스북스, 2018

『나는 천국을 보았다』, 이븐 알렉산더 지음, 고미라 옮김, 김영사, 2013

『김기태의 경전읽기』 카페에서 「비원단상」 참조

『꼭 알고 싶은 심리학의 모든 것』, 강현식 저, 소울메이트, 2012

『이제마의 성명론과 사상의 구조』, 배영순 저, 대구사학 제91집, 2008

『네빌 고다드의 부활』, 네빌 고다드 지음, 서른세 개의 계단, 2009

　대부분의 사람들은 감정에 이끌리며 산다. 감정이 이끄는 대로 사는 것이 좋다면 할 수 없으나, 감정이 촉발된 후에 사람들은 대부분 이를 후회한다. 사상의학에서는 분노나 슬픔은 물론이고 기쁨이나 즐거움을 촉발하는 것도 건강에 치명적이며, 또한 촉급한 감정으로 일을 하게 되면 성과도 나쁘다고 한다.

　감정이 성과에 영향을 크게 미치는 것을 알게 해주는 것이 골프이다. 골프를 잘 치기 위해서는 방금 전에 있었던 너무 좋았거나 너무 싫었던 감정을 잊어야 한다. 오직 지금 여기에 있는 골프공과 목표에만 집중해야 한다.

　최근 명상과 참선, 요가 등 마음을 안정시키는 수양법이 많이 있지만, 사상의학에서는 격물치지와 성의정심의 조화를 추구한다. 격물치지는 사물을 관찰하여 앎을 이루는 것이고, 성의정심은 뜻을 진실하게 하여 마음을 바르게 하는 것이다. 이와 같은 수양법은 마음의 안정을 취하면서 사회생활에도 잘 적응할 수 있는 장점이 있다. 사람은 무릇 성의정심을 가져서 자연의 앎에 통하고 격물치지에 힘써서 자신의 생각으로 구현하는 것이다.

　사람들은 대부분 자신이 꿈꾸고 생각하는 대로 살아가는 것이 아니다. 오히려 살아가는 대로 생각하는 것이 대부분이며, 왜 그렇게 살아가는지는 알지 못하는데, 그 이유는 숨어있는 진실을 밝히려는 노력과 열정이 기존의 관습을 넘어서지 못하기 때문일 것이다.

　사람들이 품은 뜻은 그들이 하는 경험을 통하여 앎에 이르는데, 이 앎이 모여서 심성을 형성한다. 그래서 우리들이 사는 하루하루가 소중한 것이다. 그러나 많은 사람들은 세속적인 목표나 명예를 얻기 위하여 자신의 심성을 해치게 되며, 심성을 해치는 것이 바로 병을 불러들이는 길이다. 그리고 자신의 심성 못지않게 남들의 심성을 존중하는 것이 병이 낫는 길임을 모른다.

일반인은 대부분 경험하는 삶을 살면서 결론만을 얻으려 하지만, 자신의 미약한 본성이 가리키는 길을 가면서 강한 감정을 드러내려는 유혹을 뿌리칠 줄 알아야 한다. 그리고 남들이 사는 삶에서 귀감으로 삼는 것들이 많다는 것을 알아야 한다. 이것이 사람들 삶을 좀 더 이해하고 삶의 의미를 깨달으며 알고 행하는 즐거움을 얻는 길이다. 이때에야 비로소 우리들 삶의 목적은 이 세상에서 가치를 얼마나 알고 실현하는지로 바뀔 것이며 그만큼 아름다운 삶을 누릴 수 있을 것이다.

대부분의 사람들은 심성을 귀히 여기지 않기 때문에 육체의 차원에만 머무르며, 육체의 차원에 머무르므로 자신은 영원히 살 것처럼 믿는다. 그래서 몸이 병들고 고통을 받으면 그것이 자신에게 길을 잘못 가고 있다는 신호인 줄은 모르고 자신만 아픈 것을 억울하게 여긴다.

과거에는 도덕성이 나라를 다스리는 지도층에게 필요한 덕목으로 인식되었다면, 사상의학에서는 모든 사람에게 해당되는 덕목이자 능력이다. 이러한 관점에서 본다면, 알고 행하는 과정에서 생긴 질병은 그의 성정이 치우쳤다는 것이며, 자신의 성정에 대해 다른 시각으로 살펴보는 기회이다. 질병을 단지 낫는 것을 목적으로만 인식한다면 자신의 삶을 돌아볼 수 있는 기회를 놓치는 것이 될 뿐이다.

동무가 사상의학의 책을 낸 이유를 헤아려 보면 사람들이 순수지성과 순수 감정을 잃어버리고 사는 괴로움을 덜어주기 위함일 것이다. 사람은 누구나 순수지성과 순수 감정을 회복하여야 한다. 순수지성은 남들의 행위에 관심이 있는 것이 아니라, 남들이 하는 행위가 가지는 의미에 대하여 관심이 있다. 그래서 누구를 탓하거나 누구를 질책할 생각이 전혀 없다.

동무는 "산골 사람은 듣고 본 것이 없고, 도시 사람은 간소함이 없으며, 농촌 사람은 부지런함이 없고, 글 읽는 사람은 경계함이 없다."라고 하였는데, 이 역시 사람들이 빠지기 쉬운 심욕에 해당한다. 이러한 관찰은 그가 아마도 많은 환자들을 보면서 깨닫게 되었을 것이다. 대체로 사람들은 자신이 보고 들은 것만 믿으려 하는데, 자신들이 살면서 보고 듣고 경험한 것을 가지고 다른 사람들과 더불어 논하고 생각하고 질문하고 배우는 것이 무엇을 바래서가 아니라 본래 즐거운 일이 아니겠는가?

동의수세보원 인용문

사상의학의 원리와 철학

『동의수세보원』인용문

　본문에는 본서의 사상론을 따라서 『동의수세보원』에 나오는 원문을 수정한 바 있다. 여기서는 원문을 그대로 싣되 본문에서 수정한 부분은 이탤릭체로 표시한다.

A.1

　하늘의 길은 항상 운전하는 것이니 *지智자*(태양인)가 그 운전을 볼 수 있다. 세상의 길은 항상 변화하는 것이니 *예禮자*(소양인)가 그 변화를 볼 수 있다. 인간의 몸은 항상 신중한 것이니 *의義자*(태음인)가 그 신중함을 볼 수 있다. 땅의 터전은 항상 확고한 것이니 *인仁자*(소음인)가 그 확고함을 볼 수 있다.

A.2

　귀는 천시를 듣는 힘으로써 진해津海의 맑은 기운을 끌어내어 상초에 가득 차면 신神이 되고 신이 두뇌에 흘러들어 쌓이면 이해膩海가 된다. 이해의 맑은 것[神]은 폐로 돌아가고 흐린 것은 폐의 무리가 된다.

　코는 널리 인륜을 냄새 맡는 힘으로써 유해油海의 맑은 기운을 끌어내어 중하초에 가득 차면 혈血이 되고 혈이 척추뼈로 흘러들어 쌓이면 막해膜海가 된다. 막해의 맑은 것[血]은 *비장*으로 돌아가고 흐린 것은 *비장*의 무리가 된다.

눈은 널리 세회를 보는 힘으로써 고해膏海의 맑은 기운을 끌어내어 중상초에 가득 차면 기氣가 되고 기가 허리뼈로 흘러들어 쌓이면 혈해血海가 된다. 혈해의 맑은 것[氣]은 간으로 돌아가고 흐린 것은 간의 무리가 된다.

입은 넓고 큰 지방을 맛보는 힘으로써 액해液海의 맑은 기운을 끌어내어 하초에 가득 차면 정精이 되고 정이 방광으로 흘러들어 쌓이면 정해精海가 된다. 정해의 맑은 것[精]은 *신장*으로 돌아가고 흐린 것은 *신장*의 무리가 된다.

A3

태양인은 슬퍼하는[哀] 성이 멀리 흩어지고, 노하는[怒] 정이 촉급하다. 슬퍼하는 성이 멀리 흩어지면 기운이 *폐*에 들어와 *폐*가 더욱 성해지고, 노하는 감정이 촉급하면 기운이 간에 부딪쳐서 간이 더욱 깎이므로, 태양인의 장부는 폐는 크고 (후천적으로) 간은 작게 된다.

태양인은 슬퍼하는 성이 멀리 흩어지고 노하는 정이 촉급하다. 슬퍼하는 성이 멀리 흩어지는 것은 태양인의 귀가 천시에 밝아서 뭇사람이 서로 속이는 것을 슬퍼하는 것이니, 슬퍼하는 성은 다른 것이 아니라 듣는 것이다. 노하는 정이 촉급한 것은 태양인의 *비장이 교우를 할 때* 다른 사람이 자신을 무시하는 것에 노하는 것이니, 노하는 정은 다른 것이 아니라 노하는 것이다.

태음인은 기뻐하는[喜] 성이 널리 퍼지고, 즐거워하는[樂] 정이 촉급하다. 기뻐하는 성이 널리 퍼지면 기운이 간으로 들어와 간이 더욱 성해지고, 즐거

위하는[樂] 정이 촉급하면 기운이 폐에 부딪쳐서 폐가 더욱 깎이므로, 태음인의 장부는 간은 크고 (후천적으로) 폐가 작게 된다.

태음인은 기뻐하는 성이 넓게 퍼지고 즐거워하는 정이 촉급하다. 기뻐하는 성이 넓게 퍼지는 것은 태음인의 코가 인륜에 밝아서 뭇사람이 서로 도와 주는 것을 기뻐하는 것이니 기뻐하는 성은 다른 것이 아니라 냄새 맡는 것이다. 즐거워하는 정이 촉급한 것은 태음인의 *신장이 거처를 할 때* 다른 사람이 자신을 보호하는 것을 즐거워하는 것이니, 즐거워하는 정은 다른 것이 아니라 즐거워하는 것이다.

소양인은 노하는 성[怒]이 넓고 크고, 슬퍼하는[哀] 정이 촉급하다. 노하는 성이 넓고 크면 기운이 *비장에 들어와 비장이* 더욱 성해지고, 슬퍼하는 정이 촉급하면 기운이 신장에 부딪쳐서 신장이 더욱 깎이므로, 소양인의 장부는 비장은 크고 (후천적으로) 신장은 작게 된다.

소양인은 노하는 성이 광대하게 포괄하고 슬퍼하는 정이 촉급하다. 노하는 성이 광대하게 포괄하는 것은 소양인의 눈이 세회에 밝아서 뭇사람이 서로 무시하는 것을 노하는 것이니 노하는 성은 다른 것이 아니라 보는 것이다. 슬퍼하는 정이 촉급한 것은 소양인의 *폐가 사무를 할 때* 다른 사람이 자신을 속이는 것을 슬퍼하는 것이니 슬퍼하는 정은 다른 것이 아니라 슬퍼하는 것이다.

소음인은 즐거워하는[樂] 성이 깊고 굳으며, 기뻐하는[喜] 정이 촉급하다. 즐거워하는 성이 깊고 굳으면 기운이 *신장에 들어와 신장이* 더욱 성해지고, 기

뼈하는 정이 촉급하면 기운이 비장에 부딪쳐서 비장이 더욱 깎이므로, 소음인의 장부는 신장은 크고 (후천적으로) 비장이 작게 된다.

소음인은 즐거워하는 성이 깊고 마땅하고 즐거워하는 정이 촉급하다. 즐거워하는 성이 깊고 마땅한 것은 소음인의 입이 지방에 밝아서 뭇사람이 서로 보호하는 것을 즐거워하는 것이니 즐거워하는 성은 다른 것이 아니라 맛보는 것이다. *기뻐하는 정이 촉급한 것은 소음인의 간이 당여를 할 때 다른 사람이 자신을 돕는 것을 기뻐하는 것이니, 기뻐하는 정은 다른 것이 아니라 기뻐하는 것이다.*

A.4

태양인은 노함으로 교우를 힘 있게 거느리므로 교우가 무시하지 않는다. 태양인의 기쁨은 당여를 바르게 세우지 못하므로 당여가 무시한다.

태양인은 당여를 가벼이 하므로 늘 친숙히 당여하는 사람에게서 모함을 입는다. 그것은 친구를 골라서 사귀는 마음이 넓지 못하기 때문이다.

태음인은 즐거움으로 거처가 늘 안정하므로 거처가 편안히 보전된다. *태음인은 슬픔으로 사무에 민첩하지도 통달하지도 못하므로 사무를 보전하지 못한다.*

태음인은 사무를 삼가지 않으므로 늘 밖에 나가 사무를 하는 사람에게서 모함을 받는다. 그것은 안을 중하게 여기고 밖을 가볍게 여기기 때문이다.

소양인은 슬픔으로 사무에 민첩하고 통달하므로 사무를 속이지 않는다. 소양인은 즐거움으로 거처를 늘 안정하지 못하므로 거처가 속인다.

소양인은 거처를 삼가지 않으므로 늘 안으로 거처하는 사람에게서 모함을 받는다. 그것은 밖을 중하게 여기고 안을 가볍게 여기기 때문이다.

소음인은 기쁨으로 당여를 바로 세우므로 당여가 돕는다. 소음인은 노함으로 교우를 힘 있게 거느리지 못하므로 교우가 돕지 않는다.

소음인은 교우를 가벼이 하므로 늘 낯선 교우를 하는 사람에게서 무시를 당한다. 그것은 염려하는 마음이 두루 치밀하지 못하기 때문이다.

A5

폐는 사무에 숙련되고 통달하는 슬픈 (분별하는) 힘으로 이해의 맑은 것[神]을 빨아내어 폐에 넣어줌으로써 폐의 원기를 더해준다.

간은 당여에 숙련되고 통달하는 기쁜 (배우는) 힘으로 혈해의 맑은 것[氣]을 빨아내어 간에 넣어줌으로써 간의 원기를 더해준다.

비장은 교우에 숙련되고 통달하는 노한 (생각하는) 힘으로 막해의 맑은 것[血]을 빨아내어 비장에 넣어줌으로써 비장의 원기를 더해준다.

신장은 거처에 숙련되고 통달하는 즐거운 (묻는) 힘으로 정해의 맑은 것[精]을 빨아내어 신장에 넣어줌으로써 신장의 원기를 더해준다.

A.6

　수곡의 따뜻한 기운은 위완으로부터 *진津*이 되어 *신神*이 머무는 *이해*가 되고, 이해의 맑은 것은 폐로 들어간다.

　수곡의 서늘한 기운은 소장으로부터 *유油*가 되어 *혈血*이 머무는 *혈해*가 되고, 혈해의 맑은 것은 간으로 들어간다.

　수곡의 더운 기운은 위로부터 *고膏*가 되어 *기氣*가 머무는 *막해*가 되고, 막해의 맑은 것은 비장으로 들어간다.

　수곡의 찬 기운은 대장으로부터 *액液*이 되어 *정精*이 머무는 *정해*가 되고, 정해의 맑은 것은 신장으로 들어간다.

A.7

표 4.1 수곡의 온기와 영양진액 및 신기혈정과 신폐간비

사상	심	신	물	사
수곡의 기운	온기	양기	열기	한기
진액	*진津*	*고膏*	*유油*	*액液*
사해	이해泥海	혈해血海	막해膜海	정해精海
성리	신	혈	기	정
보하는 장부	폐	간	비장	신장

사상의학의 원리와 철학

사상의학의 원리와 철학

펴낸날   2019년 1월 15일

지은이   송인행
펴낸이   이순옥
펴낸곳   도서출판 문화의힘
주소   대전 동구 대전천북로 30-2
등록   제364-117호
전화   042-633-6537
전송   0505-489-6537

ISBN 979-11-87429-40-1
ⓒ 송인행 2019

|값 13,000원|